当代中国评论

2026 春季刊

Contemporary China Review

2026 Spring Issue

（总第 24 期）

主 编 前 言

荣 伟

冬去春来，又迎来了 2026 新的一年。我们【当代中国评论】国际季刊自 2020 年夏季创刊以来已经出版了总第 23 期，也迎来的第六个年头，在许许多多当代中国独立知识分子、学者和广大读者的支持下，我们坚持自由主义理念，坚持在华语世界坚守言论自由表达自由，尤其是在中国大陆目前依然极其严酷的言论控制环境下，【当代中国评论】的存在显得更加难能可贵！目前【当代中国评论】已经在美国大学的东亚图书馆得到广泛订阅，包括部分海外的大学图书馆，在华语世界特别是学术界名声鹊起受到广泛关注与高度评价！

今年【当代中国评论】杂志做了一些调整，最主要的是我们成立编辑委员会，他们是：

吴国光 秦晖 许章润 张千帆 王飞凌 夏明 胡平 文贯中 邓聿文 虞平 荣剑 刘康 陈纯

这些都是在各自的学术领域有着卓著成就以及对当下政治经济社会有着高度关注和历史使命感的学者教授，也是我们杂志多年来的忠诚支持者和作者。【当代中国评论】杂志由博登书屋创办以来，完全独立运作，自负盈亏，没有获得任何机构的资助，所以非常感谢这些编委会编委完全尽义务帮助我们，向他们致以最高敬意！

从本期杂志开始，我们特别邀请了北美著名人口经济学学者易富贤担任我们的副主编，他是目前在北美及西方学术界媒体被高度关注的学术明星，他的人口经济学理论对中国及整个世界未来经济的分析与影响已经被西方主流媒体和学术界广泛引用，我经常对他说，他的理论贡献恐怕已经离诺贝尔经济学奖只有一步之遥了！

本期杂志的学者专辑我们选用了沈志华教授最新完成的学术论著中的三篇关于五零年代朝鲜战争期间美国发动的细菌战指控问题的研究，他说"朝鲜战争期间，1951 年 5 月由朝鲜政府首先提出了对美国的细菌战指控，而这一指控在几个月后便悄悄停止了。很少有研究者讨论，这一指控是如何又为何会戛然而止，更鲜有人注意到，其实对美国准备和使用细菌武器的指控，早在朝鲜战争爆发前三年就已经出现。提出指控的不是朝鲜，也不是中国，而是苏联。对于这些问题的关注和讨论，可以揭示中、苏、朝三角同盟内部在朝鲜战争停战问题上和反细菌战运动中立场及政策的差别，以弥补目前这方面学术研究之不足"。1925 年制定的【日内瓦公约】国际法明确禁止在战争中使用化学武器和生物武器，如果美国在朝鲜战争中使用了细菌战，这是严重违背国际法应当追究反人类罪的。沈志华教授对这件公案的研究追究，就是要找出历史的真相！

今年初，中国政坛最重要的事件当然是中共军委付主席张又侠将军以及军委委员联合参谋部参谋长刘振立将军被抓引发海外一系列的频传习近平一尊地位不稳传说。本期杂志刊登北美时政评论员邓聿文的系列文章对此有详尽分析。邓聿文经常在主流媒体发表时政评论，他的评论客观理性冷静分析，特别对中国政治社会分析非常鞭辟入里，很值得大家关注。此外今年初以来在网上特别是在 X 上出现了一些网红的所谓的深度分析文章，对中国经济发展及未来形势做了许多非常乐观的展望，有追捧看好中国经济未来发展的文章点击率高达 5 百万加，引发广泛的讨论和关注。本期杂志特别邀请了两位经济学专家发表他们的不同观点的分析文章，读者可以根据自己的经验对中国经济未来发展得出自己的结论。

本期开始选摘转发一些网络网红时政评论，我们通常说民间有高手！经作者同意我们转发在 X 上的一位非常高产的作者"新高地"的一些时政评论，我评价他的一些时政评论可以说"箭箭击中靶心"，如中国俗语所说"打蛇要打七寸"，那么他打的恐怕都是"七寸"！在网际网路时代，许多自媒体的声音影响越来越大，点击率动不动上百万！影响可以说无远弗届！

本期美国时政评论选登了长期关注美国时政在网络上非常活跃的作者：海阔天空和临风的网络文章，特别是他们的立场观点和我们杂志一贯坚持的美国进步主义自由主义立场一致，我们坚决反对川普执政以来的一系列倒行逆施对美国民主制度的破坏，尤其是这次对伊朗发动战争已经在美国国内包括一贯支持他的共和党党内引起极大的分裂与争议，在国际上也是遭到了一贯和美国立场一致的盟国的反对或不支持。我在去年 5 月在纽约举行一次公开讨论会上说过，川普上台"不但让普京这样一个死棋活了，也让习近平在内外交困中脱困了，让美国却成了走向了在"世界文明大洋中的一叶孤舟"（这曾经是许章润教授写文章批评习近平治理下的中国处境）。【纽约时报】专栏作家纪思道（Nicholas D. Kristof）最近写了专栏文章最后称"川普正在把美国引向一个流氓国家！"（https://cn.nytimes.com/opinion/20260317/iran-war-trump/zh-hant/）

纽约博登书屋成立了近六年，已出版了近 400 种书刊，在华语世界独树一帜，名声鹊起，受到读者和作者的广泛好评和高度关注。本期杂志刊登部分作者和读者的读书笔记和书评，这些评论可以说是对我们出版的书的最好鼓励和反应！特别是本期刊登的这位读者对荣剑的书《美国为何"失去"了中国》的评论非常到位："荣剑先生的《美国为何"失去"了中国》，乍看之下像是一本讨论中美关系的政论著作，但通读之后会发现，它真正关心的并非某一阶段的外交得失，而是一个更深层、也更不安的问题：美国关于中国的整体理解，为何在 21 世纪彻底失效了？书名中的'失去'，并不指向地缘政治意义上的输赢，而是一种历史性的断裂。美国逐渐意识到，中国并不会沿着它所预设的现代化路径前行。那条曾被反复验证、并在冷战后被视为'历史终点'的自由主义现代性叙事，在中国这一案例上失去了解释力。"

最后我们在这里声明一下，所有作者发表文章的观点立场不一定代表我们杂志的观点立场，应该是出版界的公认的"文责自负"规则。谢谢你关注我们杂志，也祝大家在马年马到成功心想事成！

2026 年 3 月 18 日于纽约

荣伟，1988 年毕业于北京大学中文系文艺美学研究生，获硕士学位。毕业后到深圳大学中文系任教，1990 年 3 月之 6 月曾经赴香港中文大学英文系比较文学做访问学者，于 1995 年赴美作为访问学者先在俄勒冈大学东亚系担任访问教授，1996 至 1998 年赴哈佛大学东亚系担任访问研究员。从 1999 年起定居纽约，先后在纽约明报担任记者，曾发起在纽约策划创立《影像中国》（Reel China）中国当代独立纪录片年展。后在曼哈顿独立创办当代艺术画廊《Art Next Gallery》后世纪画廊，曾策划主办了多个大型国际艺术展览包括《中国主义》《翻墙》等系列展。现兼任明镜电视台《艺术家》、【人文思想】栏目特约主持人。目前为纽约博登书屋创办人并担任《当代中国评论》国际季刊主编、《当代华语世界思想者丛书》主编，出版有《艺术审美与文化批判》等，现工作和定居在纽约。

目　　录

【走向构建现代中国之路】

【读书笔记和电影评论】

1951 年朝鲜发起的细菌战指控及其中止

——朝鲜战争期间细菌战研究之二

沈志华

众所周知的是，朝鲜战争期间，1951 年 5 月由朝鲜政府首先提出了对美国的细菌战指控，而这一指控在几个月后便悄悄停止了。很少有研究者讨论，这一指控是如何又为何会戛然而止，更鲜有人注意到，其实对美国准备和使用细菌武器的指控，早在朝鲜战争爆发前三年就已经出现。提出指控的不是朝鲜，也不是中国，而是苏联。对于这些问题的关注和讨论，可以揭示中、苏、朝三角同盟内部在朝鲜战争停战问题上和反细菌战运动中立场及政策的差别，以弥补目前这方面学术研究之不足。[1]

苏联早期的反细菌战宣传

1947 年 9 月 18 日，美苏冷战对抗伊始，苏联代表团团长 A.Y.维辛斯基在联合国大会全体会议上发表长篇演说，谴责美帝国主义破坏世界和平企图挑拨新战争。维辛斯基指责美国杂志《化学与工程新闻》和《陆军兵器》发表文章，宣扬"一盎斯新毒素即足可杀死一亿八千万人"，要求生产这种"最凶残的武器"，从而公开宣传细菌战争。[2] 伯力审判以后，苏联便把美国与日本细菌战

罪犯紧紧捆绑在一起。1950 年 2 月 1 日，苏联政府照会美国、英国和中国政府，建议尽快指定一个特别国际军事法庭，并将被揭露犯有反人类最严重罪行的日本天皇裕仁、石井四郎等作为战犯交付该国际法庭审判。[3] 3 月 11 日苏联《消息报》报道，自 1946 年初以来，18 名日本细菌学家和细菌部队领导人，以及日本生产和准备细菌武器的所有材料都一直在美国。这些材料，包括细菌制剂和培养物，都是由日本战犯收集的，现在由麦克阿瑟将军的总部收回，被送到美国，日本细菌战专家们一直在那里工作。[4] 3 月 27 日《真理报》报道，在西德研究所工作的一些细菌学家、生物化学家正在执行美国国防部的任务。为了掩盖这项任务的真正意义，美国人采用了日本的方法，即这项任务表面上来自战争部的卫生部门。[5] 4 月，苏联《新时代》杂志发表文章指出，美国在细菌武器的研发上投入了如此巨大的资源，以至于许多"全面战争"的拥护者迫不及待地想要使用这种致命武器。例如，美国赫特福德"科学"国际事务中心主任 A.齐默恩就曾写道："生物武器已准备就绪，可立即投入使用"，而"无需区分合法还

1　关于学界对朝鲜战争期间细菌战问题的讨论，详见沈志华：《关于细菌战指控的政治对抗和学术争辩——朝鲜战争期间细菌战问题研究之一》，《当代中国评论》2026 年期，第 54-68 页。

2　《人民日报》1947 年 9 月 29 日第 2 版。

3　Правда（真理报），3 февраля 1950，стр.2.

4　Известия（消息报），11 марта 1950，стр.6.

5　Правда，27 марта 1950，стр.4.

是非法地使用武力。"[6] 对于苏联要求增加审判日本战犯的照会，美国不仅不予理睬，反而在 3 月 7 日由驻日盟军最高统帅麦克阿瑟发布通令，允许提前释放已被判刑的日本战犯。5 月 11 日，苏联向美国发出抗议照会，指责麦克阿瑟超越权限的行为，"实属罔顾国际公法的基本常规和原则"。[7] 5 月 20 日，苏联军方的《红星报》披露，早在 1948 年末，根据"美国民防"的报告，美联社报道说："细菌培养已经在德特里克堡的实验工厂开发到这样的程度，以至于它们具有足够的致命性和传染性，可以迅速传播，因此有两种明显的应用方法：1、破坏分子通过污染水和食物以及财产来进行破坏；2、通过飞机散布，这在针对农作物和牲畜的行动中可能特别有效"。[8] 5 月 30 日，苏联政府再次照会美英政府，要求将日本细菌战罪犯交付国际法庭审判，并催促他们尽快对 2 月 1 日的建议给予答复。[9]

朝鲜战争爆发后，苏联进一步加强了指控美国准备发动细菌战的宣传。1950 年 10 月，苏联科学院出版了一本专门讨论细菌战问题的著作《细菌战：帝国主义的罪恶武器》，发行 20000 册，全面抨击美国正在步德国和日本法西斯后尘，积极准备和使用细菌武器的种种罪行，如拒绝批准禁止使用毒气和细菌武器的 1925 年《日内瓦议定书》；大肆吹嘘细菌武器是进行新型全面战争的理想手段；在秘密实验室疯狂地进行非人道的细菌武器研究；在加拿大爱斯基摩人身上试验细菌制剂导致鼠疫传播，在民主德国和捷克斯洛伐克散布科罗拉多马铃薯甲虫导致农业歉收。[10] 10 月 6 日《红星报》刊登了一篇评论美英军事思想的论文。文章指责美国的军事理论家和社会学家正在"千方百计地宣传细菌和化学战争理论"，他们"认为大规模使用细菌和化学武器，是进行侵略的最有效的手段"。美帝国主义企图利用原子弹和细菌、化学武器"获取世界霸权"。[11] 11 月 5 日，苏联科学院院长 A.S.瓦维洛夫在《消息报》发文指出，由于原子弹和细菌武器等新式武器的出现，"资本主义各国正在采取日益可怕的方式，把科学利用到战争上去"，科学家"必须竭尽全力，防止科学技术的新成就在帝国主义者手中变成毁灭性的战争武器"。[12] 11 月 17—18 日，在华沙召开的第二届世界保卫和平大会上，苏联著名作家 A.A.法捷耶夫和 I.G.爱伦堡分别发言，呼吁认真执行关于禁止使用包括细菌武器在内的一切大规模杀伤武器的宣言，并对那些培养细菌战剂、准备新战争的人进行制裁。[13] 《真理报》12 月 8 日的社论指出，做出对禁止包括细菌战在内的新战争进行广泛宣传的决定，在第二届世界保卫和平大会中占有重要的地位。[14] 1951 年 1 月 21 日，苏联党和政府在莫斯科大剧院召开隆重大会，纪念列宁逝世二十七周年。马克思恩格斯列宁研究院院长 P.N.波斯佩洛夫在会上做长篇报告，痛斥美帝国主义者在苏联土地上"所犯的血腥暴行"，对东方各国人民发动的"血腥的殖民战争"，以及在朝鲜国土上实施的"史无前例的暴行"。报告断言，"美帝国主义的掠夺政策正在引起各国人民日益增长的仇恨"，并号召全世界爱好和平的劳动人

6　Новое время（新时代），1950，№4，c.18，转引自 Рагинский М.Ю.，Розенблит С.Я.，Смирнов Л.Н. Бактериологическая война：Преступное орудие империалистической，Москва：Издательство академии наук СССР，1950，c.109.

7　Правда，13 мая 1950，стр.2.

8　Красная Звезда，20 мая 1950，转引自 Рагинский М.Ю. и др.Бактериологическая война，c.108-109.

9　Правда，1 июня 1950，стр.2.

10　Рагинский М.Ю.，Розенблит С.Я.，Смирнов Л.Н. Бактериологическая война：Преступное орудие империалистической，Москва：Издательство академии наук СССР，1950.

11　《红星报》1950 年 10 月 6 日，转引自《人民日报》1950 年 11 月 19 日第 4 版。

12　Известия，5 ноября 1950，стр.2.

13　Правда，19、20 ноября 1950，стр.3.

14　Правда，8 декабря 1950，стр.1

民与苏联一道对抗和战胜帝国主义。[15] 美国国务院将这次大会和波斯佩洛夫的讲演定义为"仇美运动"的起点，而后来的大规模指控细菌战的宣传则是这一运动的"逻辑延伸"。通过在各个地区、城市、工厂和学校召开的声讨大会，"目击者"以耸人听闻的细节回忆了"美国人的兽性"，反细菌战宣传将苏联国内的"仇美运动"转变为一场"世界范围的运动"。[16]

以上事实表明，还在朝鲜战争之前和初期，对细菌战的指控和反细菌战宣传就已经成为苏联防止战争扩大以及在冷战中对抗美国的有力外交武器。朝鲜和中国的外交立场、宣传口径自然会与莫斯科保持一致，尤其是在朝鲜战争爆发以后。不过，从朝鲜劳动党中央机关报《劳动新闻》和中共中央机关报《人民日报》刊登的内容看，关于细菌武器和细菌战问题此期只是一般性的提及，而且谴责的对象主要是日本而非美国。这一点并不难理解，战争和大量人口流动很容易带来传染病，发生疫情也是常有之事，特别是在卫生防疫条件无法满足要求的情况下。所以，朝鲜和中国报刊在此期讲到疫情时，几乎都没有与细菌战挂钩。

朝鲜战场出现大规模疫情

朝鲜半岛本来就是传染病多发的地区之一，战后更是一片废墟，苍蝇、跳蚤、虱子、蚊子、疥螨无处不在。[17] 据北朝鲜临时人民委员会报告，由于卫生状况极差，朝鲜北部时常发生伤寒、天花及性病等传染病。1945 年 8 月，仅平安北道就出现 172 例伤寒、28 例肠道伤寒、162 例斑疹伤寒、132 例痢疾、83 例白喉和 70 例其他不明疾病。北朝鲜各道缺少医务人员，医疗预防工作困难重重。[18] 12 月 19 日苏联顾问报告，北朝鲜缺医少药，急需解决从苏联进口药品特别是预防流行病和性病的药品。[19] 1946 年 5 月朝鲜半岛爆发霍乱，1947 年 4—10 月，朝鲜全境霍乱猖獗，北部还流行鼠疫。[20] 苏联驻朝鲜民政局对痢疾、伤寒等 9 种传染病患者人数的统计显示，战后（1945 年）出现 33194 例，到 1948 年有所减少，但仍有 23893 例。此外，1949 年在开城发现日本脑炎、流行性脑炎和斑疹伤寒流行。[21] 1950 年上半年，北朝鲜江原道仁济郡出现斑疹伤寒 116 例，其中死亡 14 例。[22]

朝鲜战争爆发以后，情况更加严重，特别是在 1950 年秋天到 1951 年春天，交战双方几度攻防转换，造成大规模难民和人员流动。根据美国中央情报局的报告，从 1951 年 1 月初到 2 月中旬，北朝鲜多处地区大规模流行斑疹伤寒和不明传染病，有的地区死亡率高达 50%。北朝鲜当局未对斑疹伤寒、伤寒、天花和麻疹的广泛传播采

15　Правда，22 января 1951，стр.1-3.《人民日报》1951 年 1 月 24 日第 4 版。

16　Communist Bacteriological Warfare Propaganda，June 16，1952，RE MR Chambers，OIR/CPI Special Paper，No.4，Papers of Harry S. Truman Selected records relating to the Korean War，Department of State，Box 11，pp.1、24-25. 个人收藏。

17　Albert E. Cowdrey，"'Germ Warfare'and Public Health in the Korean Conflict"，Journal of the History of Medicine and Allied Sciences，No.39，April 1984，p.157；中国人民解放军总后勤部卫生部编：《抗美援朝战争卫生工作总结：野战内科·卫生防疫》，北京：人民军医出版社，1987 年，第 221-223 页。

18　ЦАМОРФ（俄罗斯联邦国防部中央档案馆），ф.УГСК，оп.433847，д.1，л.24-25.

19　ЦАМОРФ，ф.УГСК，оп.343253，д.9，л.219-221.

20　国际科学委员会：《调查在朝鲜和中国的细菌战事实国际科学委员会报告书及附件》，北京，1952 年，第 353-356 页；Institute of Asian Culture Studies，Hallym University（ed.），HQ，USAFIK，G-2 Periodic Report，1989，Vol.4，Nos.494-638，pp.73-76，Vol.5，Nos. 639-785，1989，pp.236-240。

21　김진혁，<북한 전염병사 연구（1945-2000）>，연세의사학，2017，Vol.20，No.2，pp.69、71〔金镇赫，《朝鲜的传染病历史研究，1945-2000》，《延世医学史》，2017 年第 20 卷第 2 期）。

22　조성훈，<한국전쟁의 세균전 논쟁 비판>，군사，2000，No.41，p.351（赵成勋：《对韩战期间细菌战争论的批评》，《军事史》2000 年第 41 期）。

取任何有效措施,居民中死亡人数不断增加。[23] 英国报纸上也有报道说，是年春天北朝鲜流行斑疹伤寒。[24] 据朝鲜保健省统计，1951 年发生斑疹伤寒 141535 例，回归热 75736 例，病死率各为 9.2% 和 10.5%。[25] 中国人民解放军总后勤部赴朝检察团 3 月 25 日报告，朝鲜目前流行的传染病以斑疹伤寒、回归热为主，人民军被感染者已有 1800 人左右。传染原因系虱子媒介，卫生环境太差。[26] 据中央情报局估计，人民军和志愿军感染疾病者的数量与战斗伤亡相当。[27] 联合国军情报显示，朝鲜半岛的医疗服务在战争期间几乎崩溃。数十万军队和难民在半岛南北流动，为疾病传播提供了便利条件，而战斗和轰炸摧毁了朝鲜战前所拥有的有限公共卫生设施和水源，这无疑加剧了疫病流行。1951 年 2 月金日成发布紧急命令，号召军队和政府机构启动系统性防疫计划。[28]

疫情也影响到入朝作战的中国军队。从 1951 年 2 月到 4 月，随着志愿军深入朝鲜腹地，所属各部队不断发出通报或报告：驻区居民中流行严重的传染病，部队亦受到感染，已造成大量减员。战士过度疲劳、抵抗力下降、住房拥挤、卫生条件差，是传染病扩散的主要原因。[29] 虱媒传染病（多为回归热和斑疹伤寒）4—5 月达到高峰，发病率最高的部队达到月平均 29.1—38.1‰,全军年平均发病率为 18.1‰。发病率高的部队都曾在疫区作战或停留过，而最初患者多是经常与当地居民接触的司机、通讯员、联络员等，由此判断疫情是由朝鲜居民传入的。疫情扩散的原因是卫生条件差，有些连队的虱子寄生率高达 90%。[30] 截止 3 月 1 日，在已调查的志愿军 8 个军中，回归热和斑疹伤寒患者 1083 名。[31]

甚至联合国军也未能幸免。在朝鲜战争期间，联合国实施了大规模的公共卫生和疫苗接种计划，因此朝鲜半岛南方疫情有很大改善，死于各种传染病的人数由以前的每年 27 万人下降到 660 人。[32] 但联合国部队同样受到跳蚤和蚊蝇的困扰，也有传染病的担忧，只是因卫生和医疗条件比较好，军人都接种了各种疫苗，所以发病率很低。即使如此，从 1951 年 6 月开始，前线部队（第 1 军和第 9 军）也经常遭受不明传染病的袭扰，发病率到 10 月从 1.8‰升至 8.9‰，在医院的死亡率一度高达 8%，迫使 500 名患者撤离到日本。[33] 传染病流行之广泛连战俘营也未能幸免。据美国远东司令部第 64 野战医院提供的信息，巨济岛战俘营爆发肠道感染病，到 1951 年初已有 19320 名患者

23　Central Intelligence Agency, Information Report: Disease Epidemics in North Korea, 9 August 1951, CIA-RDP82-00457R007900370007-2; Civilian and Military Morale and Health in Kaesong and Hwanghae Province, 19 March 1951, CIA-RDP82-00457R007200740004-4, https://www.cia.gov/readingroom/home.

24　"Communist Delaying Tactics", *The Times*, 4 March 1952, p.5; "Germ Warfare Charges Reiterated", *The Times*, 21 March 1952, p.5.

25　总后勤部卫生部编：《抗美援朝战争卫生工作总结：野战内科·卫生防疫》，第 220 页。

26　本书编辑委员会：《抗美援朝战争后勤经验总结：资料选编•卫生类》，北京：金盾出版社，1986 年，第 113 页。

27　Central Intelligence Agency Board of National Estimates, Security Information, SE-24: Communist Charges of US Use of Biological Warfare, 18 March 1952, CIA-RDP79S01011A000600050027-0, https://www.cia.gov/ readingroom/home.

28　Stanley Sandler, *The Korean War: No Victors, No Vanquished*, London: University College London Press, 1999, pp.208-209.

29　翰林大学亚细亚文化研究研究所编：《韩战期间中共军队文件（1949-1953.3）》第 3 卷，资料丛书第 30 期（中文影印件），翰林大学出版部发行，2000 年，第 350、351-352、353-354、355、370-372 页。

30　总后勤部卫生部编：《抗美援朝战争卫生工作总结：野战内科·卫生防疫》，第 225-226 页。

31　《抗美援朝战争后勤经验总结：资料选编•卫生类》，第 141 页。

32　Ernest A. Gross, "The Soviet Germ Warfare Campaign: The Strategy of the Big Lie", *Department of State Bulletin*, Vol.27, No.683, p.157.

33　Albert E. Cowdrey, *The Medics' War: United States Army in the Korean War*, Washington, D.C.: Center of Military History, U.S. Army, 1987, pp.146-148、184-186.

住院，另有 96000 人染病，死亡率为 9%。[34]

以上情况充分说明，1950 年冬到 1951 年春的大规模朝鲜疫情是自然发生的现象。特别值得注意的是，当时朝鲜人以及在朝中国人普遍将疫情归咎于战争造成的破坏而非细菌武器。《劳动新闻》关于防疫工作的各种报道，均指责"敌人的野蛮轰炸和占领时期的残酷暴行"焚毁了医院和其他卫生设施，却没有提到细菌武器。[35] 朝鲜人民军在 1951 年初有关防疫的报告和命令中，也均未提及细菌战问题。[36] 中国的注意力则集中在抗议美国使用毒气弹的问题上。[37] 在 1951 年 3 月 3 日东北军区后勤部卫生部关于春季卫生工作的指示，以及 4 月 6 日总后勤部卫生部关于志愿军防疫工作的意见中，均只字未提细菌武器问题。[38] 4 月 28 日总后勤部卫生部召开各大区卫生部长会议，在给中央军委的报告中谈到朝鲜战场的防疫工作时，只说美军"已开始使用毒气，并有施行细菌战之准备"，也未提到使用细菌武器。[39] 然而，情况很快就发生了改变。

细菌战指控的提出和中止

1951 年 3 月 22 日，《人民日报》在第 1 版以"美在日培养大批细菌"为题刊登了一则"确实消息"：麦克阿瑟总部向日本订购了 150 万日元的细菌制剂，开始大规模制作细菌武器，"企图用此灭绝人性的手段，来毒害朝鲜军民"。[40] 这个"发现"似乎证实了莫斯科此前关于美国准备使用细菌武器的大量宣传。第二天，苏联《真理报》《消息报》《劳动报》《红星报》《共青团真理报》等各大报纸同时转发了这一消息。[41] 不仅如此，苏联对这一消息的寓意也深化了一步。《真理报》和《消息报》的标题都是"新华社关于麦克阿瑟在朝鲜使用细菌武器的计划"。[42] 于是，中国报纸所说的"企图"在苏联报纸上变成了"计划"。同一天，朝鲜中央通讯社也播发了这个消息。几天后，《劳动新闻》又在第一版报道"麦克阿瑟准备在朝鲜使用细菌武器"。[43] 不久，借着麦克阿瑟被解职之际，苏联海军《红舰队》报发表一篇措辞激烈的文章，抨击他"大规模生产细菌武器，企图用来对付英勇的朝鲜人民"。[44] 中国人曾深受细菌武器的伤害，这种历史记忆很难抹去。只是此前苏联对美国的抨击看起来更像是一种政治宣传，并未引起重视。现在，已有"确实消息"证明美军将要在朝鲜战争中使用细菌武器，这就不能不引起中国决策者的高度重视，报纸上不断出现对美国制造和准备细菌武器的指责。[45] 接着发生的美国"防疫船"（LCIL—1091）事件，特别是莫斯科和平壤的借题发挥，更加深了中方的担忧和警惕。

1951 年 5 月 2 日新华社播发了一则新闻稿：据美国《新闻周刊》透露，美军一艘负有"秘密使命"的"防疫船"已开到朝鲜元山港，正在灭绝人

34　Albert V. Hardy，Richard P. Mason and Gerald A. Martin，"The Dysenteries in the Armed Forces"，*American Journal of Tropical Medicine and Hygiene*，Vol.1，No.1，January 1952，pp.171-175；Peter Williams and David Wallace，*Unit 731：The Japanese Army's Secret of Secrets*，London：Hodder and Stoughton，1989，p.264.

35　《劳动新闻》1951 年 3 月 21 日第 2 版，4 月 10 日第 3 版。

36　赵成勋：《对韩战期间细菌战争论的批评》，《军事史》2000 年第 41 期，第 352-353 页。

37　《人民日报》1951 年 3 月 5 日、7 日、17 日第 1 版；Milton Leitenberg，"New Russian Evidence on the Korean War Biological Warfare Allegations"，*CWIHP Bulletin*，Issue 11，Winter 1998，p.188.

38　《抗美援朝战争后勤经验总结：资料选编·卫生类》，第 80-81、142-143 页。

39　《抗美援朝战争后勤经验总结：资料选编·卫生类》，第 171-172 页。

40　《人民日报》1951 年 3 月 22 日第 1 版。

41　《人民日报》1951 年 3 月 27 日 第 4 版。

42　Правда，23 марта 1951，стр.4；Известия，23 марта 1951，стр.4.

43　《劳动新闻》1951 年 3 月 26 日第 1 版。

44　"Soviet Organ Sees Confusion in U.S."，*New York Times*，April 13，1951，p.6.

45　《人民日报》1951 年 3 月 27 日第 4 版，3 月 29 日第 3、4 版，4 月 8 日第 3 版，4 月 16 日第 4 版，4 月 21 日第 4 版。

性地以志愿军战俘进行细菌武器的试验。[46] 5 月 3 日中国红十字会总会为此向国际红十字委员会及国际红十字协会提出控诉，并要求予以制裁。[47] 美国人公然仿效 731 细菌部队的做法，用中国战俘做人体试验，中国政府和人民岂能容忍！不过，引起中国人愤怒的还是美国正在试验细菌武器，但几天后问题的严重性就升级了——转变为对美国使用细菌武器的正式指控，提出指控的是朝鲜政府。5 月 8 日朝鲜外务相朴宪永突然致电联合国大会主席与安全理事会主席，强烈抗议美帝国主义侵略者在朝鲜使用细菌武器、散布天花病菌的滔天罪行。在指责麦克阿瑟与日本合作制造细菌武器，披露美军协助韩国军事情报局制定细菌战计划之后，朝鲜政府指控：美军在 1950 年 12 月从北朝鲜撤退时大量散布天花病菌，致使原来从未出现过天花疫情的地区突然发现天花患者，到 4 月已有 3500 例以上，死亡率超过 10%。在美军撤退较晚的地区，天花传染尤为流行，江原道 1126 例，咸镜南道 817 例，黄海道 602 例。朝鲜政府要求逮捕麦克阿瑟及其继任者李奇微，并加以审判。[48]

指控提出以后，朝鲜、苏联和中国都进行了反细菌战宣传，但不到两个月便戛然而止。不过，三国的情况有所不同。

平壤表现得最为积极。政府声明发表后，5 月 11 日《劳动新闻》发表社论《美国干涉者恶劣的新罪行》，抨击美国妄图通过细菌战，以反对人类和蹂躏国际法的非人道新暴行来挽救其垂死的命运，而"朝鲜人民复仇的火焰将燃烧得更加炽烈"。[49] 5 月 30 日，朝鲜又报道了美军在巨济岛利用朝鲜人做试验，大规模准备细菌武器的新罪行。[50] 韩国学者对朝鲜劳动党中央机关刊物《民主朝鲜》和《劳动新闻》进行统计后发现，"细菌战"和"细菌武器"这两个词，在战争爆发后将近一年时间只出现过 4 次，而 1951 年 5—6 月间连续出现了 23 次，此后基本消失，直到 12 月初再次出现。[51] 在 6 月 29 日致联合国大会和安理会主席的电报中，朴宪永列举了美国在朝鲜的种种暴行，却对细菌武器只字未提。[52] 9 月 20 日朝鲜军事委员会发布的第 170 号命令，设定"防疫运动月"，继续组织全民开展卫生防疫工作，但已不像以前那样把反细菌战作为动员口号了。[53] 关于防疫工作的报道和宣传也不再与美国使用细菌武器挂钩了。[54] 11 月 14 日《民主朝鲜》以《全世界人民要求立即停止朝鲜的炮火》为题发表社论，其中完全没有提到细菌武器和细菌战。[55]

莫斯科跟得比较紧。5 月 10 日《真理报》全文刊登了朝鲜外务相的声明全文。[56] 5 月 13 日《消息报》发表文章《美国干涉者的新罪行》，将天花指控与此前苏联提出的美国庇护和利用日本战犯、积极准备细菌战联系起来。[57] 5 月 27 日，《真理报》转发了新华社关于揭露美国侵略者准

46　新华社新闻稿：《侵朝美军竟用志愿军被俘人员作细菌武器试验》，1951 年 5 月 2 日，《科学通报》1951 年第 2 期，第 636 页。

47　《人民日报》1951 年 5 月 4 日第 4 版。

48　조선중앙통신사, 조선중앙년감（1951-1952），평양, 1952〔朝鲜中央通讯社：《朝鲜中央年鉴（1951-1952)》，平壤，1952 年〕，第 112-113 页。

49　《劳动新闻》1951 年 5 月 11 日第 1 版。

50　《劳动新闻》1951 年 5 月 30 日第 1 版。

51　전예목, <6.25 전쟁시기 ‘세균전’ 설 제기 과정과 내막>, 군사, 2021, No.120, pp.1-42〔全叡睦：《6.25 战争时期出现"细菌战"说法的过程与内幕》，《军事史》2021 年，第 120 期〕

52　朝鲜中央通讯社：《朝鲜中央年鉴（1951-1952 年)》，第 113-115 页；U.N. Security Council, S/2221, 30 June 1951。

53　《劳动新闻》1951 年 9 月 20 日第 1 版。

54　《劳动新闻》1951 年 10 月 20 日第 3 版、1951 年 11 月 1 日第 3 版、1951 年 11 月 25 日第 1 版。

55　《人民日报》1951 年 11 月 16 日　第 4 版。

56　Правда, 10 мая 1951, стр.4.

57　Известия, 13 мая 1951, стр.2.

备细菌战罪行的消息。[58] 6 月 18 日，《真理报》报道：朝鲜各地举行集会，谴责美国在朝鲜准备发动细菌战的罪行。[59] 此后直到 12 月初，苏联报纸再没有出现细菌战或细菌武器的字眼。11 月 7 日在维也纳召开的世界和平理事会第二届会议通过了关于裁减军备的决议，其中提到禁止生产核武器及一切大规模杀伤武器，但没有提及细菌武器。[60] 11 月 8 日、11 月 30 日、12 月 12 日，维辛斯基在先后在联合国全体会议和政治委员会会议发表长篇演说，提出裁军和禁止核武器问题，也对细菌战绝口不提。[61]

北京的宣传开始的最晚，结束的最早。5 月 10 日《人民日报》发表了一篇关于预防天花的知识性文章。[62] 不无用意且令人注意的是，该文根本没有提到细菌武器问题，尽管此时对美国撒布天花的指控在朝鲜和苏联已经登报。其实，中国当时完全有机会加入指控的行列。1950 年东北地区天花发病 6247 例，死亡 783 人，1951 年发病 13772 例，死亡 3156 人。[63] 这一情况本来可以作为朝鲜指控美国的补充证据，但中国政府的做法显然是有意采取了回避态度。直到 4 天以后，5 月 12 日《人民日报》才在第 4 版刊登了朴宪永的电报全文，并发文表示支持。[64]《劳动新闻》5 月 11 日社论的内容，《人民日报》也是 6 天后才予以报道的。[65] 5 月 18 日的《人民日报》延迟 5 天转载了

5 月 13 日《消息报》的文章。[66] 5 月 19 日，《人民日报》在第 4 版发表了中国红十字会总会代理会长彭泽民的谈话，指控美国"在朝鲜境内使用细菌武器"的"新的恶毒罪行"。[67] 这可以看做是代表中国官方立场的正式表态，但比苏联晚了整整 10 天。5 月 25 日，中国报纸转发了美国在巨济岛战俘营以朝鲜人民军被俘人员作细菌武器实验的消息。[68] 这是最后一则提到细菌武器的新闻。直到 1952 年初，中国报刊再没有关于细菌战问题的报道和宣传。

1951 年对美国使用细菌武器的指控和反细菌战宣传为何突然开始，又突然停止？由于缺乏直接的文献证据，很长时间以来这一直是一个谜。[69] 实际上，这里涉及中苏朝同盟内部的关系以及三方在战争中各自担任的角色。笔者认为，斯大林虽然是整个社会主义阵营的核心和领导人，但在毛泽东力排众议派遣志愿军入朝参战以后，中国在朝鲜问题和朝鲜战争中的话语权明显提升，特别是在中朝之间出现分期和矛盾时，斯大林总是站在毛泽东一边。从中苏双方已经公布的大量档案文献看，尽管毛泽东（更不要说金日成）事事都要请示斯大林，但只要毛泽东坚持自己的意见，斯大林最终还是会表示赞同的。[70] 在细菌战问题上，中苏朝三角关系的这一特点也有所体现。

关于指控的提出，苏联早在战争前就有所举

58　Правда，27 Мая 1951，стр.4.

59　Правда，18 июня 1951，стр.4.

60　Новое время，1951，№ 47，21 ноября 1951 г.，с.1-32；《人民日报》1951 年 11 月 11 日 第 1 版。

61　Новое время，1951，№ 46，14 ноября 1951 г.，с.1-12；《人民日报》1951 年 12 月 6 日 第 4 版；Новое время，1951，№ 51，19 декабря 1951 г.，с.3-14.

62　《人民日报》1951 年 5 月 10 日第 3 版。

63　《东北朝鲜人民报》1951 年 3 月 10 日，第 2 版；赵成勋：《对韩战期间细菌战争论的批评》，《军事史》2000 年第 41 期，第 358-359 页。

64　《人民日报》1951 年 5 月 12 日 第 4 版。

65　《人民日报》1951 年 5 月 17 日 第 4 版。

66　人民日报 1951 年 5 月 18 日 第 4 版。

67　《人民日报》1951 年 5 月 19 日 第 4 版。

68　《人民日报》1951 年 5 月 25 日 第 4 版。

69　Tibor Méray，"Germ Warfare：Memories and Reflections"，June 2000，Wilson Center Digital Archive，Personal papers of Milton Leitenberg，https://digitalarchive.wilsoncenter.org/document/123154.

70　关于这个问题的详细论证，见沈志华：《毛泽东、斯大林与朝鲜战争》，广州：广东人民出版社，2003 年，第 357-416 页。

动，而后又对中国的担忧和疑虑推波助澜，最后帮助或怂恿朝鲜提出了指控。人们从朝鲜与苏联的从属关系完全可以推断，未经莫斯科的允许或唆使，朝鲜政府不可能向联合国发出这样的电报。[71] 但实际情况要复杂一些。就在朝鲜提出对美国指控的当天，苏联主导的世界和平理事会执行局做出了一个反战决议，但其中完全没有提到新的细菌武器问题。[72] 此外，5 月 18—30 日，《真理报》连续刊载了三篇苏联记者发自平壤的报道，都没有提到细菌武器问题。[73] 这说明此时发起对美国新的指控并非苏联最高决策层的事先谋划和安排。现在已有档案表明，事情起源于苏联驻朝鲜使馆和军事顾问——驻朝大使拉祖瓦耶夫兼任军事总顾问。据时任朝鲜人民军军医处顾问谢利瓦诺夫 1953 年 4 月 14 日提供的证词，1951 年 5 月 8 日朴宪永关于美国人在朝鲜北部传播天花病毒的指控，就是他本人帮助朝鲜人起草的。[74] 尽管目前还不知道具体情况，但这个行为与当时苏联的对美政策和宣传战略是合拍的，至少拉祖瓦耶夫认为这样做完全符合上级的旨意——这也许可以解释为何大使馆没有事先请示。正因为如此，驻朝使馆"先斩后奏"的行为才会取得外交部的认可和支持。5 月 9 日，朝鲜的指控就是经苏联代表转交给联合国的，而且递交的是俄文译本。[75]

那么，停止指控和宣传又是谁的主张？有学者认定这也是莫斯科的主意。如有人提出，在苏联向联合国提出停火谈判之际，莫斯科"不希望被北京或平壤发起的新的反美宣传运动所干扰"。[76] 也有人认为，"中国和朝鲜领导人在外交行动上与莫斯科进行了协调"，他们必须听从莫斯科的建议。[77] 这些看法都缺乏依据，或不合逻辑。首先从时间上看，中国是 5 月 25 日以后停止宣传的，苏联最后一次报道细菌战问题是 6 月 18 日，而朝鲜宣传指针的停摆是在 7 月以后。因此，最先采取行动的是中国。其次，交战双方准备停战议和应该是放弃反细菌战宣传的主要原因，但主动提出停战谈判建议的恰恰是中国政府，而不是苏联和朝鲜。

1951 年初中国拒绝了联合国提出的停火议案。[78] 随后，联合国军发起反击，中朝联军被迫撤退，并遭受极大损失。[79] 到 5 月下旬，中国决策者对战争目标的设定和结束战争方式的考虑，又开始转回到最初的立场——以三八线为界进行和谈。第五次战役接近尾声时，志愿军司令员彭德怀深感战争已经无法继续下去，并向中共中央报告：目前部队干部情绪消沉，对战争长期性感到厌倦，对战争能否取胜产生怀疑，今后作战必将更加困难。[80] 中共中央开会讨论的结果是，多数人主张"应停止在三八线，边谈边打，争取通过谈判结束战争"，因为把敌人赶出北朝鲜的政治目

71　Tibor Méray，"Germ Warfare：Memories and Reflections"，June 2000，Wilson Center Digital Archive，Personal papers of Milton Leitenberg，https://digitalarchive.wilsoncenter.org/document/123154.

72　《人民日报》1951 年 5 月 9 日第 1 版。

73　Правда，18、25、30 мая 1951，стр.4.

74　谢利瓦诺夫致贝利亚函，1953 年 4 月 14 日，俄罗斯总统档案馆手抄打印件，个人收藏。英译文见：*CWIHP Bulletin*，Issue 11，Winter 1998，p.181.

75　U.N. Security Council，S/2142，9 May 1951.

76　John C. Clews，*Communist Propaganda Techniques*，New York：Frederick A. Praeger，Inc.，1964，p.188.

77　*Романова В. В.，Шулатов Я. А.* Эхо Хабаровского процесса：СССР и кампания по обвинению США в применении бактериологического оружия во время Корейской войны（1950-1953 гг.）// История медицины，2018，Т.5，№4，с.331.

78　详见沈志华：《试论 1951 年初中国拒绝联合国停火议案的决策》，《外交评论》2010 年第 4 期，第 125-146 页。Shen Zhihua and Yafeng Xia，"Mao Zedong's Erroneous Decision during the Korean War – China's Rejection of the UN Cease-fire Resolution in Early 1951"，*Asian Perspective*，Vol.35，№2，April -June 2011，pp. 187-209.

79　军事科学院军事历史研究部：《抗美援朝战争史》第二卷，北京：军事科学出版社，2000 年，第 190、228-238、254-268、305-358 页；Matthew B. Ridgway，*The Korean War*，New York：Doubleday & Company，Inc.，1967，pp.179-183。

80　军事科学院史料丛书课题组：《抗美援朝战争·文献》（终审稿），2014 年 9 月，未刊，第 638 页；王焰主编：《彭德怀年谱》，北京：人民出版社，1998 年，第 498 页。

的已经达到；恢复战前状态各方面都好接受。[81] 然而，此时莫斯科和平壤的主张却是要求中国军队继续作战，进一步扩大战果。[82] 于是，毛泽东不得不于 6 月 3 日请金日成来北京当面商谈，说服他接受中国的主张。[83] 6 月 5 日又致电斯大林，讲述在朝鲜战场遭遇的种种困难，并让东北局第一书记高岗陪同金日成 6 月 10 日去莫斯科，当面向斯大林解释。[84] 面对中国明确而坚决的立场，斯大林只得接受了停战和谈的方针。[85] 毛泽东还要求由苏联代表出面，在联合国试探美国的态度。[86] 此后才有了 6 月 23 日苏联代表 Y.A.马立克在联合国出面的斡旋。所以笔者判断，无论事前是否与莫斯科商量（很可能没有），停止对细菌战问题的宣传应该是中国最先主张的，后来得到了苏联的认可。

不过，莫斯科最终接受中国的主张也有自己的理由，并不完全是被迫的。俄国档案中有一份 1951 年 6 月 7 日的调查材料（报告人的手写签名无法辨认），内容是关于国际民主妇女联合会（WIDF）调查委员会审阅美军在朝鲜罪行调查报告的情况。尽管来自奥地利的代表普利斯特经常发表激烈的左翼言论，"给委员会工作带来很大困难"，但在讨论"关于在朝鲜进行细菌战的指控"时，委员会坚持认为"没有足够的事实依据证明美国占领军使用了细菌武器（天花病毒）"，所以

没有必要在文件中加入这一内容。报告人建议将这份调查材料送联共（布）中央对外政策委员会主席 V.G.格里戈良和外交部副部长 V.A.佐林审阅。[87] 审阅的情况和结果不得而知，但显然苏联决策层此时已经知道细菌战指控不实。[88] 普利斯特因对调查委员会的结论不满，回国后于 6 月 12 日擅自发表声明，说她看到了美国人使用细菌武器的证据。尽管已经知道妇女联合会的意见，《真理报》还是刊登了这则消息。[89] 这说明尽管莫斯科知道朝鲜的指控存在问题，但此时尚不愿放弃反细菌战宣传。不过，在斯大林同意毛泽东提出的和谈建议后，很快又出现了新情况。7 月初拉祖瓦耶夫向外交部递交了一份"关于美国和李承晚军队在朝鲜暴行的简报"，其中专门讲述了"细菌武器使用"的情况：撤退中的美军"在其临时占领区的居民中散播了天花病毒"。新闻司和第一远东司在给副部长 A.A.葛罗米柯的报告中指出，"由于朝鲜有关当局保存的记录不能令人满意，有关暴行的数字数据需要进一步澄清"，因此建议不要公布该简报的材料。[90] 这则史料说明，苏联做出放弃对美国指控的宣传应该在 7 月初前后，而中国在一个多月前已经停止宣传行动了。北京和莫斯科都已经不再关注细菌战问题了，平壤自然也就安静下来。

总之，以上对历史过程的考证表明，1951 年

---

81 聂荣臻：《聂荣臻回忆录》，北京：解放军出版社，1982 年，第 741-742 页。

82 斯大林致毛泽东电，1951 年 5 月 29 日，АПРФ（俄罗斯联邦总统档案馆），ф.45，оп.1，д.338，л.98-99；参见王焰主编：《彭德怀年谱》，第 500 页。

83 柴成文、赵勇田：《板门店谈判》，北京：解放军出版社，1989 年，第 115 页；中共中央党史和文献研究院编：《建国以来毛泽东文稿》第四册，北京：中央文献出版社，2023 年，第 452 页。

84 毛泽东致斯大林电，1951 年 6 月 5 日，АПРФ，ф.45，оп.1，д.339，л.23；《建国以来毛泽东文稿》第四册，第 456 页。

85 斯大林致毛泽东电，1951 年 6 月 13 日，АПРФ，ф.45，оп.1，д.339，л.31-32。

86 毛泽东致斯大林电，1951 年 6 月 13 日，АПРФ，ф.45，оп.1，д.339，л.57-60。

87 РГАСПИ（俄罗斯国家社会政治史档案馆），ф.82，оп.2，д.1412，л.97. 5 月 29 日在平壤召开的记者招待会上，调查委员会只字未提细菌战问题。Правда，30 мая 1951г.，стр.4.

88 对此还有一个证据。当时在驻华使馆工作贾丕才回忆说，当时苏联外交部都知道细菌战是虚假宣传，只是没有人敢冒着坐牢的危险说出实话。Капица М.С. На разных параллелях，записки дипломата，Москва：Книга и бизнес，1996，с.223。

89 Правда，13 июня 1951г.，стр.4. 调查委员会的报告于 7 月发表，没有谈及细菌武器问题。见朝鲜中央通讯社：《朝鲜中央年鉴（1951-1952）》，第 200-215 页；《人民日报》1951 年 6 月 28 日第 4 版、7 月 8 日第 1 版。

90 АВПРФ（俄罗斯联邦对外政策档案馆），ф.0102，оп.7，п.32，д.64，л.42、47. 转引自 Романова，Шулатов Эхо Хабаровского процесса// История медицины，2018，Т.5，№4，с.331。

对美国的指控是苏联授意或同意朝鲜提出的，事先没有与中国商量；而反细菌战宣传是中国首先停止的，事先也没有同苏联和朝鲜商量。那么，美国对此作何反应，那段时间美国究竟做了什么？

美国的细菌武器研制和细菌战政策

当美国对指控作出反应时，关于细菌战的指控和宣传已经偃旗息鼓了。对于来自敌对阵营的指控，美国并没有认真对待。实际上，美国反而担心苏联和中国会在战争中使用细菌武器或化学武器。1950 年 10 月，美第七师士兵看到两个朝鲜人向一条溪流投入"褐色粉末"，怀疑是撒布病毒，甚至有技术情报人员介入调查。后经实验室验测发现，那不过是一种农民用来迷晕鱼类的草药制剂。美军占领平壤后，在金日成医学院细菌实验室看到了几千只被注射了细菌的老鼠，但经过对实验室人员的审讯，没有发现实际从事生物武器活动的任何依据。[91] 1951 年 4 月 2 日美联社自香港发出消息说，中国正在招募人员接受"化学战争"的训练，并怀疑中国指控美国投放毒气弹是否表明"自己要使用毒气"。[92] 6 月 27 日，美国联合战略计划委员会警告参谋长联席会议："现有信息表明，苏联有能力发动大规模化学战"，并"将在任何军事上有利的情况下发动毒气战"。[93] 美国人大概没有想到自己会被拉上被告席。不过，既然朝鲜已经状告到联合国，联合国军也必须做出反应。6 月 28 日，在例行向联合国安理会提交的第 22 次报告中，李奇微正式做出回应，断然驳斥朝鲜的指控"毫无根据且明显荒谬"，是"共产党的恶意宣传"。报告把北朝鲜出现疫情归咎于缺乏基本预防以及治疗设施和医药短缺。[94]

那么，1951 年美国对细菌武器的研制进展如何？对使用细菌武器又持何种立场？

美国加入第二次世界大战后不久便开始了细菌武器的研制。1942 年 4 月，在给罗斯福的备忘录中，战争部长史汀生要求总统批准一项正式的生物战计划。备忘录指出，鉴于敌人使用生物武器的可能性，"我们必须做好准备"。认识到"生物战是肮脏的勾当"，为避免公众产生美国"可能考虑进攻性使用这种武器的任何想法"，史汀生建议将研制工作委托给一个在军方控制下的民间机构进行，"这件事必须高度保密并以极大力度来处理"。[95] 由于问题的敏感性，罗斯福 5 月 15 日仅以口头的方式批准了这一报告。[96] 随后，在联邦安全局下成立了战争研究服务处，负责这项秘密工作，并与 28 所大学的生物学家广泛联系组建了理事会，最初拨款 20 万美元（1944 年预算 46 万美元）。到 1943 年 1 月，服务处就肉毒杆菌研究与康奈尔大学签约，就炭疽病研究与哈佛大学医学院签约，美国由此开始了细菌武器的研究。与此同时，陆军化学战勤局也大大扩展了生物武器的研制工作，耗资 1300 万美元在马里兰的德特里克营正式建立了生物战研究基地。[97] 1944 年 1 月，

91　Cowdrey，"'Germ Warfare' and Public Health in the Korean Conflict"，*Journal of the History of Medicine and Allied Sciences*，No.39，April 1984，p.156；Conrad C. Crane，"Chemical and Biological Warfare during the Korean War"，*Asian Perspective*，Vol.25，No.3，2001，p.63；"Germ-Carrying Rats Bred in North Korea"，*New York Times*，November 6，1950，p.3.

92　新华社编：《内部参考》1951 年第 58 号，第 43-44 页。《内部参考》是专供中共高级干部阅览的内部刊物。

93　John Ellis van Courtland Moon，"Biological Warfare Allegations：The Korean War Case"，in Raymond A. Zilinskas（ed.），*The Microbiologist and Biological Defense Research：Ethics，Politics and International Security*，New York：The New York Academy of Sciences，1992，p.66.

94　U.N. Security Council，S/2217，28 June 1951.

95　Barton J. Bernstein，"Origins of the U.S. Biological Warfare Program"，in Susan Wright（ed.），*Preventing a Biological Arms Race*，Cambridge：The MIT Press，1990，pp.10-11.

96　Erhard Geissler and John Ellis van Courtland Moon（eds.），*Biological and Toxin Weapons：Research，Development and Use from the Middle Ages to 1945*，Oxford：Oxford University Press，1999，pp.219-220.

97　Bernstein，"Origins of the U.S. Biological Warfare Program"，in Wright（ed.），*Preventing a Biological Arms Race*，p.12；

根据史汀生的命令，化学战勤局接管了一切与生物战剂研发、生产和采购有关的工作。6月8日罗斯福批准，将所有生物武器的职能转移到战争部。随后在战争部成立了生物战委员会，以替代战争研究服务处。[98] 1945年8月战争即将结束时，美国的生物战计划达到顶峰，德特里克堡研究基地已经雇佣了近4000名军事和文职人员。此外，还在密西西比州霍恩岛和犹他州达格威建造了野外试验站，将印第安纳州特雷霍特的维戈军械厂改造为拥有1400名工人的专门生产战剂的工厂。二战期间，美国在生物战设施建设上的总支出约为4500万至5000万美元。[99]

各国对于细菌武器的研究从二战前就开始了，走在最前列的是日本，其他大国如英国、法国、苏联、德国以及加拿大、比利时、荷兰、意大利和波兰都进行了细菌武器研究。美国着手最晚，但发展最快。[100] 尽管如此，按照斯德哥尔摩国际和平研究所（SIPRI）1984年的评估，到战争结束时，美国"也没有生产出任何明显优于现有常规武器或化学武器的生物武器"。[101] 美国军方和科学家研究了18种有希望成为生物战剂的病菌，其中最重视的是炭疽和肉毒杆菌。[102] 根据目前已经披露的有限史料可知，到1945年5月德特里克的试验工厂首次生产出5000枚4磅重的炭疽炸弹，

而维戈工厂在8月也生产了约8000磅（3628.7公斤）炭疽杆菌，但是如何将制剂与弹药结合的问题仍未解决。[103] 由于需要更换离心机的真空蒸发器，维戈工厂大约要到11月底才能准备好运行，出于安全的考虑，炭疽炸弹的填充设备也必须重新设计。即使一切顺利，维戈工厂开始大规模生产，也需要大约4个月的时间才能完成订单并将弹药部署到太平洋战区。[104] 由此可以判断，美国在二战期间尚未研制出可以使用的细菌武器。继任总统杜鲁门曾在一封信中暗示，如果太平洋战争拖延到8月中旬之后，他就会使用细菌和化学武器。[105] 哈格曼和恩迪科特据此认为，二战结束时，美国已经具备了在短时间内发动生物战的能力。[106] 显然，他们被杜鲁门的夸大其词忽悠了。

日本投降以后，美国政府下达了终止生产细菌武器的命令，生产设施被出租并改为商业制药生产。[107] 但细菌武器的基础研究和开发活动不仅仍在德特里克堡继续进行，而且得到大力加强。1945年12月战争办公室的一份备忘录指出，"经过进一步研究，生物武器制剂的杀伤力可能会大幅度提高"；"持续的研究可能会导致强大的医疗防御，使得这种战争形式最终变得毫无价值"；"如果我们不继续研究而其他国家继续进行，我们的

B. J. Bernstein, "America's Biological Warfare Program in the Second World War", *The Journal of Strategic Studies*, Vol.11, No.3, 1988, p.297; Sheldon H. Harris, *Factories of Death: Japanese Biological Warfare, 1932-45, and the American Cover-Up*, London: Routledge, 1994, pp.154-155.

98　Geissler and Moon（eds.）, *Biological and Toxin Weapons*, pp.231-233.

99　Stockholm International Peace Research Institute（SIPR）, *The Problem of Chemical and Biological Warfare*, Vol.1, *The Rise of CB Weapons*, Stockholm: Almqvist & Wiksell, New York: Humanities Press, 1971, pp.120-121.

100　Harris, *Factories of Death*, pp.157-158.

101　SIPRI, *The Problem of Chemical and Biological Warfare*, Vol.1, p.124.

102　Geissler and Moon（eds.）, *Biological and Toxin Weapons*, pp.239-241.

103　Albert J. Mauroni, *America's Struggle with Chemical-Biological Warfare*, Westport: Praeger Publishers, 2000, p.19; Harris, *Factories of Death*, p.156; Geissler and Moon（eds.）, *Biological and Toxin Weapons*, pp.250-251.

104　Geissler and Moon（eds.）, *Biological and Toxin Weapons*, pp.250-251; Robert Harris and Jeremy Paxman, *A Higher Form of Killing: The Secret Story of Chemical and Biological Warfare*, New York: A division of Farrar, Straus and Giroux, 1982, pp.103-104.

105　Harry S. Truman to AEC Commissioner Thomas Murray, January 19, 1953, PSF, Harry S. Truman Library, 转引自 Bernstein, "Origins of the U. S. Bacteriological Warfare Program", in Wright（ed.）, *Preventing a Biological Arms Race*, p.20.

106　Stephen Endicott, et al, "Letters:Germ Warfare Was Used", *The Bulletin of the Atomic Scientists*, July/August, 1999, p.5.

107　Joshua Lederberg（ed.）, *Biological Weapons: Limiting the Threat*, Cambridge: MIT Press, 1999, p.22.

处境将会很糟糕"。[108] 1947 年 8 月，生物战委员会在生物战技术的评估报告中建议：美国应增加经费、扩充人员，扩大生物战研发计划。1948 年 7 月参谋长联席会议批准了联合战略委员会关于生物战能力报告的决议，其中强调：应加强生物战研究和发展计划，以便更充分地确定该武器系统的实用性和有效性，并制定必要的保护措施和手段进行预防。[109]

战后美国细菌武器研制最引人注目的问题，就是与日本细菌战犯隐秘而肮脏的交往，以获取未来生物战中对苏联的优势地位。如前所述，尽管美国政府一直否认和回避，但德特里克堡与石井等人秘密交往并取得日本细菌武器实验的大量数据和照片，美国军方千方百计庇护日本战犯使其免于法律制裁等卑劣行为，早在 90 年代就已经被彻底揭露。[110] 正如有学者指出的，这是美国"为一时之利而牺牲长远利益的典型案例"。[111] 实际上，在朝鲜战争期间的细菌战指控和反细菌战宣传中，这的确是美国始终处于被动地位的主要原因之一，也是难以洗脱罪名而被苏联抓住不放的软肋之一。

但具有讽刺意义的是，日本的数据和资料最终对美国的细菌武器研究并没有产生多大影响，甚至没有什么直接关系。根据德特里克档案馆的一份备忘录（1948 年 5 月 2 日），仔细审阅了日本人提供的"丰富资料"后，参与美国细菌战计划的科学家认为，这些情报并不具有重要价值，"1945 年日本的细菌武器还处于不完善阶段"，美国开展这方面研究一年后的"专业技术水平已

经超过了 731 部队"。[112] 根本问题在于，美国和日本在细菌武器研究方面选择了不同的路径。生物武器由生物战剂（各种病毒）、投射工具（飞机或大炮）和施放装置（生物炸弹、炮弹或容器）三部分组成，而使用细菌武器的最终效果如何，关键在于施放装置，即撒布细菌的方式，恰恰在这方面美国和日本的研究思路完全不同。日本研究的是通过昆虫或小动物传播毒菌，石井的研究成果和日本细菌部队使用的主要是昆虫布撒器，即装有鼠疫跳蚤的陶瓷炸弹。正如国际科学委员会调查报告指出的，日军侵华期间，731 部队开发的鼠疫跳蚤是细菌武器的"王牌"，曾在中国衢州、宁波、常德等 11 处县城投撒，造成大量居民死亡。[113] 而美国研究的是通过空气传播病原体的方式，1943 年 10 月启动的云雾室项目，其研究成果就是一种装有气溶胶发生器的 4 磅集束炸弹（俗称子母弹）。在当时的历史背景下，空气传播病原体是自然疾病传播的重要因素这一观点尚未被广泛接受。而试验表明，通过气溶胶形式传播生物战剂是可行的，其效果甚佳。[114] 可以这样理解，通过昆虫或小动物散布传染病的优势在于隐蔽性，因其外在表现与自然现象相似，但传播速度和效果远不如气溶胶。

实际上，战后美国细菌武器的研制是继续沿着空气传播的思路进行的。作为德特里克堡研发部主任，罗斯伯里和他的同事 1947 年 5 月发表了一篇长达 90 多页的文章，详细讲述了美国关于细菌武器研制的理论、实践和基本判断，并论证了空气传播与媒介传播的区别和利弊。在承认空气

108　Chiefs of Staff Committee Joint Technical Warfare Committee，Future Development of Biological Warfare，Memorandum by A.C.I.G.S.（W），War Office，6 December 1945，UK Archives，Chemical and Biological Warfare Collection，Box 2，National Security Archive（NSA）.

109　JCS 1837/Enclosure C，Committee on Biological War，Report on The Appraisal of the Technical Aspects of Biological War，26 August 1947；JCS 1837/2，2 July 1948，*Records of the Joint Chiefs of Staff（JCS）*，Part II：1946-53，Strategic Issues，Section 1，Rell 4，Atomic Weapons，Maryland：University Publications of America.

110　详见 Harris，*Factories of Death*，pp.182-223.

111　Moon，"Biological Warfare Allegations"，in Zilinskas（ed.），*The Microbiologist and Biological Defense Research*，p.71.

112　Harris，*Factories of Death*，p.222.

113　《调查在朝鲜和中国的细菌战事实国际科学委员会报告书及附件》，第 9 页。

114　SIPRI，*The Problem of Chemical and Biological Warfare*，Vol.1，pp.121-123.

传播和媒介传播（昆虫、啮齿动物和水源）的病毒制剂都具有潜在用途和能力的同时，他们强调，传染性媒介因廉价且容易获取而可以无限量制备，但"非常复杂且相对不稳定"，"不适合用于细菌战"。而通过空气离心机撒布细菌制剂形成气溶胶的实验表明，"空气传播的感染途径似乎是细菌战最可行的方式"，"在实践中非常重要"。[115]

冷战局面形成以后，美国更加重视对细菌武器的研究。1949 年 7 月 11 日，生物战特设委员会主席 C.F.哈斯金斯致函国防部长 L.A.约翰逊说，特设委员会考虑到"生物武器在秘密或公开使用时进攻和防御的潜力"，建议"在某些主要领域尽早采取行动"。随函递交的生物战报告详细讨论了化学、生物和放射性武器的现有能力和未来潜力，认为这些在军事或民防规划中尚未被充分认识，建议国防部"在政策和组织方面采取某些行动，以加快进展并确保该重要领域工作的连续性"。[116]9 月 13 日，参谋长联席会议批准了生物战联合战略调查委员会的报告。该报告建议国防部立即启动一项针对化学、生物和放射性武器的适当防御计划，在国防部长直属办公室设专职顾问负责思考、指导和协调这方面的行动。[117] 美国生物武器的研发进程随之加快。

1950 年 2 月 24 日，化学兵团（其前身是化学战勤局）研究与工程处处长 W.M.克雷塞上校在给国防部长约翰逊的报告中，详细汇报了美国细菌武器研制现状和生产能力：从事研发的生物部

约有 656 名专业和非专业文职人员，以及 96 名军人，1950 财年的研发计划包括 87 个项目，耗资 560 万美元。此外，还在一定条件下通过研究合同利用民用工业及学术机构的设施和科学资源。生物战剂的近期计划旨在完成布鲁氏菌和肉毒杆菌毒素终端产品的开发，施放装置的研发包括已经进入测试阶段的 0.5 磅炸弹，即将最终完成的 4 磅集束炸弹，以及正在开发的一种连续气溶胶发生器。报告说，美国目前还不具备完全的生产能力。据估计，在紧急情况下，可以在三个月内开始有限度的生产，一个月可以生产足够 50 万枚炭疽炸弹或 25 万枚肉毒杆菌炸弹所使用的填充物，但这样做对操作人员存在很大风险。"这类制剂和弹药的研制工作已取得很大进展，不久将实现标准化。大约需要一年的紧张努力，美国就可以大规模研制生物武器。"[118] 这说明在朝鲜战争爆发前，美国还不具备立即开始细菌武器生产的能力。

战争爆发刺激并加速了美国细菌武器的研制和生产。1950 年 10 月，国防部长马歇尔批准了建造一座生产病原体新工厂的计划，该厂配备了 10 台发酵罐，可用于短时间大规模生产生物战剂。国会为此秘密拨款 9000 万美元。[119] 同月，空军部长获悉 7 种生物武器制剂已被认为可以用于军事目的，并可利用陆军现有或制造中的设施生产，预计使用细菌武器发起对农作物和人员攻击的最早日期分别是 1951 年 3 月和 1952 年 1 月。[120] 于是，空军启动了采购 5000 枚生物集束炸弹的计

---

115 Theodore Rosebury and Alvin Kabat，"Bacterial Warfare"，*Journal of Immunology*，Vol.56，№1，May 1947，pp.9、13、20、23-24. 鲍威尔在引用这篇文章时歪曲说，罗斯伯里"将昆虫载体评价为高度可靠的病原体运载系统"（Thomas Powell，"Biological Warfare in Korea：A Review of the Literature"，*Socialism and Democracy*，2019，https://doi.org/10.1080/08854300.2019.1644588，p.2）完全是断章取义，无非就是想证明美国在朝鲜战争期间使用细菌武器时延用了日本的做法。

116 Report of the Secretary of Defense's Ad Hoc Committee on Biological Warfare，11 July，1949，*Records of the JCS*，Part II，Section 1，Rell 4.

117 JCS Decision on JCS 1837/8，A Report by Joint Strategic Survey Committee on Biological Warfare，13 September 1949，*Records of the JCS*，Part II，Section 1，Reel 4.

118 William M. Creasy，"Presentation to the Secretary of Defense's AD HOC Committee on CEBAR"，24 February 1950，RG218，Box207，NA.

119 Harris and Paxman，*A Higher Form of Killing*，p.160.

120 Dorothy L. Miller，*History of Air Force Participation in the Biological Warfare Program 1944-1951*，Historical Division

划。[121] 来自德特里克堡 1950 年 12 月 15 日的报告显示，用火鸡羽毛传播谷物锈病孢子的试验取得成功。[122] 1951 年 2 月 9 日，生物战委员会报告说，已经选定了有前途的生物战剂，"一旦生产设施到位，就可以大规模生产"。[123] 1950 年 12 月美国杂志《发现》刊登的记者调查说，"美国已经设计出一种可行的远程细菌战武器，若有需要可投入实战使用"。1951 年 4 月美国《科学文摘》又透露，犹他州达格威试验场测试的集束炸弹已被证明能够成功产生细菌气溶胶。[124]

总之，战争启动了美国制造细菌武器的机器，但是到 1951 年上半年，美国的研制机构只是成功完成了部分科学实验和现场试验，距离生产出可以用于战场的细菌武器还差得远。另外，美国研究细菌武器的路径在根本上不同于日本，其使用方式也已超越了日本。因此，即便使用细菌武器，也不会如朴宪永 5 月 8 日的声明所说，选择"日本政府充当其制造细菌武器和定货的代理人"。

1951 年指控中还有一个问题需要讨论，即所谓"防疫船"事件。如前文所述，最早对美国提出指控的是中国，内容是美国海军 1091 号防疫船开到元山，用志愿军战俘做细菌武器试验。随后苏联和朝鲜借题发挥，指控美国使用细菌武器，撒布天花病毒。实际情况是，来自元山地区的情报说朝鲜出现疫情，美国人担心是无法控制的鼠疫，麦克阿瑟遂责令公共卫生主管 C.F.萨姆斯准将调查此事，海军为此提供了一条改装成浮动实验室的登陆艇。萨姆斯原计划派韩国特工绑架一名患病者或至少搞到病亡的尸体，带到船上进行测试。几次行动失败后，萨姆斯不得不登陆，亲自深入敌后询问与患者接触过的人并检测尸体。最后得出的结论是，在朝鲜出现的疫情不是鼠疫而是天花。很快，据萨姆斯判断，被捕的韩国特工泄露了这次秘密行动。[125] 消息泄露后。先有美国《新闻周刊》捕风捉影的报道，后有中国报纸夸大其词的渲染，于是开始了对美国的细菌战指控。

最后的问题是，美国的生物战政策是否允许美军在战场使用细菌武器。在世人眼中，化学武器和生物武器代表了一种令人厌恶和恐惧的卑鄙作战方法，从第一次世界大战结束以后，国际社会便致力于彻底废除和禁止使用生化武器。1925 年 6 月 17 日，国际联盟会议通过了《禁止在战争中使用窒息性、毒性或其他气体和细菌作战方法议定书》，包括美、英、法、苏、中、德、意、日大国在内的 47 个国家政府签署了该议定书，但在美国、日本等 6 个国家的议会没有得到批准。在批准国中，有 16 个国家（包括英国、法国和苏联）明确指出，该议定书仅对已签署和批准或加入该议定书的国家具有约束力；这些国家以及另外三个国家保留了对等权利，即有权对首先使用生化武器的国家（甚至其盟国）使用该武器。[126] 显然，保留条款的实际效果是使《日内瓦议定书》看起来像一个"不首先使用声明"，而不是通过签约彻底放弃生化武器。[127] 但无论如何，拒绝批准

Office of Information Services Air Materiel Command, *Historical Study*, No.194, Wright-Patterson Air Force Base, September 1952, pp.19-20.

121 Jeanne McDermott, *The Killing Winds: The Menace of Biological Warfare*, New York: Arbor House, 1987, p.158.

122 CCS 3852.2（12-17-43）B.P., Special Report No.138, Biological Department, Chemical Corps, Special Operations Division and Crops Division, 15 December 1950, RG218, Box207, p.6, NA.

123 转引自 Moon, "Biological Warfare Allegations", in Zilinskas（ed.）, *The Microbiologist and Biological Defense Research*, p.67。

124 Williams and Wallace, *Unit 731*, p.238.

125 Cowdrey, *The Medics' War*, pp.173-176; Sheila Miyoshi Jager, *Brothers at War: The Unending Conflict in Korea*, New York: W. W. Norton & Company, 2013, pp.242-243.

126 Theodor Rosebury, "Some Historical Considerations", *Bulletin of the Atomic Scientists*, Vol.16, No.6, June 1960, p.232.

127 Nicholas A. Sims, "Legal Constraints on Biological Weapons", in Mark Wheelis et al（eds.）, *Deadly Cultures: Biological Weapons Since 1945*, Cambridge and London: Harvard University Press, 2006, p.330.

《日内瓦议定书》始终是美国的另一个软肋，也是苏联攻击美国使用生物武器的爱不释手的证据，从而使美国在朝鲜战争反细菌战指控中时时处于被动挨打的地位，尽管美国的生物武器政策实际上也是"仅用于报复"。

美国的"仅用于报复"政策最初是针对化学战提出来的。1942 年 6 月 5 日，罗斯福总统发表声明称，美国在任何情况下都不会使用化学武器，"除非是我们的敌人首先使用。"[128] 1943 年 6 月 8 日，罗斯福再次声明，如果轴心国对任何一个联合国成员国使用毒气或有害气体或其他不人道的这种手段，美国都会"进行充分而迅速的同等报复"。[129] 宣布"仅用于报复"的原则，表明了美国在二战期间实际上将遵守《日内瓦议定书》的立场。不过，当时人们关注的主要还是毒气和化学武器，战后才开始考虑生物武器问题。

1946 年 1 月 24 日，联合国大会通过决议，成立了常规军备委员会，并责成该委员会提出具体建议，"从国家军备中消除原子武器和其他一切可造成大规模破坏的主要武器"。[130] 12 月 14 日联合国大会作出的决议，制定了全面管制和裁减军备的原则，要求消毁"现在或将来可用于大规模毁灭性的所有其他主要武器"。[131] 1947 年联合国首次讨论了生化武器的问题。9 月 5 日，美国提出将生物武器列入"大规模杀伤性武器"的范围。

9 月 9 日联合国常规军备委员会通过了经过修订的美国决议案，其中规定，大规模杀伤性武器包括"原子弹爆炸物、放射性材料武器、致命的化学和生物武器，以及未来开发的任何在破坏效果上与原子弹或上述其他武器相当的武器"。1948 年 8 月该决议案在安全理事会通过。[132] 于是，化学武器和生物武器就被纳入了管制和消除的范围，从而也成为"仅用于报复"的手段。

美国生物战委员会在 1947 年 10 月 14 日的报告中提出，技术评估的结果表明，生物武器在战争中将是"一种潜在的有效工具"，"美国必须做好准备以免受这种武器的危害，并应准备在必要时使用它"。[133] 这里所说的"必要时"，指的应该就是在"报复"时。战后美国的化学战政策延续了二战时"仅用于报复"的原则，只是扩大到了生物和放射性武器。1950 年 2 月 1 日，国家安全委员会 NSC—62 号文件确定，"在战争情况下，美国只有在报复敌方使用毒气战的情况下，并根据美国武装部队总司令的决定，才会进行毒气战；作为一项临时措施，该政策将在对化学战、生物战和放射战做出详细的军事评估后再行审查"。[134] 2 月 17 日，杜鲁门总统批准了 NSC—62 号文。[135] 由于该文件中没有特别指出生物战，便有学者强调 NSC—62 号文确定的政策"仅指化学武器"。[136] 但实际上在当时的官方理解和解释中，

128　Senate Committee on Labor and Public Welfare，*Chemical and Biological Weapons: Some Possible Approaches for Lessening the Threat and Danger*，Washington，DC：GPO，1969，p.47.

129　Goodrich，Leland M.（ed.），*Documents on American Foreign Relations*，Vol.5，Boston：World Peace Foundation，1944，p.198.

130　U.N. General Assembly，17th plenary meeting，24 January 1946.

131　U.N. General Assembly，63th plenary meeting，14 December 1946.

132　Stockholm International Peace Research Institute（SIPRI），*The Problem of Chemical and Biological Warfare*，*Vol.4，CB Disarmament Negotiations, 1920-1970*，Stockholm：Almqvist & Wiksell，New York：Humanities Press，1971，pp.194-195、26-27.

133　RDB64/3.1，CX 21/3，Committee on Biological Warfare，Report on National Policy on Biological Warfare，14 October 1947，*Records of the JCS*，Part II，Section 1，Rell 4.

134　NSC-62，A Report to the National Security Council by The Secretary of Defense on Chemical Warfare Policy，February 1，1950，Presidential Directives，PD00165.

135　*FRUS*，1952-1954，Vol.15，Korea，Part I，p.844.

136　Stephen Endicott，et al，"Letters: Germ Warfare Was Used"，*The Bulletin of the Atomic Scientists*，July/August，1999，p.3.

这一政策也包含了生物战。正如后来（1951 年 12 月 21 日）国防部指令所说："由于生物战和化学战在某些方面具有相似性，并且在公众意识中密切相关，因此通常认为化学战的国家政策适用于这两个领域。这一印象通过在国家政策声明中提及生物战和放射战而得到加强。"[137]

1950 年 6 月 30 日，即朝鲜战争爆发后的第五天，也是美国决定派遣地面部队参战的当天，新改组的国防部长化学、细菌和放射性武器特设委员会，即著名的史蒂文森委员会，向"仅用于报复"的临时政策提出了挑战。在给国防部长的报告中，该委员会认为，美国目前在化学、生物、放射性武器方面与苏联相比处于劣势，这是"仅用于报复"政策"不可避免地结果"，该政策导致这一领域研究、开发和生产的优先等级被降低。"目前的证据表明，生物战剂可能是一种有效的战争武器，但其有效程度尚不清楚，因为它从未大规模使用过，也没有经过充分的实地测试。"委员会因此提出，美国的国家安全要求放弃"仅用于报复"的政策。[138] 这导致参谋长联席会议在政策修订问题上出现了分歧，陆军和空军赞成特设委员会的观点，但海军坚持认为，任何政策逆转都会产生负面的宣传影响。参谋长联席会议也认为"仅用于报复"政策不应立即改变。10 月 27 日，国防部长马歇尔批准了特设委员会关于加紧化学和生物武器准备工作的建议，但决定在具备化学战和生物战能力之前暂不考虑政策的改变。[139]

随着战争在三八线附近形成僵持局面，双方开始停战谈判，美国需要进一步对中朝施加军事压力。1951 年 9 月 21 日，参谋长联席会议生物战联合高级研究委员会的备忘录再次指出，"生物战作为战争武器具有巨大潜力"，而除了有限的反作物能力外，美国在生物战领域"不具备任何进攻能力"，明显落后于苏联。自 1948 年以来，用于生物战领域研发经费总金额为 3515 万美元，还不到全部军事研发项目资金的 1%，而限制生物战研发计划的正是"仅用于报复"的政策。[140] 然而，美国决策层仍然拒绝改变生物战政策。在 1951 年 11 月 3 日递交给国防部长的备忘录中，参谋长联席会议主席布莱德雷提出，如果停战谈判失败，有必要加大对敌军的压力，并赋予联合国军司令部在采取一些具体行动上"广泛的自由权限"。[141] 12 月 20 日，这一建议被接受，并作为国家安全委员会文件（NSC 118/2）下达。文件规定，如果停战谈判彻底失败，取消对鸭绿江大桥和朝鲜一侧电力设备轰炸的限制，但不包括对苏联边境约 12 英里范围内的攻击；如果敌方空中活动规模严重威胁到美军安全，则取消对攻击中国东北空军基地的限制，但需要得到总统授权；停战谈判失败后立即对共产党中国实行海上封锁。[142] 值得注意

---

137 JSPC 954/23, Joint Strategic Plans Committee: Statements of Policy and Directives on Biological Warfare, 27 May 1952, U.S. Archives, 1950-70's, Chemical and Biological Warfare Collection, Box 2, pp.1-13, NSA.

138 Report of the Secretary of Defense's Ad Hoc Committee on Chemical, Biological and Radiological Warfare, 30 June 1950, 个人收藏。

139 Moon, "Biological Warfare Allegations", in Zilinskas（ed.）, *The Microbiologist and Biological Defense Research*, pp.65-66; Conrad Crane, "'No Practical Capabilities': American Biological and Chemical Warfare Programs During the Korean War", *Perspectives in Biology and Medicine*, Vol.45, №2, Spring 2002, p.243.

140 JCS 1837/26, Memorandum by the Joint Advanced Study Committee for the Joint Chiefs of Staff on Biological Warfare, 21 September 1951, *Records of the JCS*, Part II, Section 1, Rell 4; JCS 1837/26, 21 September 1951, RG218, Box152, pp.280-295, National Archives（NA）.

141 Memorandum for The Secretary of Defense, 3 November 1951, Paul Kesaris（ed.）, *Documents of the National Security Council: 1947-1977*, Reel 2, Microfilm, Washington, D.C.: University Publications of America, 1980, Accession: 002950-001-0121.

142 NSC 118/2, Note by The Executive Secretary to the National Security Council on United States Objectives and Courses of Action in Korea, December 20, 1951, Kesaris（ed.）, *Documents of the National Security Council: 1947-1977*, Reel 2, Accession: 002944-003-0225.

的是，这里没有提到有关细菌战的问题。也就是说，即使停战谈判失败，美国也没有打算放弃"仅用于报复"的政策。

综上所述，本文结论如下：

一、朝鲜战争爆发后，在军方的敦促下，美国加快了细菌武器的研发和制造，但收效甚微，同时也没有改变"仅用于报复"的政策。实际上1951年美国没有使用、也根本没有能力使用细菌武器。当时在朝鲜流行的传染病，只是一种自然现象。

二、中国关于美国用战俘进行试验的指控，是误信和夸大了来自美国的报道。在这个过程中，苏联的煽动和中国自身的历史记忆都产生了影响。

三、朝鲜对美国使用细菌武器的指控是没有任何根据的捏造，基本上可以认定是苏联授意或怂恿的结果。

四、中国在 5 月底就主动放弃了反细菌战宣传，目的是要开始与美国进行停战谈判，以便尽快结束战争。在中国的坚持下，苏联和朝鲜同意进行谈判，对细菌战的指控也随之停止。

1952 年中国发动的细菌战指控及其转向

——朝鲜战争期间细菌战研究之三

沈志华

自 1951 年夏天中苏朝方面的反细菌战宣传停止以后，关于细菌战的消息和报道沉寂了差不多半年，1951 年底又开始浮出水面，挑头的还是莫斯科。12 月初，苏联科学院一年前出版的《细菌战：帝国主义的犯罪武器》一书准备在布拉格再版捷克语译本。[1] 12 月 6 日，苏联塔斯社发布了一条来自布拉格的消息：根据李奇微司令部的命令，一个由石井四郎、若松次郎和北野政藏等人组成的细菌战日本专家小组从东京抵达朝鲜，以便对朝鲜和中国战俘进行细菌实验。[2] 几天后，朝鲜《劳动新闻》也播发了这条新闻。[3] 值得注意的是，中国的报纸一直没有刊登这一消息。直到 1952 年 2 月 22 日提出指控之前，除了控诉美国虐待战俘的罪行时顺带提到人体细菌实验，中国在公开场合几乎没有再谈论细菌战问题。[4] 这些信息反映的情况是，莫斯科在 1951 年 12 月似乎有意再提细菌战问题，而北京没有回应。不过，中国对朝鲜疫情的关注始终没有放松。

1951 年底，《劳动新闻》多次报道，根据军事委员会第 170 号命令开展的全民防疫运动取得"巨大成果"。国家紧急防疫委员会报告，为医治和根除传染病，并防止病菌传播，全国组织了防疫队、消毒队、辅助消毒队等共计 24531 支，参与人员达 81814 人，组织了流动检疫队 1419 支，涵盖 5934 人，同时还进行了广泛的防疫宣传和教育工作，从而导致患传染病者人数大量减少，发现患病的天数也有所缩短。[5] 尽管如此，直到 1952 年春天，朝鲜的疫情仍然十分严重。据一位人民军随军记者后来回顾，从 1951 年冬天开始，突然出现了大量回归热病患者，而且病情非常严峻。[6] 据志愿军得到的资料，天花病爆发后，从南方蔓延到北部，1951 年发生 8590 例，1952 年有所下降，但仍有 3082 例。[7] 美国中央情报局提供了这方面的大量情报资料。自 1951 年 11 月初以来，一种传染性极强的疾病（可能是鼠疫）在新义州、江界和顺川地区流行，每天都有人死亡。[8] 1952 年 3 月，中朝军队中出现了一种不寻常的传染病，但情况不明。朝鲜人民军第八军团 30% 的士兵患伤

1　John C. Clews, *Communist Propaganda Techniques*, New York: Frederick A. Praeger, Inc., 1964, pp.249-250.

2　Правда（真理报），7 декабря 1951, стр.4.

3　《劳动新闻》1951 年 12 月 10 日第 1 版。

4　《人民日报》1951 年 12 月 1 日第 4 版、12 月 4 日第 4 版、12 月 12 日第 4 版。

5　《劳动新闻》1951 年 11 月 1 日第 3 版，11 月 25 日第 1 版，12 月 29 日第 1 版。

6　이인모 기록, 신준영 정리, <전 인민군 종군기자 수기: 이인모>, 월간말, 1992〔李仁模记录、Shin Jun-yeong 整理：《人民军前任随军记者李仁模手记》，月刊《话》，1992 年〕，第 117 页。

7　中国人民解放军总后勤部卫生部编：《抗美援朝战争卫生工作总结：野战内科・卫生防疫》，北京：人民军医出版社，1987 年，第 220 页。

8　Central Intelligence Agency, Information Report: Infectious Disease Prevalent in North Korea, 15 January 1952, CIA-RDP82-00457R010100070008-8, https://www.cia.gov/readingroom/home.

寒或斑疹伤寒，死亡率到达 60%。[9] 截至月底，咸兴地区出现大量伤寒和斑疹伤寒患者，而回归热、斑疹伤寒疫情已经在黄海道全境蔓延。[10]

就在这个时候，就在这种情况下，由于一位志愿军战士的"发现"，美国发动细菌战的问题再次被提出来，并且很快就酿成了世界范围内的反细菌战运动。这一切究竟是如何发生的？以往研究对中国、朝鲜和苏联在 1952 年如何认定和指控美国进行细菌战这一过程的叙事，不是十分清晰，或者过于简单（西方研究者），或者有些混乱（中国研究者）。笔者拟利用中朝苏三方的第一手史料，即档案文献、新闻报道和当事人回忆录（经过比对和考证），严格按照时间顺序，重新梳理事情发生的过程，从而再现当时的历史场景。这里的关键问题是找到并利用当时形成的文献（电报、命令、信函、决议、声明、报道等），而对事后形成的文献及第二手史料，则谨慎使用。

细菌战指控和反细菌战宣传运动

1952 年 1 月 28 日早晨，有一架美机出现在江原道平康郡志愿军四十二军驻地一带。飞机飞走后，该军三五七团战士李广福外出执行任务，在美机飞过的金谷里山坡发现有苍蝇、跳蚤和类似蜘蛛的昆虫，分布在约 200 米长 100 米宽的雪地上。团卫生员去现场采集了部分昆虫标本。当日派出搜索的战士报告说，在临近地区龙沼洞、龙水洞一带也发现了类似昆虫。[11] 事发当天早上，四十二军军长吴瑞林立即打电话向志愿军总部报告。当时停战谈判正处于僵持状态，双方因在苏联是否属于中立国的问题上争论不休。彭德怀久经沙场，做出的第一反应就是敌人要打细菌战了。中午彭德怀电话指示吴瑞林：敌人进行细菌战的目的，是对我搞精神战，要借此造成我军混乱，从而向我发动军事进攻，以配合停战谈判。下午志愿军党委进一步指示，敌人企图在我消灭细菌的过程中搞突然袭击，以配合开成谈判，迫我接受他们的苛刻条件。我们必须防止敌人的突然袭击，既要消灭细菌，又要打垮敌人进攻。[12] 看来，前线指挥官首先想到的是敌方可能采取新的军事行动。[13]

1 月 29 日，志愿军卫生部接到报告后，即派防疫大队李哲范队长会同朝鲜人民军军医局传染病军医长金成重、卫生防疫实验队细菌部长李如圭和昆虫学家金仁完等组成调查委员会，到现场进行周密的调查。[14] 据时任朝鲜保健省卫生防疫局局长的金成俊回忆，当天金日成接报后，命令他去朝鲜人民军驻地调查。金成俊说，他在现场也发现了类似的情况。[15] 这表明朝鲜方面在第一时间就知道了前线发生的情况。

2 月 2 日，志愿军司令部接到四十二军电报称：前线部队所发现的昆虫到 29 日晚均已冻死或

9　Central Intelligence Agency Board of National Estimates，Security Information，SE-24：Communist Charges of US Use of Biological Warfare，18 March 1952，CIA-RDP79S01011A000600050027-0，https://www.cia.gov/readingroom/home.

10　Central Intelligence Agency，Information Report: Disease and Medical Facilities in North Korea，7 August 1952，CIA-RDP82-00457R013300390006-0，Information Report：Disease and Preventive Measures in Hwanghae Province，North Korea，27 August 1952，CIA-RDP82-00457R013700120010-0，https://www.cia.gov/readingroom/home.

11　志愿军后勤卫生部：对平康地区驻地敌投带菌昆虫的调查报告，1952 年 2 月 10 日，总后勤部卫生部编：《抗美援朝战争卫生工作总结：野战内科·卫生防疫》，第 179 页。

12　吴瑞林：《抗美援朝中的第 42 军》，北京：金城出版社，1995 年，第 173-177 页。

13　直到 2 月 23 日，彭德怀仍然认为，"敌企图以细菌杀伤我大量人员，以逼我屈服就范，甚为明显。"本书编辑委员会：《抗美援朝战争后勤经验总结：资料选编·卫生类》，北京：金盾出版社，1986 年，第 328 页。

14　志愿军后勤卫生部：对平康地区驻地敌投带菌昆虫的调查报告，1952 年 2 月 10 日，总后勤部卫生部编：《抗美援朝战争卫生工作总结：野战内科·卫生防疫》，第 179 页。

15　中嶋啓明：朝鮮戦争における米軍の細菌戦被害の実態—現地調査報告，《アジア太平洋研究センター一年報》，(1)2003，16-17〔中岛启明：《朝鲜战争中美国军队细菌战受害者的实际情况——现场调查报告》，《亚洲太平洋研究中心年报》2003 年第 1 期〕

被烧死。军卫生科化验不出是否带有细菌，已送志愿军卫生部化验。因这些昆虫比较集中，且附近居民称从未见过，故判断可能是敌人散布的细菌虫，但未判明是飞机还是地面特务散布的。尽管该区部队和居民中并未发生疫病，军部已下令作防疫处置。[16] 与人们后来的说法不同，这里透露的重要信息是，此时尚无法断定所见昆虫是美机撒布的。不过，无论发现的是不是带菌昆虫，处于战争状态的前线部队都要立即进行防疫，必须防患于未然。

2 月 4 日，志愿军后勤司令部致电志愿军司令部告知，四十二军的书面报告和昆虫标本均已送达；所见昆虫"究竟是飞机或是炮弹撒的，尚不能确定"；到 31 日止，部队和居民中尚无鼠疫、霍乱发生，已进行紧急消毒；已电告部队再收集标本，并将送来的标本送达朝鲜政府，请专家识别化验。[17] 这表明，受前线条件限制，最初的细菌化验是交由朝方做的。有研究者称，朝鲜陆军医务部实验室 1 月 29 日就检测出苍蝇标本带有霍乱病菌，而朝鲜 60 年来一直没有发现过霍乱。[18] 此说不确，因为如前所述，志愿军的标本是 2 月 4 日才送给朝鲜政府的。即使朝鲜自己事先搞到了标本，从当时的试验技术和条件考虑，也不可能当天就检测出结果。

2 月 6 日，志愿军司令部向各所属部队并东北军区司令部和中央军委转发了四十二军 2 月 2 日来电，同时要求各部队在驻地进行检查，有无同类昆虫发现，并告各岗哨注意敌机投掷物品，发现可疑迹象立即上报。[19] 此后，各部队纷纷报告有所发现，但此时第一批昆虫标本的化验结果尚未出来。

在接到四十二军报告后数日内，据志愿军卫生部部长吴之理回忆，他本人并派员多次去报告单位核实情况，并未发现疫情和疑似病例，卫生部化验室对昆虫标本进行培养，也没有发现致病菌。吴之理因此认为，调查的结果尚无法证实美军进行了细菌战，建议暂勿大事宣传，以免将来被动和浪费人力物力。经主管后勤工作的志愿军副司令洪学智同意，卫生部给志愿军司令部和中央军委发了电报。彭德怀看过电报后，要吴之理当面汇报。恰巧此时朝鲜防疫局长金成俊奉命来志愿军了解情况、商议对策，因为朝鲜也未拿出细菌战的证据。吴请金同行，以便能做旁证。吴之理汇报后，遭到彭德怀严厉批评。中央也来电，批评志愿军卫生部缺乏警惕性，并提出即使敌人未搞细菌战，也可以借此加强卫生工作。吴之理接受了批评。[20]

2 月 10 日，志愿军卫生部提交的报告说，所收集的昆虫标本经朝鲜人民军军医局实验室检验的结果如下：蚤为人蚤，带有鼠疫杆菌；蝇为黑蝇，带有典型霍乱弧菌；似蜘蛛的昆虫为红螨，体内未找到病原菌。于是，卫生部做出新的结论：1、在我军驻地平康郡地区于冬季气温零度以下同时出现大批昆虫不是自然现象，而是人工撒布的。2、近年来朝鲜北部，尤其是冬季，没有发现霍乱病人。这次从采集的苍蝇体内培养出霍乱弧菌，一定是人为感染的。3、在雪地上发现大批人蚤，在人蚤体内又有鼠疫杆菌，这绝不可能是自然现象。4、根据发现昆虫的经过和敌机的特殊活动，可以肯定是敌人空投了带菌昆虫。[21] 显然，志愿

16　志愿军司令部给所属部队并报东北军区和中央军委的电报，1952 年 2 月 6 日，《抗美援朝战争后勤经验总结：资料选编·卫生类》，第 320 页。

17　志愿军后勤司令部给志愿军司令部、总后勤部、东北军区后勤部的电报，1952 年 2 月 4 日，《抗美援朝战争后勤经验总结：资料选编·卫生类》，第 319 页。

18　Stephen Endicott and Edward Hagerman, *The United States and Biological Warfare: Secrets From the Early Cold War and Korea*, Bloomington: Indiana University Press, 1998, p.6.

19　《抗美援朝战争后勤经验总结：资料选编·卫生类》，第 320 页。

20　吴之理：《1952 年的细菌战是一场虚惊》，《炎黄春秋》2013 年第 11 期，第 36-37 页。

21　总后勤部卫生部编：《抗美援朝战争卫生工作总结：野战内科·卫生防疫》，第 179 页。

军卫生部这个结论依据的是在朝鲜提交的检测结果基础上进行的逻辑推断。

此后，按照志愿军司令部的命令，各部队不断发来所在驻地美军投撒昆虫的情况报告。2 月 10 日，在开城东大院洞附近发现很多苍蝇，前夜曾有敌机在此地上空盘旋，但未听到爆炸声，也未发现任何昆虫容器。2 月 11 日，在铁原郡槐阴洞发现美机投下两个圆形纸筒，有蝇、蚤和其他昆虫从破裂处爬出。2 月 12 日，美机 3 架在铁原郡马场面及文里一带喷出烟状黑雾，后在高山雪地上发现大批黑跳虫、苍蝇、蜘蛛和跳蚤。2 月 17 日，美机两架在平康郡内佛加里低空盘旋并听到爆炸声，后发现大批苍蝇，但未找到弹坑、弹片或昆虫容器。2 月 18 日，美机飞过后，在平安南道平原郡东松面青龙里有成群的苍蝇和蚊子出现在雪地上。同时，朝鲜方面也发现美机在平康郡和安州郡等地投撒带菌昆虫。[22] 根据前方部队的要求，总后勤部卫生部派遣防疫处副处长马克辛率细菌专家魏曦、寄生虫专家何琦于 12 日前往朝鲜实地了解情况，对相关昆虫标本进行培养化验，并指导志愿军部队的防疫工作。[23]

情况愈来愈严重，不得不上报最高决策层了。2 月 18 日，代总参谋长聂荣臻向毛泽东、周恩来等中央领导人报告，朝鲜前方敌人空投昆虫的"投撒面甚大"，前线部队二十军、二十六军、三十九军、四十二军均有发现。除派专家前往现场了解情况外，现已将各种昆虫送回北京，进行培养化验，究竟带何种病菌，尚须两日后得出结论。据专家估计，以霍乱、伤寒、鼠疫、回归热四种病菌之可能性较大。如化验证实，防疫与灭疫工作即须火速以大力进行（总后卫生部正在计划中），并需

要苏联在人力物力方面予以援助。[24] 次日（凌晨），毛泽东批示："请周总理注意此事，并予处理。"[25] 由此开始，中国方面反细菌战和防疫工作的决策权从志愿军总部上升至中共中央和国务院，并由周恩来全权负责。其原因，很可能是需要与苏联政府直接联系。

2 月 19 日 12 时，总参作战部向周恩来报告，刚接到志愿军司令部电话，十五军亦发现霍乱、斑疹、伤寒、大脑炎，是否为敌人所放细菌直接引起还不能断定，但已死亡二人。同时，应周的要求呈送了一份关于美国在朝鲜进行细菌战的综合报告。在详细介绍了美军撒布毒虫的情况后，报告指出，"敌人此次在朝鲜进行细菌战是经过了长期的准备，并在日本头号细菌战犯石井四郎等的组织下进行的。"其根据是，细菌战是从 1951 年 3 月 1091 登陆艇做细菌武器试验开始的；李奇微将石井四郎等人送到朝鲜战场具体筹划冬季细菌战；美国这次撒放的细菌毒虫及其方法与其在南朝鲜的试验和日本过去在中国进行的细菌战完全一致。[26] 由此可知，在尚未确定疫病是否为美军所放昆虫直接引起的情况下，送给中国最高决策者的情报便做出了美国经长期准备后开始实施细菌战的估计。为了证实这一判断，重提 1951 年美国的细菌武器试验和 1091 号登陆艇事件，并与日本在二战时对中国的细菌战进行勾连。显然，此时苏联提供的日本细菌专家到朝鲜的消息，引发了中国人的历史记忆。

既然已有结论，便立即采取了措施。2 月 19 日晚，根据周恩来的指示，聂荣臻召集外交部副部长章汉夫和总后勤部卫生部长贺诚开会，研究防疫和反细菌战的准备工作。会议决定：立即将

---

22 敌投细菌武器的例证，刘维华等，总后勤部卫生部编：《抗美援朝战争卫生工作总结：野战内科·卫生防疫》，第 180-181。

23 军事科学院史料丛书课题组：《抗美援朝战争·文献》（终审稿），2014 年 9 月，未刊，第 956 页；抗美援朝战争后勤工作经验总结编写办公室：《抗美援朝战争后勤工作记事》，1982 年 3 月，未刊，第 3 页。

24 《抗美援朝战争·文献》，第 959 页。

25 中共中央文献研究室、中国人民解放军军事科学院编：《建国以来毛泽东军事文稿》中卷，北京：中央文献出版社，2010 年，第 12 页。

26 雷英夫给周恩来的报告（附《关于敌人在朝鲜大规模进行细菌战的情况的报告》），1952 年 2 月 19 日。个人收藏。

现有疫苗、消毒粉剂和防疫工具空运安东转朝鲜，计划再赶制 1000 万份鼠疫疫苗，分批运入朝鲜，并责成贺诚速与苏联顾问研究防疫计划；章汉夫负责起草新闻稿、社论等，并致电金日成征得同意后，由朝鲜和中国同时揭露美国罪行。[27] 当天夜里，周恩来向毛泽东汇报了他的安排：（1）加紧测试前线送回的昆虫细菌，"据初步化验含有鼠疫、霍乱及其他病菌，一、二日内当可全部判明"；（2）向前线派送防疫队和疫苗、粉剂及其他器材；（3）请朝鲜外务相朴宪永先发表声明（即电告），"中国外长继起向全世界控告，以新闻舆论配合，并要美国对后果负责"；（4）由中国人民保卫世界和平委员会向世界和平委员会建议，发起反对美国进行细菌战的运动；（5）致电朝鲜前线进行防疫动员，东北亦加强戒备；（6）将此事电告苏联政府请其予以帮助。[28] 文中提到"此稿附上，请批发"，应该是指章汉夫起草的声明稿。可以证明这一点的是后来披露的俄国档案："1952 年 2 月 22 日，朝鲜接到了一份中国起草的所谓美国人使用细菌武器的声明，因此使朝鲜人面对了一种既成事实。"[29] 从此刻起，关于细菌战问题的讨论加入了指控美国的因素，而且做出了精心安排。这一决定是中共中央主动做出的。

2 月 20 日出版的《人民日报》在第 1 版刊发了一篇指控美国侵略者残杀和虐待中国战俘的文章，其中旧事重提，谈到在日本的美国医院和 1091 登陆艇用中国战俘作解剖研究和细菌实验。[30] 尽管没有使用"细菌战"的概念，但显然是在预热，

一场指控美国和反细菌战的宣传运动呼之欲出。另一个工作重点就是防疫。当日上午，聂荣臻又与苏联总顾问 S.A.克拉索夫斯基和卫生顾问 A.A.阿萨杜良及贺诚举行紧急会议讨论防疫计划。苏联顾问同意中方的判断和处置，并提出三点意见：（1）美国肯定是在进行细菌战，其目的是试探细菌武器的效果，以及中国和朝鲜的防疫能力；（2）建议中国政府成立非常防疫委员会，由政府重要负责人领导；（3）责成苏联卫生顾问与总后卫生部立即制定防疫计划。看到聂荣臻的报告后，毛泽东批示："同意。第二项是否马上办，请周酌定告我。"周恩来批示："第二项现暂缓办，视情况发展再定，已报告主席。"[31] 这里的重点在于对美国发动细菌战的目的出现了两种不同的判断。与中方认为美军企图借细菌战搞军事偷袭不同，苏方的判断是美国正在进行细菌武器的实地试验——这对后来如何为细菌战定性是有影响的。暂缓成立全国防疫委员会，大概是考虑到尽可能不要影响国内工作的重心——当时全国上下正在轰轰烈烈地开展"三反"（反贪污、反浪费、反官僚主义）和"五反"（反行贿、反偷税漏税、反盗骗国家财产、反偷工减料、反盗窃国家经济情报）运动。[32]

同日，金日成召开军事委员会扩大会议，并亲自作报告。会议讨论时，也有人对美军是否会"如此幼稚"地进行细菌战表示怀疑，但最后会议还是取得了一致意见。[33] 会议通过了金日成签署的军事委员会第 65 号决议，决议指出，"在祖

27　聂荣臻、粟裕给毛泽东、周恩来等人的报告，1952 年 2 月 20 日。个人收藏。

28　《抗美援朝战争·文献》，第 960 页；中共中央文献研究室编：《周恩来年谱（1949-1976）》上卷，北京：中央文献出版社，1997 年第 217 页。

29　贝利亚给马林科夫及苏共中央主席团的备忘录，1953 年 4 月 21 日，俄罗斯总统档案馆手抄打印件，个人收藏。英译文见：*CWIHP Bulletin*, Issue 11, Winter 1998, p.182. 只是这里的时间表述有误，中国给朝鲜的电报是 2 月 21 日凌晨发出的。见中共中央党史和文献研究院编：《毛泽东年谱》第四卷，北京：中央文献出版社，2023 年，第 500 页。

30　《人民日报》1952 年 2 月 20 日第 1 版。

31　聂荣臻、粟裕给毛泽东、周恩来等人的报告，1952 年 2 月 20 日。个人收藏。

32　查阅中共中央党史和文献研究院编：《建国以来毛泽东文稿》第六册（北京：中央文献出版社，2023 年），从 1952 年 1 月 16 日至 4 月 20 日，毛泽东发出的电报、信函、指示、命令及处理的文件共 267 件，其中涉及"三反"和"五反"的有 156 件，占 58.4%。

33　中岛启明：《朝鲜战争中美国军队细菌战受害者的实际情况》，第 17 页。

国解放战争过程中，敌人早在 1950 年开始多次使用细菌武器和毒气弹。最近，他们又在前方许多地区和后方的一些地区散布了最恶劣的携带鼠疫和霍乱病菌的跳蚤、苍蝇等各种昆虫，企图对朝鲜人民军和中国人民志愿军以及和平居民进行大规模屠杀。这是一种不人道行为。"决议还颁布了防止病毒扩散、疫病蔓延的各种规定和措施。[34] 在接到中国政府的电报和通知之前就做出的这个决议表明，在认定细菌战的问题上，中朝两国领导人不谋而合，认知是一致的。

2 月 21 日凌晨 2 时，毛泽东发出致金日成并告彭德怀电："敌人自 1 月 28 日起，连续在朝鲜前线以飞机撒放毒虫病菌，经化验业已证明其中含有鼠疫、霍乱及其他病菌，现除令前方进行动员随时扑灭、焚毁外，已于今日起以飞机赶送 340 万人份的防疫苗，5000 磅的杀虫粉剂及其喷射器材到安东转运前线，并加派若干防疫队前往。除此，我们应在世界人民面前进行控诉，并动员舆论进行反对。"[35] 如前所述，同时发出的应该还有中方起草的声明稿。需要注意的是，在这里，毛泽东用肯定的语气表述了两个此前并未确定的问题：所见昆虫是否为美国飞机撒放，以及是否携带病菌，而这与当天稍后毛泽东给斯大林电报的说法有明显差别。还有，毛泽东肯定了制造国际舆论控诉美国的做法，但并没有把周恩来的安排（朝鲜先发表声明、中国加以配合）告诉金日成。

接到来自北京的电报后，根据时任苏联驻朝鲜安全部顾问 A.F.格鲁霍夫的证言，朝鲜领导人坚持首先发表自己的声明，朝鲜外务省声明的俄文稿是使馆顾问 V.I.佩图霍夫帮助完成的。[36] 大

使拉祖瓦耶夫的证言透露了更多细节：金日成和朴宪永在接到中国的声明文本后，要求与苏联大使商谈。拉祖瓦耶夫建议他们要求北京做出进一步解释，但朝鲜政府没有事先通知苏联使馆，便赶在中国之前匆忙发表了声明。[37] 这两个证言虽有细微差别，但都表明金日成急于抢先提出对美国的指控，尽管他不知道中国本来就是如此安排的。

同日，毛泽东第一次向斯大林报告了细菌战问题。在讲述了美国用"大炮和飞机"投撒昆虫后，电报说，"已经发现了一些患有霍乱、伤寒、斑疹伤寒和脑炎的病人，其中有二人死亡"，"现在还没有最后确定，他们是否感染了上述细菌"。但"我们得到的秘密情报以及得到的报纸报道证明，美帝国主义者经常在朝鲜有计划地散播细菌"。接着便举出了美国利用日本战犯和 1091 号登陆艇在中国战俘身上进行细菌试验的例子。毛泽东还报告，"我们打算首先以朝鲜外务省的名义，然后以中国外交部的名义，呼吁全世界反对美帝国主义在朝鲜发动细菌战的战争行径。中国和平委员会将向世界和平委员会建议，发动一场反对美帝国主义在朝鲜发动细菌战的犯罪行径的运动。"最后，请求苏联提供帮助和指示。[38] 这封电报既没有肯定投放昆虫的方式，也没有确定亡者是否感染了细菌。在斯大林面前，毛泽东显得谨慎得多。不过，作为亚洲革命的负责人，中共领导人对突发事件必须有全面考虑。因此，对美国提出指控的安排是直言不讳的——朝鲜在前，中国随后，苏联最后。

围绕发表揭露细菌战声明这件事所发生的情

34　朝鲜中央通讯社：《朝鲜中央年鉴（1953）》，平壤，1952 年，第 110-111 页。

35　《毛泽东年谱》第四卷，第 500 页。

36　格鲁霍夫致贝利亚函，1953 年 4 月 13 日，俄罗斯总统档案馆手抄打印件，个人收藏。英译文见：*CWIHP Bulletin*, Issue 11, Winter 1998, pp.180-181.

37　拉祖瓦耶夫致贝利亚函，1953 年 4 月 18 日，俄罗斯总统档案馆手抄打印件，个人收藏。英译文见：*CWIHP Bulletin*, Issue 11, Winter 1998, pp.181-182.

38　РГАСПИ, ф.558, оп.11, д.342, л.87-89// *Мясников В.С. (под ред.)* Китайская народная республика в 1950-е годы, Сборник документов, т.2, Друг с союзник нового Китая, Москва: Памятники исторической мысли, 2010, с.132-134.

况，让人不得不对中苏朝三者之间的微妙关系产生猜想。笔者以为，周恩来做出朝鲜和中国先后发声的安排（后来实际的做法就是如此），显然是出于国际斗争的周密考虑。毛泽东给金日成的电报没有按照周恩来的安排提出先后顺序问题，大概是不想刺激或伤害金日成的自尊心。而朝鲜政府急于抢先表态，应该是要表现出其自主性和独立性，或许还要在莫斯科面前表现出积极性。毛泽东给斯大林的电报特意提到中国政府的精心安排，从口气看，很可能是想向莫斯科表明开展反细菌战运动的信心和决心。至于投放方式和是否感染细菌的不同表述说明，毛泽东向斯大林汇报时显然是要留有余地。

也是在 21 日，中央军委致电志愿军和东北地区领导人："据许多征候看来，敌人最近在朝鲜所散放的各种昆虫显系进行细菌战的行动，应引起我各级领导同志的高度注意。现在虽然还不能最后确定敌人所散放者究为何种病菌（因需经过培养和反复检验，故时间上尚需两日），但事不容迟。"现在重要的问题是，抓紧每分每秒进行消毒和隔离，克服麻痹大意和侥幸心理。[39] 同一天，中共中央发出"关于反对美帝细菌战的宣传工作"的指示，要求各地党委行动起来，按照中央的部署，自 22 日起配合新华社和《人民日报》，"发动一个控告和反对美帝这一新罪行的宣传运动"。[40]这是双管齐下，向美国"宣战"之前，中国做好了紧急防疫和宣传运动两方面的准备。同样，朝鲜方面也做好了相应的安排。

2 月 22 日，反细菌战运动按部就班地开始了。《人民日报》和《劳动新闻》同时在第 1 版刊登美国发动细菌战的新闻报道。中国记者报道："灭绝人性的美国侵略军正在朝鲜前线和后方违反人类正义和国际公法，进行以大规模屠杀朝鲜

和平居民和朝中人民部队为目的的细菌战争。自本年 1 月 28 日至 2 月 17 日为止，美国侵略军的军用飞机连续在朝鲜我军前线阵地和后方的上空，大量撒放传布细菌的各种毒虫。"报道详细讲述了美机撒放各种毒虫的过程，并且联系细菌试验和利用日本战犯问题，揭露"美国军方早已在准备和制造细菌武器"。[41] 朝鲜特派员报道的内容与《人民日报》基本一致，只是特别强调："这一反人类的犯罪行为竟然发生在开城停战谈判正在进行的时刻。这清楚地暴露了美国蓄意拖延甚至破坏谈判、企图扩大侵略战争的险恶用心"。[42]

在发布新闻报道的同时，朝鲜政府正式提出了对美国发动细菌战的指控。朝鲜外务相朴宪永于当日发表声明说，朝鲜政府"在 1951 年 5 月 8 日曾就美帝国主义干涉者在侵略朝鲜的战争中使用细菌武器一事，向联合国提出过严重抗议。但是，美帝国主义侵略军在今年年初再度使用了大量屠杀人民的细菌武器，制造了人类史上最严重的罪恶行为，凶暴地违反了有关战争的一切国际法规"。在列举了美国飞机在朝鲜各地撒放昆虫的事例后，声明说，化验结果证明，这些昆虫"带有鼠疫、霍乱及其他传染细菌"。声明指控美国与日本细菌战犯合作，用战俘做试验，制造出 16 种细菌武器，并在经过长期准备后发动了细菌战。最后，朝鲜政府 "号召全世界人民制止干涉者的暴行，追究使用细菌武器的组织者的国际责任"。[43]

2 月 23 日，《人民日报》发表社论《全世界人民起来，制止美国侵略者进行细菌战争的滔天罪行！》。社论指出，"由于细菌武器是以广大人类作为它大规模毁灭的对象的，因此使用这种武器的美国侵略者就不能不是一切爱好和平人民的死敌，不能不是全人类正义和安全的死敌。"事实说明，美国侵略者"拖延谈判的目的，就是为了准备

39　《抗美援朝战争后勤经验总结：资料选编·卫生类》，第 326 页；《抗美援朝战争·文献》，第 962 页。

40　中央档案馆、中央文献研究室编：《中共中央文件选集》第八册，北京：中央文献出版社，2013 年，第 80-81 页。

41　《人民日报》1952 年 2 月 22 日第 1 版。

42　《劳动新闻》1952 年 2 月 22 日第 1 版。

43　朝鲜中央通讯社：《朝鲜中央年鉴（1953）》，第 113-114 页。该声明发表在《劳动新闻》1952 年 2 月 23 日第 1 版。

采用最残酷的手段，即以灭绝人性的细菌战争，来企图挽救他们再也无法挽救了的失败局势"。社论还主张向联合国提出要求，"宣布首先使用这些武器的政府为战争罪犯"。《人民日报》同一天还发表了中国红十字会总会会长李德全和中国科学院副院长李四光的文章，谴责和控诉美国的滔天罪行，呼吁"对美军无耻的暴行予以有力的制裁"。[44]

2月24日，《人民日报》在第1版全文刊登了朴宪永的声明，同时发表了全国总工会、志愿军归国代表团的声明，以及青年团、青年联合会和学生联合会的联合声明，还报道了北京各界召开紧急会议的消息，以及大量的读者来信，渲染了全国上下同仇敌忾，共同抗议和声讨侵朝美军撒布细菌的滔天罪行的气氛。[45]

2月25日，《人民日报》发表了周恩来总理支持朝鲜外务相抗议美国政府进行细菌战的声明。值得注意的是，中国政府显然是出于谨慎，没有重复朝鲜声明的说法，即化验结果证明美军投放的昆虫带有病毒，而是重提1951年美军撒布天花细菌事件，并将美军使用细菌武器的时间提前到1950年12月，由此证明"美国政府是在继续有计划地、有准备地进行绝灭人性的细菌战"。不过，在指控的用语方面中国声明则比朝鲜更加强硬和尖锐，直接点明美国政府就是"首先使用细菌武器的战争罪犯"。同时刊登的还有中国人民保卫世界和平反对美国侵略委员会主席郭沫若声明，抗议并呼吁制止美国侵略军进行细菌战的滔天罪行。[46] 1952年的反细菌战运动就此拉开帷幕。

然而，就在中国政府公开在国际上声讨美军进行细菌战罪行的同时，志愿军内部对是否存在细菌战问题却仍有不同声音。2月24日总后卫生部在发给志愿军卫生部和司令部并报中央军委的电报中指出，志愿军卫生部长吴之理和副部长朱直光22日来电称，"尚未能从已检三十九军驻地昆虫中得出致病菌的证明"。但总后卫生部认为，"不能因此产生对敌人使用细菌战表示麻痹与松懈，必须考虑敌人用飞机撒布媒介昆虫在我军阵地与后方，不是无目的的，亦不能因为尚系冬季便认为某些病不易传播就放松了警惕"。要求志愿军卫生部必须提高警惕性和主动性，因"防细菌战与春季防疫工作，有极为一致的地方"，"即使在所撒布的昆虫中，今后亦查出不致病菌"，春季防疫工作也应该提早开始。[47]

2月25日，中央军委在给彭德怀和高岗的电报中指出，根据许多事实——前线部队看到敌机撒布昆虫；朝鲜居民从未见过这些昆虫，且在季节上亦过早；朝鲜专家的化验报告等，都肯定地证明敌人是在进行细菌战。"志愿军卫生部至今仍不相信敌人进行细菌战的观点是极为错误和有害的，若不迅速纠正，将来必误大事。"目前在朝鲜的防疫工作，"首先应是统一对敌人进行细菌战的认识，克服各种右倾思想（大意麻痹、侥幸和不相信敌人会撒细菌等）"。总之，不管细菌战进行到何种程度，也不管有无病员出现，"都必须迅速而坚决地进行防疫工作，不容有任何的迟疑和动摇"。[48]

2月27日，中央军委给东北军区和志愿军首长发电再次指出，尽管"各方面都证明敌已开始准备已久的细菌战"，但志愿军卫生部吴之理在22日和24日电报中，仍表示怀疑态度，"甚至提议将疫苗与消毒药控制在志后卫生部，不往下发，又提议在报上暂勿公布"。有鉴于此，"除应由志司给予批评，务使其纠正错误看法外，决由东北军区抽派戴正华同志代表军委卫生部检查该部防

44　《人民日报》1952年2月23日第1版、第3版。

45　《人民日报》1952年2月24日第1版。

46　《人民日报》1952年2月25日第1版。

47　《抗美援朝战争后勤经验总结：资料选编·卫生类》，第329-330页。

48　《抗美援朝战争后勤经验总结：资料选编·卫生类》，第331-332页。

细菌战的执行情况，并在具体工作中给予帮助"。[49]

2 月 28 日，聂荣臻（经周恩来审阅）向毛泽东报告，"因在朝的化验专家太少或思想上有问题，故对细菌的化验工作进展很慢，至今仍不能确定为何种细菌"。为加强化验工作，已动员京、津、沪各种专家 44 人，其中昆虫学专家 11 人，细菌学专家 15 人，流行病专家 6 人，毒物化学专家 4 人，病理学专家 7 人，营养学专家 1 人，明日上午 8 时乘飞机到安东转赴前方。[50] 据吴之理回忆，这些专家（3 月初）到达朝鲜前线后，立即分组投入了化验工作。对几百份部队送来的昆虫标本进行化验的结果，并未发现鼠疫杆菌和霍乱弧菌，所培养出来的病菌，也都是沙门氏菌，只在一两个树叶标本中查到炭疽杆菌。送来化验的投撒物标本形形色色什么都有，但都很难与细菌战挂上钩。[51]

3 月 5 日，根据周恩来的指示，聂荣臻、粟裕再次与苏联总顾问克拉索夫斯基和卫生顾问阿萨杜良分别会谈，介绍美军撒放细菌和中方化验、防疫情况，并商议对策。阿萨杜良认为，对敌人撒放的细菌至今没有化验出肯定的结果，亦尚未发生流行病，证明这些细菌是经过特别培植的，建议尽快请苏联专家进行化验。只有取得化验结果，防疫才有把握。克拉索夫斯基表示将立即向苏联政府汇报，同时要求莫斯科再增派一个全天候空军师，来中国帮助进行反细菌战。周恩来批示，"拟予同意"。毛泽东批示，"照办。应严重注意这

个问题，应用一切有效办法进行防疫工作。"[52]

上述情况表明，从 1 月底至 3 月初，对于所发现的大量昆虫和树叶、羽毛等物品，中方既没有确定是如何投放的（飞机、大炮或地面），更没有检验出是否带菌、带有何种细菌。在这种情况下，中国还是决定立即在朝鲜前线全面开展防疫运动，同时对美国提出细菌战指控，并开始了反细菌战宣传。不仅如此，中国又进一步指控美国把细菌战扩大到了中国境内。

3 月 7 日，《人民日报》刊登了一则消息："自 2 月 29 日至 3 月 5 日，美国侵朝军用飞机先后侵入我东北领空 68 批，448 架次，在抚顺、新民、安东、宽甸、临江等地撒布大量传播细菌的毒虫，并对临江、长甸河口地区进行轰炸扫射。"[53] 3 月 8 日，外交部长周恩来发表声明，严重抗议美国政府侵犯中国领空，使用细菌武器屠杀中国人民。声明重复了一天前报纸刊登的美机在中国境内投撒带毒昆虫的报道，还特别宣布："凡属侵入中国领空、使用细菌武器的美国空军人员，一经俘获，即行作为战争罪犯处理"；"所有因侵犯我国领空、使用细菌武器、并滥施轰炸扫射、虐杀中国人民而招致的一切后果，应由美国政府担负完全责任"。[54] 随后，全国便掀起了更大规模的反细菌战宣传。据美国驻韩国大使报告，截至 3 月中旬，中国电台针对外国听众的广播，差不多有 20% 的篇幅是围绕细菌战问题展开的。[55] 中央情报局 3 月 18 日报告说，据监测，中国各地区的地方电台广播中，近四分之一的内容涉及细菌战指控。[56] 4

49　《抗美援朝战争后勤经验总结：资料选编·卫生类》，第 333 页。

50　聂荣臻传记编写组：《聂荣臻军事文选》，北京：解放军出版社，1992 年，第 365-366 页。

51　吴之理：《1952 年的细菌战是一场虚惊》，《炎黄春秋》2013 年第 11 期，第 37 页。据《人民日报》报道，中国志愿防疫检验队于 3 月 2 日抵达朝鲜前线。《人民日报》1952 年 3 月 5 日第 1 版。沙门氏菌是一种在自然界常见的革兰氏阴性杆菌，可引起伤寒、副伤寒、食物中毒和急性肠胃炎。

52　《抗美援朝战争文献》，第 975-976 页；《建国以来毛泽东文稿》第六册，第 334-335 页。

53　《人民日报》1952 年 3 月 7 日第 1 版。

54　《人民日报》1952 年 3 月 8 日第 1 版。

55　William W. Stueck，*Rethinking the Korean War：A New Diplomatic and Strategic History*，Princeton：Princeton University Press，2002，p.168.

56　Central Intelligence Agency Board of National Estimates，Security Information，SE-24：Communist Charges of US Use of Biological Warfare，18 March 1952，CIA-RDP79S01011A000600050027-0，https://www.cia.gov/readingroom/home.

月 5 日，中国还专门成立了以中宣部部长陆定一为主任、外交部副部长章汉夫为副主任的反细菌战宣传委员会。[57]

3 月中旬，指控美国使用细菌武器的范围已经从东北扩展至关内。3 月 15 日《人民日报》报道，3 月 6 日和 7 日美国飞机侵入山东青岛市郊区，撒布大量苍蝇、蚊子、跳蚤等毒虫。[58] 此后，根据新华社的消息，3 月 13—21 日，美机又先后侵犯中国领空达 71 批、318 架次，在东北地区撒布大量带有细菌的毒虫和毒物，并进行轰炸。[59] 作为"美国侵略者进行细菌战的铁证"，中国在报纸上发布了美国投下的各种细菌弹照片，以及在显微镜下带菌昆虫的照片。[60] 周恩来认为："敌人在如此广大范围使用细菌武器，在历史上还是第一次，特别在我们过去既无防御准备又少技术条件的情况下，这更是一个严重问题。"[61]

但直到此时，中国军方和专家的内部报告显示，化验结果仍无法证明细菌武器的存在。如军方有报告说，入朝部队 3 月出现 44 例脑炎和脑膜炎病例（其中 16 例死亡），平壤附近发现 5 例霍乱病例（其中 3 例死亡），此外还有 43 人患急性病（其中 20 人死亡），但"我们无法做出准确的诊断，是否与敌人进行细菌战有关，还在进一步调查中"。[62] 再如，派往朝鲜的防疫检验队专家、中国著名昆虫学教授秦耀庭报告，他对 700 只昆虫进行分析和分类，培养了其中 61 只，并用培养物接种了 50 只白鼠，大多数结果显示是普通的结肠杆菌、枯草杆菌和阿米巴细菌，没有发现鼠疫、伤寒、痢疾和炭疽细菌。有 5 只白鼠在一两天内死亡，但没有检测出原因。秦耀庭教授在报告中写道："因为时间还不够，我们还不能对这些试验做出明确的决定或结论"。[63] 在这种情况下，3 月 7 日，周恩来致函斯大林，"请求苏联政府尽快向中国派出 9 名预防流行病的专家"，"上述专家，特别是细菌学专家，在来的时候必须携带必要的设备和细菌制剂，以便进行微生物学、细菌学以及其他研究。"[64] 3 月 14 日斯大林回电，苏联已派出 9 名专家，并携带必要的制剂和设备，将于 3 月 25 日抵达北京。[65]

以上详细梳理了中国和朝鲜在 1952 年 1—3 月对美国提出细菌战指控，以及开展反细菌战宣传的决策过程。归纳起来可以做出如下结论：（1）1952 年的指控是中国主动提出的，最初几个月的活动也是中国策划和安排的：朝鲜首先发表声明，中国予以配合，然后中国提出指控，再走向国际舞台，请苏联出面帮助。（2）整个事情发生有两个背景，一是朝鲜当时有传染病发生，而且疫情比较严重；一是停战谈判陷入僵局，美国有意拖延。这是影响中国前线指挥官最初做出判断的主要因素。（3）在没有搞清楚投撒物的来源（飞机或大炮或地面敌特），不知所见昆虫是否带菌，也没有在昆虫投撒区发现疫情的情况下，就断定美国发动了细菌战，主要是前线指挥官"疑罪从有"的主观臆断，其出发点是防患未然，宁可信其有，不可信

57　《周恩来年谱（1949 1976）》上卷，第 231 232 页。

58　《人民日报》1952 年 3 月 15 日第 1 版。

59　《人民日报》1952 年 3 月 29 日第 1 版。

60　《人民日报》1952 年 3 月 15 日第 4 版。

61　中共中央文献研究室、中央档案馆编：《建国以来周恩来文稿》第六册，北京：中央文献出版社，2018 年，第 224-226 页。

62　《部队疫情》，JW-1，1952 年，第 197 卷，第 14 号文件，解放军档案馆。转引自 Endicott and Hagerman, *The United States and Biological Warfare*，p.9.

63　每日报告，1952 年 3 月 15 日；研究组报告，1952 年 3 月 12 日，辽宁省档案馆。转引自 Endicott and Hagerman, *The United States and Biological Warfare*，pp.13-14.

64　РГАСПИ，ф.558，оп.11，д.342，л.97-98//*Мясников В.С.* Китайская народная республика，с.134-135.

65　РГАСПИ，ф.558，оп.1，д.342，л.190-100//*Мясников В.С.* Китайская народная республика，с.136. 原文馆藏号标注有误，似应为 оп.11，д.342，л.99-100。

其无。如果中方只是就此在内部开展防疫工作，合情合理，无可指摘。（4）中国领导人之所以轻易地认定美国发动了细菌战，历史记忆在这里发挥了重要作用。对中国人来说，很容易产生这样的历史联想：日本侵略军曾使用细菌武器伤害过中国人民，而美国军人恰恰是在日本战犯的帮助下从事细菌试验的。（5）中国最高决策层接手细菌战问题后，立即做出了对美国提出指控的决定，并为此准备开展大规模宣传运动。以各种可能的罪名指控敌方，从而给对方施加国际压力，这种做法司空见惯，在双方处于战争状态的情况下，本来也是可以理解的，但刚刚掌握国家政权的中共领导人尚缺乏对国际社会和国际法的了解，他们不知道细菌武器与核武器相同，都属于反人类的大规模杀伤武器，使用这种武器是国际社会和国际法公认的违反人类道德的行为。这类指控的提出是需要掌握绝对可靠的证据的。（6）问题就在于，中国和朝鲜在提出对美国的指控时，并没有掌握确凿的证据，在所收集的昆虫标本中尚未检验出有毒细菌。朝鲜的说辞不足为据（未出示化验数据），而中国所依据的主要是逻辑推理——这些昆虫当地居民未见过、出现的季节过早、美国做过细菌试验并准备发动细菌战等。

事实上，在笔者查阅的 3 月底以前呈送志愿军总部或中央的报告中，看到的结果都是检测未发现毒菌或试验没有肯定结论，却没有发现一件报告说，化验结果可以证明美国使用了细菌武器。笔者相信，如果有这样的报告，中国方面早就作为证据公布于世了。当然，也有可能是当时中国的技术水平和实验设备落后，所以最后不得不请苏联专家出面。周恩来曾规定："凡经苏联专家研究有结果并可公布者，均以（东北防疫委员会）研究组名义公布。"[66] 但笔者查遍中国和俄国档案及公开资料，都没有发现苏联专家提供过有关化验结果的报告，也未见东北防疫委员会公布过类似文件。无论如何，在没有确凿证据的情况下对美国提出指控，结果是使这件事成为久拖不决的历史悬案，中国也往往因此在国际上陷入尴尬被动的局面。那么，中国政府当时为什么会在没有充分把握和准备的情况下急于提出指控，动机究竟何在？

中国发起反细菌战宣传运动的动机

研究者对 1952 年中国指控美国的动机提出了各种不同的推断，如在战场出现严重的疫情时，避免受到中国军队把传染病带入朝鲜的指责[67]；在苏联反复警告美国可能在战争中使用大规模杀伤武器后，中国军事领导人唯恐承担失察的罪责[68]；激发中国人民和世界人民的反美斗志，以保持革命斗志[69]；在停战谈判因战俘遣返问题陷入僵局时，向美国施加压力以争取谈判中的优势[70]；在对外宣传中抹黑美国的形象，削弱国际社会对联合国军干预朝鲜战争的支持，等等，而当时美国政府各机构和官员更是提出了五花八门的猜测。[71] 正如莱滕贝尔格所说，"推测的原因几乎和作者一样多"。[72]

冷战伊始苏联就不断宣传美国是战争贩子，指责美国正在试验和准备使用包括细菌武器在内

---

66 《建国以来周恩来文稿》第六册，第 224-226 页。

67 Clews,*Communist Propaganda Techniques*,Foreword by G.F. Hudson.

68 Zhang Shu Guang,*Mao's Military Romanticism:China and the Korean War,1950-1953*,Kansas:Nuniversity Press of Kansas, 1995,pp.181-187.

69 Kathryn Weathersby,"Deceiving the Deceivers:Moscow,Beijing,Pyongyang,and the Allegations of Bacteriological Weapons Use in Korea", *CWIHP Bulletin*,Issue 11,Winter 1998, p.179.

70 Sheila Miyoshi Jager,*Brothers at War:The Unending Conflict in Korea*,New York:W. W. Norton & Company,2013,p.256.

71 Milton Leitenberg, "False Allegations of U.S. Biological Weapons Use During the Korean War",in Anne L. Clunan et al(eds.), *Terrorism,War or Disease,Unravelling the Use of Biological Weapons*,Stanford,CA:Stanford University Press, 2008,p.132.

72 Milton Leitenberg,"China's False Allegations of the Use of Biological Weapons",*CWIHP Working Paper*,#78, March 2016, pp.6-7.

各种大规模杀伤武器。所以，反细菌战成为莫斯科反美国际宣传中的主要内容之一，不足为奇。朝鲜作为卫星国，完全听从于莫斯科的指挥，其做法也容易理解。而中国在 1951 年对细菌战指控和反细菌战宣传持消极态度，为何在半年后却主动率先对美国提出指控，并积极在国内外开展宣传运动？仔细梳理各方面的史料可以看出，导致中国提出细菌战指控和发起反细菌战宣传的主要因素有三个方面，一是对朝鲜战场特别是停战谈判策略的军事上的考虑，二是对坚持抗美援朝运动的国内政治上的考虑，三是对治理疫情和提高卫生健康水平的国内社会问题的考虑。不过，随着情况变化，就这场宣传运动的功能而言，对外军事考虑逐步被对内政治考虑所替代，反细菌战激发的纯粹防疫运动也最终转变为一场更全面的社会改革——爱国卫生运动。

从 1951 年 6 月至 1952 年 3 月，在军事和外交都处于被动的不利形势下，中国主动要求停战谈判，并被迫在谈判中步步忍让，希望尽快结束战争。但美国出于签订对日和约、建立亚太安全体系等战略考虑，不愿此时停战，因而有意拖延。[73] 直到 2 月初，毛泽东仍对谈判达成协议、实现停战抱有希望。在 2 月 4 日给波兰统一工人党总书记贝鲁特和捷克斯洛伐克共产党总书记哥特瓦尔德的电报中，毛泽东写道："关于朝鲜停战谈判，由于敌人故意拖延，直到现在尚未达成最后协议，但停战的基本问题业已达成协议，因之谈判本身很难久拖。"针对美方提出搁置战俘遣返问题而先行讨论停战协议细节的建议，毛泽东认为，这"就暗示着最后达成协议的可能性已在增长"。[74] 到 2 月 14 日，中国领导人对停战谈判的前景十分乐观，认为很有可能达成停战协议，"估

计时间快在 2—3 月，慢到 5—6 月"。2 月 17 日，停战谈判第五项议程（向双方有关各国政府建议事项）达成原则性协议，周恩来对实现停战更加充满信心，"至于敌方不惜破坏谈判，企图重新发动进攻，此一可能性虽也存在，但并不大，而且我们已有充分的军事准备"。2 月 19 日，周恩来甚至指示在板门店领导谈判事务的外交部副部长李克农，安排好"停战谈判达成协议时的几项准备工作"。[75] 然而，就是这一天，毛泽东在接到聂荣臻的报告后，指定周恩来负责处理美军撒布带菌昆虫问题，总参作战部也向周恩来报告了美军使用细菌武器的详细情况。1951 年 5—6 月，中国启动和谈机制，不希望因指控美国而影响双方谈判。现在和谈有望达成协议之际，却又出现了细菌战问题，中国不得不认真思考和对待。

正是在这种情况下，中国军事领导人的第一反应就是美军试图以此扰乱军心，搞突然袭击，迫使中方在谈判桌上做出让步。而中国政治领导人的考虑更进一步，就是在立即开展防疫部署的同时，提出细菌战指控，并发动大规模宣传运动，其目的显然是向美国施加压力，迫使美方在谈判中让步，尽快实现停战。2 月 24 日，毛泽东致电李克农指出，"关于目前谈判，在限制机场、自愿遣返及苏联参加中立国监察机构的三个问题上，我们绝对不能让步"。"你们必须逼使敌人在这个问题上让步，或自谋转弯之道，我们宁可让它僵持下去绝对不能让步。世界舆论，不会在这样一个问题上同意美国破裂或长期拖延谈判的。"[76] 李克农自然会想到把细菌战问题作为一种施压的手段。他在 27 日给毛泽东的电报中提到，关于细菌武器问题，对方记者在谈判会场要求中方记者拿出证据。李克农建议，请国内"多播发具体资料及

73　详见沈志华：《对日和约与朝鲜停战谈判》，《史学集刊》2006 年第 1 期，第 66-75 页；Shen Zhihua, "The Peace Treaty with Japan and the Armistice Talks in Korea", *Social Sciences in China*, Vol.27，№4，Winter，2006，pp.109-121。

74　《建国以来毛泽东文稿》第六册，第 101-103 页。

75　《建国以来周恩来文稿》第六册，第 96-97、119-122、123-124、127-128 页。柴成文、赵勇田：《板门店谈判》，北京：解放军出版社，1989 年，第 202-203 页。

76　《建国以来毛泽东文稿》第六册，第 259-261 页。

我方医生化验的报告书"，因目前"对方的细菌战尚未造成重大伤亡"，这一问题不易引起国际舆论注意。但当时中国还没有拿到任何有力证据，毛泽东只能含糊的回复："关于细菌问题的证据，敌机所投纸弹有已爆炸及未爆炸者，你们可向志司索取照片。"[77] 到 3 月 9 日，中方仍然没有确凿过硬的证据，周恩来只是让三十九军将搜集到的细菌炮弹碎片送到开城，共计化学质制 1 块，纸制 7 块，铁质 3 块，钢质 2 块，以及各种照片 11 张和一些昆虫标本，要求谈判代表团"研究此项材料能否构成充分证据"，从而"在谈判中提出细菌问题打击敌人，同时并考虑可否举行记者招待会将材料展览，以便在宣传上起配合作用"。[78] 3 月 13 日，周恩来通知贺诚督促各地区和部门的卫生机关，迅速搜集整理出足以充分证明敌人进行细菌战的材料送李克农处。同时电告李克农，待这些材料送到后，再考虑举行记者招待会。[79] 事实上，在朝鲜提出细菌战的指控后，美国就对中朝方会在停战谈判中以此发动攻击感到担忧。3 月 5 日参谋长联席会议指示李奇微要做好准备，以防这个问题在板门店被提出。[80] 然而，直到 1952 年 10 月停战谈判无限期休会，中方始终没有在板门店举行有关细菌战问题的记者招待会。通览中国、苏联和美国有关朝鲜停战谈判的文献，也没有发现中朝一方在板门店谈判中提出美军使用细菌武器的问题。这就说明，中国一直没有掌握足以致对方于死地的可靠证据。同时也说明，中国已经不得不放弃利用细菌战问题逼迫美国在停战谈判中让步的策略。

4 月 25 日，朝鲜停战谈判在中立国和战俘问题上搁浅。中方因多次让步而毫无收获，已对美方感到十分不满和厌烦，也放弃了尽快达成协议的希望。从 4 月下旬到 5 月初，在毛泽东关于板门店谈判的指示电报中，充分反映出这种态度的转变，并至少三次提到，要准备在谈判中拖几个月，"到对方有让步表示时再说"。[81] 在 5 月 31 日给斯大林的电报中，毛泽东更加明确了中方关于停战谈判和军事斗争的策略：由于敌人从 4 月下旬起态度变坏，谈判形成僵局，我们对谈判"已作拖过今年的准备，并决心坚守已经巩固起来的现时朝鲜前线阵地，加修第二线工事，准备应付今年夏秋两季可能到来的敌人新的攻势"。为此，中国国内工作的方针是："既要保证朝鲜战争的胜利，又要保证国内市场的稳定，同时还须加强军事、经济、文化教育各方面的建设。"[82] 中国之所以改变了急于求和的方针，从主观上看，是美国宣布单独对日媾和侵害了中国收复台湾的根本利益，美日条约的签订造成了对中国安全的长久性威胁，再加上美国人在谈判中傲慢而无理的态度，从而激怒了毛泽东。[83] 从客观上讲，正如毛泽东 8 月 4 日在全国政协常务会议上所说，国内经济稳定了，武器装备加强了，后勤供给也有保证了。因此，中国的态度才强硬起来，确定了"边打边谈边建设"的方针，即"谈还是要谈，打还是要打，和还是要和"。[84] 和谈不成，战争还要继续下去，在这样的背景下，对于中国而言，细菌战在客观上是否存在已经不重要，作为反对美帝国主义的工具和动力，只要主观认定就足够了。于是，反细菌战的宣传功能便从朝鲜战场转向国内政治运动，以激发全国军民仇视美国、抗击侵略和斗争

77　《建国以来毛泽东文稿》第六册，第 268-270 页。

78　《建国以来周恩来文稿》第六册，第 184 页。

79　《周恩来年谱（1949-1976）》上卷，第 225 页。

80　Walter G. Hermes,*United States Army in the Korean War:Truce Tent and Fighting Front*,Washington,D.C.:Center of Military History,1992,p.232.

81　《建国以来毛泽东文稿》第七册，第 3、17-18、23 页。

82　《周恩来年谱（1949-1976）》上卷，第 239-240 页。

83　5 月 23 日毛泽东指示李克农：对美国人的"流氓态度"应该"以其人之道还治其人之身"。《建国以来周恩来文稿》第六册，第 350-352 页。

84　《建国以来毛泽东军事文稿》中卷，第 50-52 页。

到底的坚定信念。

早在中国人民志愿军打响抗美援朝第一枪时，中共中央就在 1950 年 10 月 26 日发出了"在全国进行时事宣传"的指示，其中特别提出，"全国人民对美帝国主义应有一致的认识和立场，坚决消灭亲美的反动思想和恐美的错误心理，普遍养成对美帝国主义的仇视、鄙视、蔑视态度"。[85] 1951 年 2 月 2 日，中共中央又发出关于深入开展抗美援朝运动的指示，提出"在各阶层人民，特别是在工农群众中，应广泛进行时事教育，开展蔑视、鄙视、仇视美国帝国主义与提高民族自信心自尊心的运动"。[86] 2 月 18 日，毛泽东在中共中央政治局扩大会议的决议要点中写道：必须在全国范围内继续推行抗美援朝的宣传教育运动，"已推行者深入之，未推行者普及之，务使全国每处每人都受到这种教育"。[87] 借着抗美援朝宣传教育运动之东风，中国还开始了对知识分子的"思想改造"运动。11 月 30 日，中共中央下发了"关于在学校中进行思想改造和组织清理工作"的指示。指示要求，"党和人民政府必须进行有系统的工作，以期在思想上、政治上和组织上清除学校中的反动遗迹，使全国学校都逐步掌握在党的领导之下，并逐步取得与保持其革命的纯洁性。因此，必须立即开始准备有计划、有领导、有步骤地于一年至二年内，在所有大中小学校的教职员中和高中以上学校的学生中，普遍地进行初步的思想改造的工作"，同时"组织忠诚老实交清历史的运动，清理其中的反革命分子"。[88] 据统计，全国高校教职员 91%，大学生 80%，中等学校教员 75%

都参加了这次运动。[89] 于是，1952 年 2 月开始的反细菌战宣传，恰逢其时地汇入了这股以抗美援朝为背景，以仇视、鄙视、蔑视美国教育为主导的全民"思想改造"运动的洪流。

通过报纸、电影、漫画、游行、集会、展览等各种形式开展的反细菌战宣传运动，很快就收到了效果。美机投撒细菌毒虫在东北群众中"引起无比仇恨"，安东市民在灭虫活动中的口号是："消灭一个毒虫，就等于消灭一个美国鬼子。"齐齐哈尔市则喊出"把垃圾当美国鬼子消灭干净"！沈阳市群众"对美帝国主义都增加了新的仇恨"，2 万多人主动参加了防疫队，表现得比机关干部还积极。[90] 武汉市不少青年愤怒地表示，美国搞细菌战，我们也可以向他们搞细菌战。美国拿志愿军俘房做试验，如此恶劣，还跟他搞什么谈判，直接打就是了。[91] 天津市民也表示了极大愤慨，纷纷提出美国"这么可恨，还和它谈什么"！医务界一千多人报名要上反细菌战前线，青年学生也纷纷要求组织输血队。[92] 经过一个多月的宣传，重庆市民"对细菌战恐惧情绪逐渐减少、愤恨美国暴行的情绪正在上涨"，并自动发起了捐献和报名上前线参加防疫工作的活动。[93] 陕西省大荔县的经验是，"把美国散布细菌和美军在朝鲜的其他暴行联系起来宣传，便能激起农民的愤怒：把美国散布细菌毒虫罪行和当地曾经流行过的瘟疫联系起来宣传，立刻引起农民对美国进行细菌战的痛恨，并因而重视清洁卫生和防疫工作。"[94] 另据报道，沈阳市 3 月 16 日一次 16 万人的示威游行，便把"群众反对美国细菌战的愤怒引导到最高潮"。[95]

85　中共中央文献研究室编：《建国以来重要文献选编》第一册，北京：中央文献出版社，1992 年，第 436-440 页。

86　《建国以来重要文献选编》第二册，第 24-27 页。

87　《建国以来毛泽东文稿》第四册，第 162 页。

88　中央档案馆、中央文献研究室编：《中共中央文件选集》第七册，北京：中央文献出版社，2013 年，第 284-290 页。

89　谢莹：《建国初期知识分子思想改造学习运动始末》，《党的文献》1997 年第 5 期，第 67 页。

90　新华社编：《内部参考》1952 年第 65 号，第 219-223 页；《黑龙江日报》1952 年 4 月 8 日。

91　《内部参考》1952 年第 61 号，第 161-163 页。

92　《内部参考》1952 年第 65 号，第 223-224 页。

93　《内部参考》1952 年第 69 号，第 275 页。

94　《内部参考》1952 年第 100 号，第 52 页。

95　《内部参考》1952 年第 75 号，第 43-44 页。

除了配合抗美援朝和思想改造运动，反细菌战宣传转向国内政治的一个更重要的功能就是发起全民卫生防疫运动，并且随着事态发展，以及反细菌战宣传的主战场从国际转向国内，反细菌战运动便逐渐被更大规模的爱国卫生运动所替代。

旧中国卫生环境极差，是传染病和疫情多发、常发的地区。据说，全国自然死亡人口的半数以上是死于传染病。[96] 根据民国政府卫生部编"民国三十五年全国各省市十二种法定传染病患病及死亡人数统计表"，在全国 37 个省市中（其他 10 个省市及西藏地区未提供统计数字），1946 年患各种传染病总计 1327741 人，其中死亡 34113 人，患病率 3‰，死亡率 2.57%。其中霍乱患者 54197 例（亡 15460 人），痢疾患者 165560 例（亡 2469 人），伤寒患者 46106 例（亡 1269 人），天花患者 20562 例（亡 2593 人），流行性脑脊髓膜炎患者 6296 例（亡 1228 人），白喉患者 3497 例（亡 328 人），猩红热患者 1209 例（亡 43 人），鼠疫患者 11069 例（亡 5912 人），斑疹伤寒患者 5482 例（亡 261 人），回归热患者 17331 例（亡 505 人），疟疾患者 989023 例（亡 3961 人），黑热病患者 7409 例（亡 84 人）。[97]

新生的革命政权自然也接受了这份遗产。早在 1945 年 4 月谈到未来新中国建设的具体纲领时，毛泽东就提出："应当积极地预防和医治人民的疾病，推广人民的医药卫生事业。"[98] 1950 年初，全国各地都有疫情报告。广东省雷州半岛的濂江、遂溪等地，福建省的延海、福清、莆田等六县和浙江省的温州市，先后发生鼠疫。新疆迪化、四川南部、河北石家庄等地、山西高平、河南汝

南、山东鲁中南区、皖南芜湖、江西南昌、广东汕头以及京、津、宁、沪、武汉等市和东北部分地区，都发现了天花。此外，河南信阳、洛阳、陕县等处发现流行性脑膜炎和白喉，鲁中南及内蒙均有斑疹伤寒发生，湖北襄阳、枣阳一带也有急性流行病出现。情况不可谓不严重，中央政府卫生部立即采取了各种防疫措施。[99] 1951 年 9 月 7 日，贺诚向中央政府提交了全国防疫工作的综合报告。报告说，经过各方面的努力，近两年全国范围内几种烈性传染病已经显著减少。但由于不少大城市和县以下党政机构对卫生防疫工作重视不够，对疫病的危险性估计不足，情况汇报不及时，宣传工作不到位，整个防疫工作仍然存在很多漏洞和缺点。9 月 9 日中共中央向各级党委批转了这个报告，其中特别强调，全国每年因疫病流传造成的人力畜力和经济上的损失，可能超过各种灾荒造成的损失。因此，今后必须把卫生防疫工作看作一项重大的政治任务，决不能轻视。[100] 10 月 19 日，卫生部长李德全在政务院做全国防疫工作报告，内容与贺诚的报告基本相同。1952 年 1 月《人民日报》全文刊载了这个报告，进一步表明中央政府对防疫工作的重视。[101] 就在此后一个多月，中国的报纸上开始接连发布美军在朝鲜战场和中国境内大规模撒布带菌昆虫的消息。于是，反细菌战运动就与正在开展的全国防疫工作自然连接起来。

1952 年春天是中国传染病的高发期。据《人民日报》的公开报道，到 2 月 20 日，河北省定县专区 8 个县发生流行性感冒，疫情严重，患者达 45266 人，已有 1717 人因并发肺炎死亡。其中仅无极一个县，就有患者 13652 人，其中死亡 486

96　《人民日报》1950 年 8 月 16 日第 3 版。

97　中国社会科学院近代史研究所民国时期文献保护中心编：《民国文献类编续编·医药卫生卷（961）》，北京：国家图书馆出版社，2018 年，第 352-354 页。未统计的地区包括：大连市、汉口市、广州市、沈阳市、西安市、松江省、合江省、黑龙江省、安东省、兴安省及西藏地区。患病率和死亡率为笔者计算所得。

98　《毛泽东选集》第三卷，北京：人民出版社，1991 年，第 1083 页。

99　《人民日报》1950 年 2 月 25 日第 3 版。

100　《中共中央文件选集》第七册，第 24-29 页。

101　《人民日报》1952 年 1 月 4 日第 3 版。

人。河北省其他地区也有流行性感冒发生。入春以来，察哈尔省蔓延麻疹、瘟病、天花等时疫，据14 个县统计，已死亡 120 余人。沽源一县，就有麻疹患者 1000 余人。各种畜疫也在该省流行，察北专区患牛蹄疫牲畜已达 2500 头。平原省滑县发生了腥红热、麻疹、扁桃腺炎、流行性感冒等传染病，患者已达 4306 人，死亡 284 人。其他各县也均有不同传染病蔓延。[102] 很多地方小报，如《苏北青年报》《泰州报》《淮海报》《黑龙江日报》《吉林日报》等，也纷纷刊登发现疫情的消息。[103] 内部通报的情况更加严重。陕西、宁夏、甘肃均有天花、脑脊髓炎、斑疹伤寒、肠伤寒和副伤寒、白喉、痢疾、猩红热、麻疹、回归热、黑热病等病疫发生。宁夏省金积、吴忠、灵武、宁朔等地发现百日咳患者 13000 余人，麻疹患者 135 人。[104] 河南省南阳专区 1—3 月流行多种疾病，患者达 22532人，已病亡者 876 人。[105] 贵州、川东、川南三个省（区），在春旱期间陆续发生各种疫病，患病者约 30000 多人，已有病亡者 4000 多人。[106] 山西省流行赤痢、伤寒、麻疹、流行性感冒、肺炎和百日咳等传染病，仅 4 月头 20 天内，就有患者 6444人，死亡 344 人。5 月上中旬麻疹患者 4409 人，死亡 206 人。河北省也有各种流行病，在 4 月上中旬，流行性感冒患者 3026 人，死亡 37 人；麻疹患者 4762 人，死亡 173 人。平原省截止 4 月下旬，各种传染病患者 7167 人，死亡 171 人。[107] 陕西省安康、南郑两地春季传染病患者 56109 人，死亡 5173 人。陕西省还发现口蹄疫、牛瘟、炭疽、气肿疽等十数种兽疫，大家畜已死亡 300 多头。

入夏以后，因卫生条件恶劣，吉林省发现鼠疫，武汉、重庆、长沙等地突然流行乙型脑炎。[108] 值得注意的是，所有上述报道，均未与美机投撒细菌挂钩。这至少说明，此期很多地区的疫病是自然发生的，与细菌战无关。但与此同时，各地区关于美国飞机投撒各种毒虫、毒物的消息也正在不断增加，且来势凶猛。如中南地区，截止 4 月底，敌机散布细菌的活动，除河南尚未统计以外，在广东、广西、湖南、湖北和江西省的 32 个县境内，均有发生。而在华东地区，细菌散布地区已有 6 个省区，达 94 个县。[109] 至 5 月底，华东地区增至135 个县，至 6 月底，中南地区增至 121 个县。[110]无论如何，上述两种情况叠加在一起，不能不引起中南海的高度关注。

如上所述，根据 1952 年 2 月 21 日中共中央的决定，国内外的宣传运动主要是为了配合在国际上指控美国发动细菌战。因此，对于总后卫生部与苏联顾问最初拟定的防御细菌战计划大纲，2月 23 日周恩来主张：原则可用，可以先在军队系统执行，"但还不忙在国内做大规模的动员和边境的检查"。如果情况进一步恶化，则"应宣布进入紧急措施的阶段"。毛泽东当时也同意这个想法。[111] 到 3 月初在中国东北境内发现美机投放昆虫后，整个形势立即紧张起来。3 月 3 日，地处中朝边境口岸的宽甸县政府发出指示，立即成立县、区、村的常设防疫委员会，并根据疫情需要，由卫生协会配合群众"组成内陆检疫站执行检疫工作"。[112] 毛泽东 3 月 4 日在一份资料《抚顺市郊发现大批昆虫》上批示："周总理：请准备在辽东、

102　《人民日报》1952 年 2 月 25 日第 3 版。
103　中宣部编：《宣传通讯》第 41 期，1952 年 4 月 10 日，第 21-26 页；第 44 期，1952 年 5 月 9 日，第 20-23 页。
104　《内部参考》1952 年第 99 号，第 33-34 页。
105　《内部参考》1952 年第 105 号，第 111-112 页。
106　《内部参考》1952 年第 91 号，第 241-242 页。
107　《内部参考》1952 年第 115 号，第 215-216 页。
108　《宣传通讯》第 55 期，1952 年 8 月 28 日，第 30-33 页；《内部参考》1952 年第 66 号，第 235-236 页。
109　《内部参考》1952 年 103 号，第 83-84 页；第 116 号，第 224-226 页。
110　《内部参考》1952 年第 134 号，第 163-164 页；第 159 号，第 167-168 页。
111　《建国以来周恩来文稿》第六册，第 145-147 页。
112　宽甸县档案馆，全宗 3，目录 2，案卷 83，第 4-5 页。

辽西两省全体军民中注射防疫苗。冀东、冀中及京津也要作准备。"[113] 3 月 6 日，周恩来指示陆定一，对反细菌战的宣传，由中央军委防疫办公室"统一掌握，新华社、人民日报派人前往参加并保持密切联系"。[114] 中国对美国提出指控的同时，3 月 7 日聂荣臻提交的国内防疫工作报告提出，防疫工作必须加强领导，急需成立中央防疫委员会，最好由周恩来总理主持；京津地区迅速进行防疫注射，开展群众性清洁卫生运动；成立铁路防疫委员会；积极准备疫苗药品。3 月 9 日，周恩来批示："拟于今日召开会议，解决紧急措施。"毛泽东批示："很好，照办。京津一带速办防疫。"[115] 3 月 12 日，中央军委规定：在鸭绿江各口岸和山海关口岸设检查站，回国和入关车辆必须消毒检查，减少运输和人员调动，禁止车辆在疫情严重的车站和地段停车装卸。3 月 13 日，政务院和中央军委联合指示："除向全世界揭发美帝国主义穷凶极恶的罪行，要求一切伸张正义的人们予以声讨外，必须大力进行防疫工作，与敌人采用的细菌战作坚决的斗争"。[116] 3 月 14 日，政务院第 128 次政务会议决定成立中央防疫委员会，周恩来亲自担任委员会主任。周恩来在会上提出，要在全国范围内开展人民防疫运动，加强防疫宣传工作，注意搜集美国撒布细菌的各种罪证。[117] 3 月 15 日，东北防疫办公室发出宣传单《紧急行动起来，扑灭美国撒布的毒虫》，提出的口号是"家家无鼠，户户无虫"，要做到"铲草除根"。[118] 3 月 16 日，毛泽东批示："应通令东北军区、华北军区、华东军区及华南军区仿志愿军办法组织防疫机构，进行清洁卫生工作。"[119] 针对华北局关于疫病防治工作的报告，3 月 17 日，毛泽东批示："似宜通令全国各地普遍注意疫情，有疫者治疫，无疫者防疫，并将华北防治时疫文件转发各地参考"。[120] 3 月 19 日，周恩来以中央防疫委员会主任名义，发出《关于反细菌战的指示》，将朝鲜定为"疫区"，将东北定为"紧急防疫区"，将华北、华东、中南和沿海地区定为"防疫监督区"，将中南内陆、西北和西南地区定为"防疫准备区"，并分配了不同任务。周恩来特别指出："目前防疫宣传应与美帝细菌战结合进行"。[121] 全国性防疫工作由此展开。

3 月 20 日，毛泽东又指示周恩来："请令卫生部和教育部研究，是否可以在学校中开设短期的防疫课程。"[122] 3 月 21 日，周恩来向各大行政区及各省市军政机关发出《关于加强防疫工作的指示》，首先指出，"目前是传染病易于流行的季节，各地应普遍注意防疫"。其次强调，"由于敌人施用细菌战，我们的防疫工作任务就更加重要，应努力进行"。最后要求，"各地军政首长应亲自领导，督促检查，加强防疫阵容，做好群众宣传工作"。[123] 3 月 27 日，中宣部下发的《关于防疫宣传的指示》通报，中央已在防疫委员会下设立防疫宣传办公室，由中宣部直接领导防疫宣传工

113　《建国以来毛泽东文稿》第六册，第 318-319 页。

114　《周恩来年谱（1949-1976）》上卷，第 222 页。

115　《建国以来毛泽东军事文稿》中卷，第 16 页。

116　《抗美援朝战争后勤经验总结：资料选编·卫生类》，第 339、340 页。

117　《周恩来年谱（1949-1976）》上卷，第 225 页。

118　凤城市党史地方志办公室编：《永恒的印记——凤城人民支援抗美援朝实录》，内部资料，2013 年 10 月，第 139-140 页。

119　《建国以来毛泽东军事文稿》中卷，第 19 页。

120　《建国以来毛泽东文稿》第六册，第 371 页。

121　《周恩来年谱（1949-1976）》上卷，第 227 页；《建国以来周恩来文稿》第六册，第 198-204 页。中共宽甸县委在关于大力展开环境卫生与捕灭细菌毒虫运动的指示中提出，"必须把捕灭菌虫当成战争任务来完成"。宽甸县档案馆，全宗 3，目录 2，案卷 83，第 11-12 页。

122　《建国以来毛泽东文稿》第六册，第 382 页。辽东省政府关于举办短期防疫训练班的规定和做法，详见宽甸县档案馆，全宗 3，目录 2，案卷 83，第 125-129 页。

123　《建国以来周恩来文稿》第六册，第 205 页。

作。《指示》指出，目前在全国范围内开展的群众性爱国防疫卫生运动，是一项"严重的斗争任务"，在这场斗争中，"宣传工作极为重要"。[124]

从以上中国领导人不断作出的指示和批示，以及中央采取的应对措施可以看出：（1）国内不断爆发的自然疫情越来越引起中央的重视，尤其是从 3 月初，即有消息说美军将细菌战扩大到中国境内以后，毛泽东也开始特别关注这个问题了。（2）防疫工作的重点逐渐从军队转向民间、从朝鲜转向国内，宣传工作的领导和指挥也从中央军委转到中央宣传部。（3）把开展全国性卫生防疫运动与美国发动的细菌战紧密连接在一起，周恩来在指示中反复强调了这一点。（4）卫生防疫的宣传教育与反细菌战的宣传教育很自然地融为一体了。

反细菌战宣传的困境和转向

卫生防疫运动与反细菌战运动的结合，自然可以互相促进，但也给开展大规模宣传运动造成了相当困境。早在宣传工作刚开始时，中国领导人就意识到这个问题。中共中央 3 月 7 日通知，在要求广泛揭露敌人进行细菌战的罪证的同时，严格禁止刊登、广播有关细菌战所引起的病疫情况和国内自然发生的病疫及防疫情况，以及其他足以泄露中国防疫能力的材料。[125] 但在实际工作中，这种宣传尺度很难把握，所谓"泄密"事件时有发生。如《解放日报》在 3 月 5 日的新闻中，列举了华东地区入春以来不断发生急性流行病的种类和患病、死亡人数，还总结说"由此可见华东各地的疫情是很严重的"。《青岛日报》3 月 17 日

刊登紧急通报，称"因近日天气和暖有风，以致毒虫侵入市内各处（尤以苍蝇为多），加以 15 日敌机又在市区上空投撒，毒虫蔓延情况更形普遍全市"。该报另一篇文章还列举了 1950 年全国小麦因黄疸病所造成的损失数字，1949、1950 年东北苹果树病死的数字，1951 年山东大白菜、烟草因病受损失的比例数字。华东局事后检讨说，这些报道未能明确强调美帝撒布毒虫的罪行，极易为敌人用作抵赖的口实。[126] 新华社在 2 月 25 日播发了山东、河北、皖北等地发生传染病的消息，这些消息后来被美国合众社利用，指责是志愿军把疫病带到了朝鲜。新华社副总编辑朱穆之为此做了检讨，并要求处分。毛泽东批示：不给处分了，以后"疫情及防疫效果不要发表"，只能内部通报。[127] 此外，《长江日报》透露了中南区发生传染病的情况，《西安群众日报》刊登了西北地区的疫情，均受到中宣部的严厉批评。[128] 类似的问题在各地广泛散发的宣传员手册中表现更为严重，有的宣传春季易发传染病，应做好防疫，却"被敌人利用作为抵赖细菌战的借口"；有的强调细菌武器并不可怕，完全可以战胜，却"会助长侥幸心理和麻痹情绪"；有的强调细菌战的危害和严重性，却"会使群众发生恐慌"。[129] 这些批评往往令基层宣传机构和报刊左右为难，不知所措。

然而，有些问题并非记者、编辑和宣传员所能够把握，而是宣传方针本身决定的。例如，为了激发对美帝国主义的仇恨，推动全国的卫生防疫工作，在宣传报道中不断扩大美机入侵中国、投撒毒虫的范围。从最初的东北、青岛，扩大到华东、华南各省，最后连四川、云南、贵州等西南腹地都发现了大批投撒毒虫的敌机。[130] 不仅撒布的

124　中共中央宣传部办公厅、中央档案馆编研部编：《中国共产党宣传工作文献汇编（1949-1956）》，北京：学习出版社，1993 年，第 339-341 页。

125　《中国共产党宣传工作文献汇编（1949-1956）》，第 334-335 页。

126　《宣传通讯》第 43 期，1952 年 4 月 29 日，第 17-19 页。

127　《宣传通讯》第 43 期，1952 年 4 月 29 日，第 14-15 页。

128　《宣传通讯》第 41 期，1952 年 4 月 10 日，第 5-6、7-9 页。

129　《宣传通讯》第 42 期，1952 年 4 月 22 日，第 39-42 页。

130　《内部参考》1952 年第 145 号，第 273-275 页。

地区不断扩大，撒布的次数也大为增加。如广东省 4 月 6 日至 17 日仅 11 天就发现敌机入侵 358 架次，17 日一天就有 195 架次。[131] 这里有两点令人费解。第一，根据《内部参考》的报道，与西南地区美机入侵和投放毒物日渐增多这一情况并行发生的是，该地区在历史上常见的几种主要疾病，如天花、回归热、流行性脑脊髓膜炎、麻疹和鼠疫，却出现了减少的趋势。[132] 正如杨念群所说，这种"反证"使得一般意义上的疫病流传"空间"与因细菌战而构想出来的"空间"很难叠合起来。[133] 第二，美国在朝鲜进行的是一场有限战争，联合国军被禁止越过中朝和苏朝边界，飞机和军舰也不得进入中国的领空和领海。中国出兵朝鲜并击退美军后，对鸭绿江大坝和江上朝方电力设施的轰炸禁令被解除，但距离苏联边境约 12 英里的地区仍然是禁区，也不允许对中国境内的空军基地发动攻击。到 1951 年底禁令又有所放宽，即"当敌方空中活动的规模严重危及驻朝鲜地区美军的安全时"，允许"单方面并在短时间内动用美国空军攻击中共的某些空军基地"。[134] 在这种情况下，尽管麦克阿瑟对参谋长联席会议的禁令十分厌恶，称其为"我国历史上强加给战地指挥官的最站不住脚、考虑最不周全的决定"[135]，尽管有些美国飞行员违反禁令，在"热追击"中进入中国领空的事情时有发生[136]，但大批量美军飞机毫无

禁忌地频繁入侵中国领空甚至深入西南内地的情形，无论如何是无法想象的。不过，既然总体目标是加强反美宣传，也就很少有人去探究事情的真相了。

然而，利用反细菌战启动和推动全国卫生防疫的宣传运动，实际上是一把双刃剑，在激发广大群众仇美情绪和积极参与防疫卫生运动的同时，也产生了很多负面影响。比较普遍的是不少地区民众产生了惊慌恐惧情绪，以为美国飞机随时可以入侵中国任何地方，对"美帝国主义是纸老虎"的论断产生怀疑，还有谣言说细菌武器很神秘，"比原子弹还厉害"。[137] 这方面比较严重的是青岛，美机撒布毒虫的消息广播后，市民普遍产生了恐怖情绪。[138] 陈世骧陪同国际律师协会代表去东北调查回来说，沈阳一处发现普通蜘蛛，"一夕传遍城内，遂致全城市民皆掘土"。沈阳市乃至整个东北，已被"散播昆虫事弄得杯弓蛇影、草木皆兵"。[139] 由于恐慌，出现了混乱局面。人们疑神疑鬼，看到什么都像细菌武器，有捉青蛙送去化验的，有把破铁桶当炮弹皮的，也有人把白蚂蚁、飞蚂蚁当做美机投放的毒虫。[140] 安东市老百姓由于过分紧张，蚊虫叮咬都要看医生，导致医院人满为患。[141] 这些心态致使"空情"报告和疫情报告无限扩大，道听途说，以讹传讹，错报、

131　《建国以来周恩来文稿》第六册，第 329-335 页。

132　《内部参考》1952 年第 145 号，第 273-275 页。

133　杨念群：《再造"病人"：中西医冲突下的空间政治（1832-1985）》，北京：中国人民大学出版社，2019 年，第 341 页。

134　NSC 114,Status and Timing of Current U.S. Programs for National Security,July 27,1951;NSC 118,United States Courses of Action in Korea, November 9, 1951, Kesaris(ed.),*Documents of the National Security Council:1947-1977*,Reel 2, Accession: 002947-001-0570、002950-001-0121.

135　Conrad C. Crane,*American Airpower Strategy in Korea, 1950-1953*,Lawrence: University Press of Kansas,2000, pp.49-50.

136　Walker M. Mahurin,*Honest John:the Autobiography of Walker M. Mahurin*,New York:G. P. Putnam's Sons,1962,pp.68-69. 1950 年 11 月初朝鲜空战开始后，苏联米格机的空中优势导致美国政府曾考虑，允许飞行员在鸭绿江以北对敌机"追击两三分钟"。这一想法由于盟国的强烈反对和美国地面部队的全面撤退而被放弃。Robert F. Futrell, *The United States Air Force in Korea，1950-1953*, Washington, DC: GPO, 2000, pp.222-223。

137　《内部参考》1952 年第 57 号，第 111-112 页；1952 年第 63 号，第 193-195 页；1952 年第 65 号，第 223-224 页；1952 年第 77 号，第 65-66 页。

138　《内部参考》1952 年第 64 号，第 211-212 页。

139　竺可桢：《竺可桢全集》第 12 卷，上海：上海科技教育出版社，2007 年，第 589 页。

140　《内部参考》1952 年第 140 号，第 221-222 页。

141　《内部参考》1952 年第 65 号，第 219-223 页。

误报频繁。[142] 如沈阳市 4 月中旬上报"发现"的毒虫竟有 4000 多种。[143] 为此，劳民伤财的事情并不罕见。比较典型的事例如湖北咸宁，将树蛙卵块误为敌机所投毒物，又经检验误认为含有鼠疫杆菌，竟封锁铁路交通达 4 天之久。[144] 又如浙江嘉兴市，5 月 13 日上空有飞机飞过，后发现桃树上有六足白虫，当地驻军和防疫人员认定是细菌战，紧急组织消毒灭虫，耗费了大量消毒药品，砍伐树木百余棵，焚毁民房一座。事后才知道，实际是中国民航飞往上海的飞机过境，所谓六足白虫不过是桃树上常见的蚜虫。[145] 民众还出现了悲观绝望情绪，有人大量杀猪杀鸡，有人整天混吃混喝，很多地方甚至出现了抢购粮食和日常用品的现象。[146] 在冷静思考的人群中，则提出不少疑问：看到美机频繁投毒的报道，却看不到相关疫情的消息，有人怀疑是瘟疫已经普遍流行而不敢报道，也有人认为疫情并没有蔓延，从而质疑细菌战的真实性。[147] 总之，从大量内部报告和报道来看，尽管中央三令五申，严格管控，但反细菌战宣传的负面影响丝毫不亚于其正面作用。

中国国内细菌战的紧张气氛也影响到了邻国苏联。美国在东北地区投撒昆虫的消息传出后，驻沈阳总领事列多夫斯基观察到当时沈阳市居民惊恐和忧虑的状况，高岗为此提出将苏联专家的家属送回国的建议。[148] 苏联大使罗申 3 月 15 日告诉周恩来，在东北的苏联公民和工作人员已有个别申请回国者。他担心这些消息和情绪传回苏联，会导致苏联政府封锁苏中边境，对中方不

利。[149] 果然，3 月 30 日苏联武装力量部部长华西列夫斯基下令，在所有中苏边境口岸机场设立卫生监督站；所有前往中国和朝鲜的机组人员和乘客均需注射疫苗；所有来自中国和朝鲜的飞机必须单独停靠，发现带菌者或疑似病人，必须立即隔离。[150] 显然，整个中国已经被划定为疫区了，而这个结果与中国自身的过度宣传不无关系。

因此，1952 年 4 月以后，总体来说，针对美国使用细菌武器的揭露和指控逐渐被对内进行反细菌战和防疫卫生的宣传教育所替代，中国的反细菌战运动也逐步转变为以提高全民健康水平为宗旨的爱国卫生运动。

4 月 15 日周恩来在呈送中央的反细菌战工作报告中提出，对防疫工作"必须有长期打算"，"主要仍应发动群众，努力改善环境卫生"。全国防疫工作总的要求是，不仅要取得反细菌战的胜利，"而且要经过此次防疫运动，将我们的卫生工作提高一步，以便在更好的卫生工作基础之上对付敌人可能继续施用的暴行"。[151] 这是中国防疫政策从纯粹的反细菌战运动转向进行全国性社会改革动员的拐点。

中宣部 5 月发出的关于防疫宣传工作指示指出，除了国际政治斗争需要，今后不再公布指控细菌战的证据材料，对外宣传"应当转入新阶段"，主要是宣传反对细菌战斗争的成绩和战胜细菌战的决心。对内宣传重在"继续动员和组织群众，更加普遍地、持久地开展防疫卫生运动"。[152] 5 月 12 日，周恩来在反细菌战防疫工作报告中强调："不

142　《内部参考》1952 年第 137 号，第 194-195 页；《抗美援朝战争后勤经验总结：资料选编•卫生类》，第 342-343 页。

143　内部参考》1952 年第 91 号，第 243-250 页。

144　中共中央转发中央防疫委员会五个月的综合报告，1952 年 8 月 10 日，河北省档案馆，855-1-162，第 11-27 页。

145　《宣传通讯》第 50 期，1952 年 7 月 5 日，第 52-53 页。

146　《内部参考》1952 年第 65 号，第 219-223 页；1952 年第 75 号，第 44-45 页。

147　《内部参考》1952 年第 61 号，第 161-163 页。

148　*Жирнов Е.* Зараза липового типа //Коммерсант-Власть，2001，№45.

149　《建国以来周恩来文稿》第六册，第 193-194 页。

150　ЦАМОРФ（俄罗斯联邦国防部中央档案馆），ф.16，оп.3139，д.125，л.10-12//*Вартанов В.Н.（ред.）* Войиа в Корее 1950-1953 гг.：Документы и материалы，Москва，1997，с.479-481.

151　《建国以来周恩来文稿》第六册，第 272-281 页。

152　《宣传通讯》第 45 期，1952 年 5 月 15 日，第 6-9 页。

管敌人是否继续散布毒虫毒物，今年我们的防疫工作一定要坚持到秋后。争取不仅将敌人的细菌战粉碎，而且要把我们的卫生工作借此提高一步。"[153] 7 月 5 日，中宣部在《宣传通讯》的一个编者按中透露，"中央规定以后公开宣传时不用'防疫'二字，通称卫生运动"。[154] 这就意味着，围绕反细菌战开展的特殊防疫工作开始转向一般的、长期的卫生保健工作了。5 天后，周恩来致信毛泽东等中央领导人，提议将自己的工作重心转向"一五计划"，拟令外交部章汉夫接替主管朝鲜停战谈判和反细菌斗争。毛泽东当日批示同意。[155] 政务院总理的工作重心转移，显然表明反细菌战和卫生防疫工作已纳入政府日常运行轨道。

中国具有极强的宣传动员能力，以东北延边地区广泛开展的宣传教育为例：采取口头相传、黑板报、农民夜校、漫画活动、街头画报等多种工具和形式；组织妇女卫生突击队；为小学生规定宣传日；开展卫生突击日活动；将卫生清洁工作纳入爱国公约；在单位邻里之间开展卫生竞赛，等等。[156] 8 月 10 日，中共中央转发了中央防疫委员会的综合报告。报告说，"此次爱国卫生运动规模之大，动员之深，是空前的。"根据不完全统计，全国已清除多年积存的垃圾 1000 余万吨；疏通多年不通的沟渠 40 余万条（3 万余公里）；填平臭水沟 57000 余个；捕捉老鼠 3000 余万只，捕灭蝇蚊蚤虱等害虫 167.7 万斤。爱国卫生运动已取得明显效果，与去年相比，1952 年传染病随季节同期发病人数"急剧下降"。[157] 8 月 18 日贺诚向毛泽东报告，"中央防疫委员会要求将爱国卫生运动推

向新阶段"。毛泽东批示："此件很好，可发给各中央局、分局、省市区党委及各级防疫委员会照办。"[158]

到 8 月底，世界和平理事会组织的"调查在朝鲜和中国的细菌战事实国际科学委员会"结束了调查工作，并确认了美国进行细菌战的事实。[159] 中共中央认为，这是反细菌斗争所获得的"新的巨大的成就"，国际科学委员会的报告书"足以说服西方的科学家，并进而说服西方的普通人民"，报告书的发表乃是国际上一个"重大政治事件"。为了配合这一行动，9 月 13 日，中共中央发出指示，对于委员会的工作及其报告书，必须采取"大张旗鼓的、着重对外的、力求影响广泛的宣传方针"，特决定自 9 月 15 日至 25 日，"在全国报刊上，大张旗鼓地进行反细菌战宣传"。[160] 这是反细菌战宣传运动的最后一次战役。正是在这一背景下，9 月 16 日，中央关于 1952 年国庆节宣传要点的指示指出，细菌战已经被粉粹，"为彻底粉粹美国的细菌战而展开的爱国卫生运动，也获得了巨大成绩"。[161] 尽管此时在国际上和宣传上反细菌战运动仍然"轰轰烈烈"，但中国国内的反细菌斗争由此走向尾声，取而代之的是持久而深入的爱国卫生运动。

12 月 31 日周恩来签署的政务院《关于 1953 年继续开展爱国卫生运动的指示》提出，政府各级领导爱国卫生运动的机构，今后统称爱国卫生运动委员会，其职责为领导反细菌战工作及群众性卫生运动。[162] 也是在年底，毛泽东为第二届全国卫生会议题词："动员起来，讲究卫生，减少疾

153　《建国以来周恩来文稿》第六册，第 329-335 页。

154　《宣传通讯》第 50 期，1952 年 7 月 5 日，第 14-20 页。

155　《周恩来年谱（1949-1976）》上卷，第 247-248 页。

156　《东北朝鲜人民报》1952 年 6 月 23 日第 1 版。

157　河北省档案馆，855-1-162，第 11-27 页。

158　河北省档案馆，855-1-162，第 29-34 页。

159　《人民日报》1952 年 9 月 15 日第 1、2、3 版。

160　中央档案馆、中央文献研究室编：《中共中央文件选集》第九册，北京：中央文献出版社，2013 年，第 382-384 页。

161　《中国共产党宣传工作文献汇编（1949-1956）》，第 421-422 页。

162　《周恩来年谱（1949-1976）》上卷，第 276 页。

病，提高健康水平，粉碎敌人的细菌战争。"[163] 细菌战已经被粉碎，由反细菌战开启的爱国卫生运动则成为未来若干年中国人"提高健康水平"的日常社会活动。这或许是反细菌战运动的意外收获。

通过详细考察中国提出细菌战指控和发动反细菌战宣传的过程，可以得出如下结论：

一、1951 年底在朝鲜战场和中国境内不断加剧的疫情引发了中国军方和中央领导人对美军发动细菌战问题的警觉和敏感，出于防疫和军事斗争的考虑，中国采取了"宁可信其有、不可信其无"的态度。

二、为了在朝鲜停战谈判中向美国施加压力，中国曾考虑利用反细菌战宣传逼迫美国做出让步，以尽快结束战争，但由于一直没有取得可靠的化验结果，中朝方面没有在板门店提出细菌战问题。

三、由于缺乏外交和国际斗争经验，中国轻易地提出细菌战指控。反细菌战宣传运动在缺乏确凿证据的情况下轰轰烈烈地开展起来，中国政府欲罢不能，骑虎难下。

四、宣传困境迫使中国将反细菌战运动的重心转向国内"仇美"政治运动，继而又转向爱国卫生运动，并取得重大成果，正所谓"失之东隅，收之桑榆"。

毛泽东和周恩来应该都没有想到，当 1952 年下半年中国把反细菌战的重点转向国内卫生防疫工作时，世界范围内的反细菌战运动刚刚进入高潮。这场指控美国的国际斗争的领导者和主力军是莫斯科，而发起反细菌战运动的中国反而从主角变成了配角。

---

163 《建国以来毛泽东军事文稿》中卷，第 105 页。

苏联在联合国对美国的细菌战指控

——朝鲜战争期间细菌战研究之四

沈志华

在两大阵营的冷战对垒中，苏联是社会主义一方的当然领袖和主帅。在中苏朝三角同盟中，朝鲜民主主义人民共和国和中华人民共和国都不是联合国成员国，其国际地位自然也无法与苏联比肩。何况，以发动细菌战的罪名指控和攻击美国，本来就是苏联在朝鲜战争中对抗和牵制美国的战略部署的一个环节。所以，当中国和朝鲜再次提出细菌战指控后，苏联便不失时机地将这一斗争推上了国际舞台，从而使莫斯科成为反细菌战运动在联合国的代言人和这场大戏的主角。以往研究缺乏对苏联在反细菌战运动中地位和影响的特别关注，而实际上真正主导这场运动的恰恰是莫斯科。

苏联对反细菌战的精密部署

接到毛泽东 2 月 21 日的电报后，斯大林于 23 日召开了联共（布）中央政治局会议，通过决议对中国的主张表示支持。[1] 同一天，《真理报》和《消息报》均以"美军在朝鲜使用细菌武器"为题，转发了中国关于美国投撒有毒昆虫的报道。[2] 24 日凌晨，莫斯科向苏联驻华使馆发出了斯大林致毛泽东的特急密码电报："您 2 月 21 日的电报收到

了。对美帝国主义在朝鲜发动细菌战的罪行必须做出回应，以便使反对帝国主义的阵营采取重大的反击措施。我们同意您提出的如下计划：从朝鲜和中国政府方面采取措施，也从世界和平大会方面采取措施。苏联方面将会对所采取的这些措施予以积极支持。"[3] 同一天，《真理报》和《消息报》又以同样的标题转载了朝鲜外务相朴宪永指控美国的声明。[4] 2 月 26 日，苏联各大报纸同时刊登了周恩来支持朝鲜抗议美国政府进行细菌战的声明。[5]

按照周恩来的部署，接下来就应该请世界和平理事会出面了。在苏联的主导和推动下，1949 年 4 月第一届世界保卫和平大会（简称和大）在巴黎和布拉格召开，后来成立了常设机构世界和平理事会。作为一个全球性的和平组织，世界和平理事会不仅得到社会主义阵营各国的拥戴，也得到西方左翼知识分子和文化人士的支持，具有相当大的影响力。例如和大 1950 年 4 月发起的斯德哥尔摩和平宣言签名活动，在短短几个月内就得到全世界 75 个国家 2.73 亿人以上的签名。[6] 所以，周恩来首先想到的就是世界和平理事会。2 月 24 日，中国人民保卫世界和平反对美国侵略委员会主席郭沫若发表声明，抗议并呼吁制止美国侵

1　РГАСПИ（俄罗斯国家社会政治史档案馆），ф.17，оп.162，д.48，л.23.

2　Правда（真理报），23 февраля 1952，стр.4；Известия（消息报），23 февраля 1952，стр.4.

3　РГАСПИ，ф.558，оп.11，д.342，л.92//*Мясников В.С.（под ред.）*Китайская народная республика в 1950-е годы，Сборник документов，т.2，Друг с союзник нового Китая，Москва：Памятники исторической мысли，2010，с.134.

4　Правда，24 февраля 1952，стр.4；Известия，24 февраля 1952，стр.4.

5　《人民日报》1952 年 2 月 28 日第 1 版。

6　《人民日报》1950 年 8 月 12 日 第 1 版。

略军进行细菌战的滔天罪行。[7] 第二天，郭沫若以同样内容致电世界和平理事会主席、著名科学家约里奥·居里，要求和平大会动员各国爱好和平的人民，共同"制止美国侵略者继续在朝鲜进行细菌战的滔天罪行"。[8] 中国的举措确实得到了如斯大林所言的"积极支持"，而且苏联的计划更全面、更周详。

2 月 29 日，外交部副部长葛罗米柯和联共（布）中央对外政策委员会主席格里戈良联名向苏联部长会议副主席莫洛托夫报告："现呈上给苏联驻巴黎大使的指示草案及关于我们针对美国在朝鲜使用细菌武器采取相关措施给中央委员会的备忘录草案。如果您没有意见，我们将把该草案提交上级机构审议。"[9] 给苏联驻法国大使的指示，是要求他向约里奥·居里转达苏联保卫和平委员会主席 N.S.吉洪诺夫和著名作家法捷耶夫、爱伦堡的信件，内容如下："已经确认美国军队在朝鲜大规模且多次使用细菌武器的事实。中国和平委员会主席郭沫若于今年 2 月 25 日发表了针对这些不人道罪行的抗议声明。我们认为有必要以世界和平理事会的名义，紧急支持我们中国朋友的抗议，并呼吁所有国家的和平委员会就此问题发表抗议声明。如果您同意我们的建议，我们请求您在报刊上发表相应声明，并通过广播进行传播。如果我们之间可以就签名及其他相关事项达成协议，请您在该声明上署名。"[10]

另一个附件是为联共（布）中央起草的备忘录"苏联针对美国在朝鲜进行细菌战而采取的措施"的计划草案。该计划分为四个部分，一是苏联政府采取的措施：向美国政府提出抗议，要求联合国安全理事会谴责美国在朝鲜使用细菌武器；

二是苏联社会组织进行的活动：委托全苏工会联合会、苏联保护和平委员会、苏联青年反法西斯委员会、苏联妇女反法西斯委员会发表声明，委托苏联红十字会与红新月会联合会执行委员会向国际红十字委员会和红十字会联盟提出请求，促使他们发表声明抗议美国在朝鲜使用细菌武器；三是在国际民主社会组织开展的活动：通过苏联各相应机构代表向世界工会联合会、世界和平理事会、世界民主青年联盟、国际民主妇女联合会及国际民主律师协会提出请求，促使这些国际民主社会组织发表谴责美国的声明，并向联合国大会主席和联合国秘书处发出相关呼吁。同时要求国际民主律师协会派遣代表团赴朝鲜，调查美国使用细菌武器的罪行。四是在新闻和广播方面的活动：确保各大报刊刊登有关美国使用细菌武器的特别报道，并向国外广播上述主要报道。[11]

经莫洛托夫同意后，葛罗米柯和格里戈良立即向斯大林呈送了相关文件，并报告说，苏联外交部和联共（布）中央对外政策委员会认为，"有必要通过世界和平理事会支持中国人民保卫和平委员会的呼吁"，因此应当首先向苏联驻巴黎大使发出指示，至于与此有关的其他活动，特别是苏联社会组织如何发声的问题，可在世界和平理事会发表声明后再行决定。[12]

3 月 2 日，联共（布）中央政治局会议就关于美军在朝鲜使用细菌武器的问题通过了决议（会议记录第 86 号）。[13] 修改后确定的活动方案不仅增加了内容，而且安排得更加具体，更加细致，甚至限定了各项活动必须完成的时间：（一）委托苏联在世界和平理事会的代表提出议题，要求世界和平理事会支持中国和平委员会对美国在朝鲜使

---

7 《人民日报》1952 年 2 月 25 日第 1 版。
8 ГАРФ（俄罗斯联邦国家档案馆），ф.9539，оп.1，д.164，л.107-109。3 月 1 日和平理事会秘书长复电称，已将郭沫若的控诉电交给约里奥-居里，并转交理事会全体理事和各国和平委员会。《人民日报》1952 年 3 月 5 日第 1 版。
9 РГАСПИ，ф.82，оп.2，д.1273，л.20.
10 РГАСПИ，ф.82，оп.2，д.1273，л.31.
11 РГАСПИ，ф.82，оп.2，д.1273，л.17-19.
12 РГАСПИ，ф.82，оп.2，д.1273，л.21.
13 РГАСПИ，ф.17，оп.162，д.48，л.78.

用细菌武器的抗议，并呼吁所有国家和平委员会支持这一抗议（附给巴黎的电报草案）。应于 3 月 3 日发出。（二）委托苏联保卫和平委员会在世界和平理事会声明发布后，对美国在朝鲜使用细菌武器提出抗议。期限为 3 月 4—6 日。（三）委托苏联妇女反法西斯委员会和苏联青年反法西斯委员会发布声明，谴责美国在朝鲜使用细菌武器。期限为 3 月 6—7 日。（四）委托苏联在国际民主妇女联合会和世界民主青年联盟的代表提出议题，要求这些组织对美国在朝鲜使用细菌武器提出抗议，并呼吁加入这些联合会的各国组织就此问题提出抗议。期限为 3 月 6—7 日。（五）委托苏联科学院院长涅斯米扬诺夫联合多位著名苏联科学家发表声明，谴责美国使用细菌武器。期限为 3 月 8—10 日。（六）委托苏联外交部以苏联政府名义向美利坚合众国政府发出照会，抗议美国武装部队在朝鲜使用细菌武器（照会草案附后）。照会应于 3 月 6 日发出。（七）委托《真理报》《消息报》《劳动报》和《红星报》编辑部发表特别文章，以及苏联著名作家、科学家和社会活动家的声明，谴责美国在朝鲜使用细菌武器。期限为 3 月 1—15 日。（八）委托广播委员会向国外传播苏联媒体就此问题发表的主要报道材料。[14]

作为决议的附件之一，即吉洪诺夫等人给约里奥·居里的信，经过政治局会议修改后，内容没变但口气更加强硬："我们认为，未来几天就应该发表这样的声明，并通过报刊和广播广泛宣传。作为世界和平理事会成员国，我国可以立即签署这份文件并通过电报传送过去。在后一种情况下，我们要求您在这份宣言上署名。请立即向我们通报答复。"[15] 作为决议的附件之二，即苏联政府给美国政府的照会草案，口气也十分强硬。照会称：苏联政府不能对使用细菌武器的事实无动于衷，因为"细菌武器发生在苏联边境附近，因此对苏联滨海边疆区人民的健康和生命构成威胁"。在列举了美国试验和使用细菌武器的一系列罪状后，照会表达了对美国政府的强烈抗议，苏联政府"坚持要求采取措施，立即停止美军使用细菌武器，并严肃追究直接负责此罪行人员的责任"。[16]

从后来的情况看，笔者注意到，联共（布）中央关于细菌战问题的决议并没有全部落实。其中第一、四、五、七、八项规定的措施确实执行了。首先（第一项），想必是吉洪诺夫等的信函发挥了作用，世界和平理事会主席约里奥·居里于 3 月 8 日在巴黎发表声明，痛斥美国侵略者在朝鲜使用细菌武器的罪行。[17] 其次（第四项），国际民主妇女联合会于 3 月 4 日向联合国秘书长提出强烈抗议，反对美国使用细菌武器。[18] 世界民主青年联盟秘书处于 3 月 11 日发表声明，强烈抗议美国侵略者进行细菌战的严重罪行。[19] 其中肯定会有苏联代表的努力和影响。此外，世界工会联合会、国际学生联合会、国际民主律师协会等左翼国际组织也致电联合国或发表抗议书，严重抗议美国的恶劣行径。[20] 世界和平理事会执行局奥斯陆会议还一致通过了"反对细菌战"呼吁书，号召全世界男女为制止美国细菌战罪行而进行坚决的斗争。[21] 再次（第五项），苏联科学院院长涅斯米扬诺夫虽然没有发表声明，但确实在《消息报》发表了专题文章《反对美国侵略者骇人听闻的罪行》。[22] 此后，又有苏联医学科学院微生物学研究

14　РГАСПИ，ф.82，оп.2，д.1273，л.29-30.

15　РГАСПИ，ф.17，оп.162，д.48，л.84.

16　РГАСПИ，ф.82，оп.2，д.1273，л.32-34.

17　《人民日报》1952 年 3 月 10 日第 1 版。

18　《人民日报》1952 年 3 月 9 日第 1 版；Правда，8 марта 1952，стр.6。

19　Правда，12 марта 1952，стр.4；《人民日报》1952 年 3 月 14 日第 1 版。

20　Правда，3 марта 1952，стр.4；《人民日报》1952 年 3 月 4 日第 4 版、3 月 14 日第 1 版、4 月 9 日 第 1 版。

21　《人民日报》1952 年 4 月 7 日第 1 版；U.N. Security Council，S/2684，30 June 1952，pp.14-16。

22　Известия，22 марта 1952，стр.3.

所所长伊姆舍涅茨基、苏联医学科学院院长阿尼契科夫、苏联著名生物学家奥巴林院士，都在大报上发表文章，谴责美国使用细菌武器。[23] 此外还有大批"著名科学家"和学界名人发表声明、讲演或对记者谈话，声讨美国发动细菌战的罪责。他们是农业生物学家李森科院士、化学家齐林斯基院士、数学家赫利斯奇安诺维奇院士、儿科医师斯皮兰斯基通讯院士，以及拉脱维亚科学院院长贝威、立陶宛科学院院长马杜力斯、著名作家爱伦堡和斯大林国际奖金委员会主席斯科贝尔琴院士等。[24] 最后（第七、八项），苏联媒体在这段时间的确把反细菌战作为头等大事，大量地、频繁地刊登苏联著名作家、科学家和社会活动家的文章、讲话，报道全国各地、各界集会声讨美国的消息。[25] 此外，3 月 20 日，联共（布）中央还做出决议，采纳俄罗斯东正教教会事务委员会关于在《消息报》上发表牧首阿列克谢及圣主教会议声明的提议，该声明旨在抗议美国侵略者在朝鲜和中国使用细菌武器。[26] 有研究者统计，从 3 月中旬到 4 月上旬，苏联报刊四分之一的版面都用来报道对美国细菌战的指控或相关消息。苏联各地和东欧各社会主义国家以及几乎所有西欧国家的首都都举行了大规模公众抗议示威，总计有数百万人参加，谴责美国使用细菌武器的罪行。[27] 进入 5 月，《真理报》继续转发朝鲜、中国以及西方各国揭露美国新罪行的报道。[28] 5 月 16 日还发表了社论《美国军国主义者的野蛮罪行》。[29] 关于苏联这次宣传攻势，美国国务院情报研究室认为，这是战后以来第三次大规模"仇美运动"，这次在

国内外反细菌战的"宣传力度前所未见"。[30]

然而，政治局决议的第二、三、六项措施都没有实施。首先（第二项），在世界和平理事会发表声明后，苏联保卫和平委员会并没有发表任何针对美国的抗议声明。其次（第三项），苏联妇女反法西斯委员会和苏联青年反法西斯委员会也没有发布声明，谴责美国在朝鲜使用细菌武器。最后（第六项），最重要的是，苏联外交部并没有以政府的名义向美国发出任何照会，抗议美国武装部队在朝鲜使用细菌武器，尽管政治局通过决议时照会草案已经定稿。这就是说，凡是苏联代表推动世界组织发表声明和抗议的举措都落实了，发动苏联民众集会，以及鼓动著名科学家以个人名义发表文章、演说的措施，也执行了，而苏联政府和各社会组织本身都没有直接出面，既没有发出给美国的照会，也没有直接发表声明或抗议书。目前尚未发现可以解释上述做法的任何史料，不过，给人留下的印象是，苏联可以替朝鲜说话、为中国撑腰，但不可以直接挑战美国，斯大林不愿意美苏两国之间发生直接的冲突。这种策略似曾相识，即与苏联在朝鲜战争中的做法及扮演的角色如出一辙。

为什么苏联决策者一开始做出如此周密而全面的计划，事到临头却显得谨慎犹疑？到目前为止可以发现的史料没有为此提供直接的证据。笔者推测，苏联一直坚持指责美国正在试验和准备使用细菌武器，而中国政府提供的情报证实了这种怀疑，中国领导人踌躇满志的安排也让莫斯科认为终于抓住了美国的把柄，因此政治局做出了

---

23 Правда, 23 марта 1952, стр.3; Известия, 28 марта 1950, стр.5.

24 《人民日报》1952 年 3 月 22 日第 4 版、3 月 16 日第 1 版；Правда, 14 марта 1952, стр.4；Известия, 14 марта 1952, стр.5。

25 详见 Правда, 16 марта 1952, стр.3；《人民日报》1952 年 3 月 18 日第 4 版、3 月 20 日第 4 版、3 月 31 日第 4 版。

26 РГАСПИ, ф.17, оп.3, д.1093, л.24、72-73.

27 Maarten Schneider, "Bacteria As Propaganda Weapon", *International Spectator*, 8 May 1957, p.50; Milton Leitenberg, "China's False Allegations of the Use of Biological Weapons by the United States during the Korean War", *CWIHP Working Paper*, #78, March 2016, p.4.

28 Правда, 9 мая 1952, стр.4；11 мая 1952, стр.4；12 мая 1952, стр.4.

29 Правда, 16 мая 1952, стр.4.

30 Communist Bacteriological Warfare Propaganda, June 16, 1952, RE MR Chambers, OIR/CPI Special Paper, No.4.

全面出击的计划。然而，如上所述，中国和朝鲜迟迟拿不出确凿的证据，反而不得不请求苏联专家帮助进行化验，这很可能引起了斯大林的警觉。差不多与此同时，苏联驻朝鲜使馆又传来关于这次指控的不同声音，斯大林因此更加谨慎起来。可以推测，有了 1951 年的教训，苏联领导人不会不对新指控的真实性进行调查。实际上，也有证据表明，斯大林和苏联政府不久便知道对美军在朝鲜使用细菌武器的指控并不可靠，甚至也了解到朝鲜在这个问题上造假以应付国际调查的情况。据俄国档案披露，苏联国家安全部部长 S.D. 伊格纳季耶夫曾在 1952 年 4 月收到来自驻朝鲜使馆有关细菌战指控不实及朝鲜方面造假的报告，但他没有向上级汇报，也没有透露给任何人。斯大林去世后，内务部长贝利亚在国家安全部档案材料中发现了这个报告。在接受调查时，伊格纳季耶夫解释说，他受到已公布材料的影响，没有引起对该报告的重视，也不相信其内容的真实性。不过，在 1952 年 7 月或 8 月因工作被斯大林召见时，他曾向斯大林展示过这个报告。[31] 如果说伊格纳季耶夫的辩解无法查证，那么下面两个材料则应该可以证实，苏联政府当时已经知道对美国发动细菌战指控的真实性存在问题。其一，1952 年 3 月，应苏联总参谋部的请求，驻朝鲜人民军军事医学管理局顾问谢利瓦诺夫上校向总参谋长 S.M.什捷缅科报告，朝鲜人民军中没有感染鼠疫和霍乱等疾病，也没有生物武器标本，如有发现将立即送往莫斯科。[32] 其二，苏联驻朝鲜大使馆 8 月 22 日向外交部长维辛斯基报告称，鉴于

2 月 22 日朝鲜收到一份中国人关于美国使用细菌武器的虚假声明，中国人使朝鲜人面临了一个既成事实，"似乎美国人在朝鲜和中国使用了细菌武器"。[33] 由此可见，当时苏联军方和外交部门都已经知道细菌战指控的真实性有问题，而他们是不敢不向斯大林汇报到的。

尽管如此，既然朝鲜和中国已经对美国提出细菌战指控，既然这完全符合苏联对美国的冷战战略，况且开弓没有回头箭，莫斯科只能也必须对北京和平壤提供义无反顾的支持，只是苏联政府和机构本身不再直接出面参与对美国的指控。

对于中国政府提出的各种援助请求，苏联都做出了积极回应。3 月 8 日，周恩来请求苏联政府提供纯滴滴涕 400 吨，抗鼠疫疫苗 1000 万剂，四联疫苗（肠伤寒、副伤寒 A、副伤寒 B、霍乱）1000 万剂。[34] 3 月 10 日，周恩来又请求再增加纯滴滴涕 600 吨，抗鼠疫的疫苗 2000 万剂，四联疫苗 2000 万剂，并希望将这些物资及时空运到北京。[35] 3 月 14 日斯大林答复：4 月 10 日之前将向中国发送预防鼠疫的疫苗 500 万剂，预防霍乱的疫苗 380 万剂，预防肠伤寒和副伤寒 A、副伤寒 B 的疫苗 850 万剂。第一批预防鼠疫的疫苗 100 万剂，将在 3 月 25 日之前空运到北京。此外，6 月 1 日之前将会另外提供预防鼠疫的疫苗 500 万剂，预防霍乱的疫苗 320 万剂，预防肠伤寒、副伤寒 A、副伤寒 B 的疫苗 400 万剂。4 月 10 日之前还将提供 100 吨纯滴滴涕，并在 5 月 1 日之前另外再发送 100 吨滴滴涕。[36] 这些疫苗和消毒剂对中国的紧急防疫来说，可谓"雪中送炭"。3 月

31 苏共中央监察委员会主席什基里亚托夫给马林科夫的调查报告，1953 年 5 月 17 日，俄罗斯总统档案馆手抄打印件，个人收藏。英译文见：*CWIHP Bulletin*，Issue 11，Winter 1998，pp.183-184。

32 谢利瓦诺夫致贝利亚函，1953 年 4 月 14 日，俄罗斯总统档案馆手抄打印件，个人收藏。英译文见：*CWIHP Bulletin*，Issue 11，Winter 1998，p.181。

33 莫洛托夫致苏共中央政治局成员的报告，1953 年 4 月 21 日，俄罗斯总统档案馆手抄打印件，个人收藏。英译文见：*CWIHP Bulletin*，Issue 11，Winter 1998，p.181。

34 РГАСПИ，ф.558，оп.11，д.342，л.99.

35 РГАСПИ，ф.558，оп.11，д.342，л.104.

36 РГАСПИ，ф.558，оп.1，д.342，л.190-100//*Мясников В.С.* Китайская народная республика，с.136. 馆藏号有误，似应为 оп.11，д.342，л.99-100.

11 日，毛泽东致电斯大林，请苏联增派一个全天候喷气式战斗机师（两个团）进驻中国东北，用以打击侵入中国领空投撒细菌的敌机。这是因为当时中国的空军刚刚组建，能够飞夜航和复杂气象的飞行员几乎没有。第二天斯大林即作出答复，满足了中国的要求。[37] 苏联全天候空军师的到来，对于中国东北的防空和防疫可谓"锦上添花"。

除了物质援助，在国际舆论方面，苏联报刊也充分表现了对中国的呼应和道义支持。中国政府提出对美国的指控后，3 月 9 日《真理报》《消息报》《劳动报》《红星报》都以显著地位登载了周恩来外长严重抗议美国政府使用细菌武器屠杀中国人民、侵犯中国领空的声明。《红星报》还以"美国侵略者的新罪行"为题发表了国际述评。[38] 苏联各报刊不仅大量转载来自中国的关于细菌战的报道，而且全文或以"巨大篇幅"刊载国际民主律师调查团关于美国军队在中国东北地区使用细菌武器的报告、中国"美帝国主义细菌战罪行调查团"关于美国在朝鲜和中国撒布细菌罪行的调查报告、郭沫若在世界和平理事会执行局会议指控美国发动细菌战的报告等，还纷纷发表社论、专论、评论文章，支持中国和朝鲜控诉美军的细菌战罪行。[39] 在苏联的带领下，整个 3 月份，东欧和亚洲各社会主义国家都加入了指责美国细菌战罪行的"大合唱"。[40] 美国中情局的报告评论说，共产党在其势力范围内精心策划了大规模宣传运动，指责美军在朝鲜和中国发动生物战，"其范围和强度超过了共产党近期的任何宣传努力"。[41] 而在国防部长 R.A.洛维特看来，这种宣传的强度前所未有，甚至超过了战时共产党对法西斯德国的宣传。[42]

在反细菌战运动中，苏联所起的最大作用、所产生的最大影响就是将对美国的指控推上了联合国论坛，细菌战问题由此全面进入国际政治领域。美苏在联合国的较量，主要是在三个机构或层面展开的，即联合国裁减军备委员会、联合国安理会和联合国大会。这一斗争，虽然内有波兰和捷克斯洛伐克支持，外有中国和朝鲜配合，但是在主要战场和多数场合只能是苏联孤军作战。

苏联在裁军委员会提出细菌战问题

1952 年 1 月 11 日联合国大会通过决议，在安理会下设立裁减军备委员会，并要求裁军委员会拟议提案，以调节、限制和均衡裁减所有武装力量和所有军备，废除所有大规模毁灭性的主要武器，并对原子能进行有效管制，以确实禁止核武器，保证原子能仅用于和平事业。时间限定在 6 月 1 日前。[43] 大概是考虑到这一点，苏联首先提出的要求就是将细菌战问题列入联合国裁军委员会的工作计划。

在 3 月 14 日裁军委员会第二次会议上，美国代表 B.科恩提交了美国政府为裁军委员会起草的工作计划：1、逐步且持续披露所有武装力量计划以及所有武器（包括原子武器），通过国际核查确保披露的信息的充分性和完整性；2、计算和确定所有武装力量及所有武器的总体限额和限制方法，其中包括原子武器和适用于大规模毁灭的主要武器；3、在委员会主持下，通过国家间协商制定达成一致的国家计划，并在各自的军事机构内

37　РГАСПИ，ф.558，оп.11，д.342，л.105-106、107；中共中央文献研究室、中国人民解放军军事科学院编：《建国以来毛泽东军事文稿》中卷，北京：中央文献出版社，2010 年，第 17-18 页。

38　《人民日报》1952 年 3 月 10 日第 1 版。

39　《人民日报》1952 年 3 月 16 日第 4 版、4 月 5 日第 1 版、4 月 11 日 第 4 版、4 月 17 日第 4 版、4 月 30 日第 4 版。

40　《人民日报》1952 年 3 月 1 日、16 日、17 日、21 日 24 日、28 日第 4 版。

41　Central Intelligence Agency Board of National Estimates，Security Information，SE-24：Communist Charges of US Use of Biological Warfare，18 March 1952，CIA-RDP79S01011A000600050027-0，https://www.cia.gov/readingroom/home.

42　"Reds' Germ Charges Called 'Black Lies'"，*New York Times*，June 7，1952，p.2.

43　U.N. General Assembly，6th Session，Resolution 502（VI），11 January 1952.

分配允许的国家武装力量和武器；4、实施和执行裁军计划的方法（设立国际控制机构和制定有效的保障措施）；5、实施裁军计划的程序和时间表。苏联代表马立克针对美国的"工作计划"提出了三个问题，第三个问题是：全世界的舆论目前都十分注意美国军队在朝鲜和中国使用细菌武器的问题，这件事引起了全世界一切正直人们合理的愤慨。"我以非常重视这个问题的心情向美国代表和委员会提出下列问题：既然裁减军备委员会不能避而不问军备方面最实际的问题，那么对于像美国军队在朝鲜和中国使用大批屠杀平民的细菌武器这样一些最近发生的事情，也就不能置之不理。难道裁减军备委员会不应该因此立即考虑关于违犯细菌战——与正直人的良心、文明人民的良心不相容的十分可耻的战争——禁令的问题，使今后不得使用细菌武器，并使违犯细菌战禁令者受到审判吗？"美国代表当即针对第三个问题回答说：苏联代表对美国政府提出了一个"虚假、不公正且与事实不符的指控，而美国国务卿已经毫不含糊地驳斥了这一指控"，并且已请求国际红字会调查这些指控，美国政府要求对此"进行公正调查"。44

在 3 月 19 日的会议上，科恩继续发言指出，"如果北朝鲜和共产党中国爆发了流行病，原因并不在于联合国军实施了细菌战，而是在于一场由苏联协助和教唆发动的侵略战争所留下的惨烈屠杀"。为了彻底澄清这些指控的虚假性，美国政府代表联合国军司令部，于 3 月 11 日请求红十字国际委员会进行调查。3 月 12 日红十字国际委员会正式提出调查请求，前提是联合国军司令部和中朝联军司令部双方都同意接受并配合调查。现在，前者已无条件接收了提议，而中朝方面尚未回复红十字国际委员会。科恩询问马立克，苏联政府是否可以利用其对中国和朝鲜的影响力，劝说中朝方面接受红十字国际委员会的调查。马立

克没有直接回答美国代表的询问，而是在抨击美国的"工作计划"后，详细提出了苏联为裁军委员会起草的"工作计划"，该计划的核心是要求裁军委员会研究关于违反细菌战禁令、关于禁止使用细菌武器和使细菌战禁令的违反者对其行为负责等问题。45

随后几天，各国代表陆续发言表态。出席裁军委员会的有巴西、加拿大、智利、中国（中华民国政府）、法国、希腊、荷兰、巴基斯坦、土耳其、苏联、英国、美国 12 个成员国代表。会议辩论出现了"一边倒"的局面，所有代表的发言都在明里暗里支持美国的议案，认为对于细菌战的讨论和调查超出了裁军委员会这样一个技术机构的职权范围，这个问题应该交给红十字国际委员会设立专家委员会单独进行调查。马立克"舌战群儒"，应付自如，猛烈攻击美国的细菌战罪行，坚持认为：裁军委员会有权审议涉及所有类型大规模杀伤性武器（包括细菌战在内）的问题，并制定具体措施以终止和禁止此类行为；红十字国际委员会根本不是国际组织，而是一个瑞士国家组织，且在二战期间掩护纳粹罪犯，故无权处理此类问题。在 3 月 26 日会议结束前，法国代表指出，苏联代表的发言更像是在公开集会上的共产主义煽动，而苏联提出的计划实际上是一系列关于问题实质的议案，旨在讨论开始前就让所有人接受既成事实。同时，美国议案在某种程度上存在着同苏联议案相同的缺陷，尽管程度较轻且方向相反。因此，法国代表提出了一个替代美苏议案的"中立性"工作计划：公开并核查包括核武器在内的所有军备和所有武装部队；规范所有军备和武装部队，其中包括消除核武器并控制原子能、消除大规模杀伤武器并进行控制、对所有其他军备和所有武装力量进行均衡限制及裁减；实施裁军方案的程序和时间表。苏联代表立即表示反对，认为法国的计划不过是美国方案的翻版，目的是让委

44　U.N. Disarmament Commission：Official Records，2th Meeting，14 March 1952，DC/PV.2.

45　U.N. Disarmament Commission：Official Records，3th Meeting，19 March 1952，DC/PV.3.

员会根据美国方案为指导开始工作。[46]

3月28日，美苏两国代表之间展开了激烈争吵，马立克继续指责美国使用了细菌武器，科恩则反唇相讥，攻击苏联不敢接受公正调查。会议主席裁决，对裁军委员会的工作计划草案进行举手表决，结果是苏联的方案被否决（9票反对，1票赞成，2票弃权），法国的方案被通过（11票赞成，1票反对）。[47] 然而，苏联并未就此罢休。就在投票表决的第二天，即3月29日，朝鲜外务相致电联合国秘书处，通告了朝鲜政府2月22日抗议美国侵略军使用细菌武器的声明，并向联合国严正抗议美国侵略军继续进行细菌战的滔天罪行，要求严惩细菌战的组织者。[48] 这自然是为苏联在联合国再提细菌战问题制造机会。于是，在裁军委员会第一委员会4月9日的会议上，马立克利用会议讨论苏联代表团所提裁军建议的机会，再次提出细菌武器问题，并坚决要求裁军委员会宣布细菌战违反了国际法的基本原则，而且是与各国人民的良心和荣誉相违背的。同时，马立克攻击美国的裁军建议就是要把这个问题无限期地拖延，并通过所提供的信息收集苏联军队和国防工业的情报。[49] 在4月24日第一委员会的例会中，苏联代表指责美国政府及其驻联合国代表在所有讲话和发言中，都避免谴责使用细菌武器和细菌战；指责联合国秘书长赖伊建议世界卫生组织协助朝鲜消灭疫病，实际上是为美国收集细菌战效果的情报；坚持要求把朝鲜和中国政府的抗议声明作为裁军委员会文件传阅，把国际民主律师协会和国际民主妇女联合会的调查报告作

为联合国正式文件印发。[50]

5月13日裁军委员会就美苏两国的裁军建议展开辩论。会议轮值主席提出，在讨论中不得列举细菌战的具体事例指责任何人使用细菌武器。马立克对此坚决反对并指出，在联合国任何机构的会议上，各国代表都有权引述事实来证明其论点和建议。现有事实足以证明美国侵略者在朝鲜和中国使用国际公约禁止的细菌武器，因此裁军委员会应当立即讨论禁止细菌武器的问题。[51] 5月22日和28日的会议继续讨论裁军建议，并进行了激烈辩论。针对苏联关于美国国会未批准1925年《日内瓦议定书》的指责，科恩指出，苏联批准该议定书时附带了保留条款，实际上就是只承诺不首先使用毒气弹和细菌武器，并未保证停止制造和使用此类武器。美国当时未批准议定书，是因为参议院认为这不是解决问题的最佳方案，1947年美国总统将该议定书从参议院议程中撤出，是因为这种书面承诺的方式已经过时。现在世界需要的不是书面承诺，而是通过一个全面的裁军计划消除这些武器。马立克反驳说，美国政府从未做出任何国际承诺，表示不会使用或者不会首先使用细菌武器。美国认为日内瓦议定书已经过时，但并未提出任何替代方案。相反，美国代表投票反对苏联代表明确提出的提案，即裁军委员会应审议禁止使用细菌武器并追究使用者的责任。在讨论中，美、英、法三国代表联合提出了一个新的裁军建议，以替代美国建议。最后，委员会表决，以11票赞同，1票反对，通过了这个联合建议。[52]

46　U.N. Disarmament Commission: Official Records, 4th Meeting, 20 March 1952, DC/PV.4; 5th Meeting, 21 March 1952, DC/PV.5; 6th Meeting, 26 March 1952, DC/PV.6; 7th Meeting, 26 March 1952, DC/PV.7.

47　U.N. Disarmament Commission: Official Records, 8th Meeting, 28 March 1952, DC/PV.8. 由于法国方案已获通过，会议无需再对美国方案进行表决。

48　朝鲜中央通讯社：《朝鲜中央年鉴（1953年）》，平壤，1953年，第114页；《人民日报》1952年4月2日第4版。

49　《人民日报》1952年4月16日第4版。

50　《人民日报》1952年4月29日第4版。

51　《人民日报》1952年5月18日第1版。

52　U.N. Disarmament Commission: Official Records, 10th Meeting, 22 May 1952, DC/PV.10; 11th Meeting, 28 May 1952, DC/PV.11; 12th Meeting, 28 May 1952, DC/PV.12. 苏联批准《日内瓦议定书》时的保留条款主要有两点：1、议定书

尽管再次失利，苏联代表仍然没有放弃。1952年 8 月初，第十八届国际红十字大会在加拿大多伦多召开。在 8 月 7 日的全体会议上，波兰提交了关于批准并遵守 1925 年关于禁止细菌武器的日内瓦议定书的议案，美国等西方国家极力阻挠，但大会还是审查并通过了这个提案：鉴于细菌武器构成了对人类的最大威胁，鉴于若干国家尚未加入和批准 1925 年《日内瓦议定书》，国际红十字大会呼吁各国分支机构敦促其政府"尽快且无保留地加入和批准"该议定书。[53] 这个提案的通过让美国感到很不自在，因为苏联正是抓住了美国尚未批准《日内瓦议定书》这个软肋。8 月 15日的裁军委员会会议本来要讨论美英法三国于 12日提出的"补充提案"，但美国代表一开始便发表冗长演说，详细解释美国为何至今尚未批准《日内瓦议定书》。马立克抓住机会展开猛烈攻击，历数美国在朝鲜和中国实施细菌战的斑斑劣迹，并且借口美国再次提出了细菌战问题，而正式要求裁军委员会重新审议苏联代表团最初计划中有关细菌战的条款。接下来的几次会议，大部分时间陷入关于使用细菌武器问题的辩论，以致冲淡了关于裁军委员会工作计划方案的讨论。苏联代表逐条批驳了美国代表关于未批准日内瓦议定书的理由，美国代表也不甘示弱，指责苏联加入《日内瓦议定书》的虚伪性。希腊代表则指出，国际红十字大会通过的提案强调的是"无保留"加入，因此那些已经批准该议定书但带有保留条款的政府也要考虑这个问题。美苏代表唇枪舌战，争吵不休，会议主席不得不多次出面制止。马立克一再要求

委员会必须立即审议细菌战问题，并代表联合国支持立即谴责细菌战。8 月 27 日的会议进行了举手表决，苏联的提案以 9 票反对、1 票赞成、2 票弃权（智利和巴基斯坦）被否决。对于此前已经通过的美英法三国提案，智利、法国和土耳其提出了修正案，即在"大规模毁灭性武器"之后添加"包括细菌武器"的字样，使其内容为："消除大规模毁灭性武器，包括细菌武器，并进行控制以确保其消除"。该修正案以 10 票赞成、0 票反对通过，巴基斯坦和苏联弃权。[54]

联合国裁军委员会关于细菌战问题的辩论到此结束，苏联在三轮较量中都败下阵来。由于裁军委员会成员国绝大多数都是美国的盟友，多数国家还派兵参加了联合国军，这一结果完全在意料之中。苏联人当然不会想不到这一点。因此可以断定，苏联在裁军委员会的举动并非想取得什么成果，只是以此作为反细菌战国际宣传的论坛而已。在莫斯科看来，美国及其西方盟友屡次拒绝苏联谴责和禁止细菌战的提案，恰恰在全世界面前暴露了其掩盖使用细菌武器的罪行，这正是苏联人反细菌战运动想要的结果。

苏联在安全理事会向美国挑战

在联合国安全理事会的博弈中，苏联因享有否决权而显得底气十足，也霸气了许多。1952 年6 月 18 日，苏联常驻联合国代表马立克利用担任安理会轮值主席的便利条件，向安理会提出一份决议草案，请求所有国家，无论其是否为联合国成员国，应一律加入和批准禁止使用细菌武器的

只对苏联政府与已签署和批准或已明确加入该议定书的国家具有约束力。2、对于其武装部队或其盟国在法律上或事实上不遵守本议定书禁令的任何敌国，该议定书对苏联政府不再具有约束力。《日内瓦议定书》的许多其他缔约方也作出了类似的保留。Stockholm International Peace Research Institute（SIPRI），*The Problem of Chemical and Biological Warfare*, *Vol.4*, *CB Disarmament Negotiations, 1920-1970*, Stockholm: Almqvist & Wiksell, New York: Humanities Press, 1971，pp.207-208.

53　《人民日报》1952 年 8 月 11 日 第 4 版；Известия，9 августа 1952，стр.4；U.N. Disarmament Commission: Official Records，20th Meeting，18 August 1952，DC/PV.20，p.2.

54　U.N. Disarmament Commission: Official Records，19th Meeting，15 August 1952，DC/PV.19；20th Meeting，18 August 1952，DC/PV.20；21th Meeting，20 August 1952，DC/PV.21；23th Meeting，25 August 1952，DC/PV.23；24th Meeting，27 August 1952，DC/PV.24.

1925 年《日内瓦议定书》，从而再次对准美国的软肋射出一箭。安理会通过议程后，马立克发表长篇讲话，论述苏联议案的合理性和正当性，并严厉谴责和反驳美国为其一直未批准该议定书进行辩解的种种理由。这的确是一个令美国政府感到难堪的提案，美国代表 E.A.格罗斯立刻发言表示反对，并否认美国在朝鲜战争中使用了细菌武器。马立克以主席身份打断了格罗斯的"开场白"，指责美国代表的发言偏离了会议主题。随后，格罗斯详细解释了美国对细菌战的立场，认为苏联和许多国家加入《日内瓦议定书》带有保留条件，足以说明该议定书缺乏约束力。所以，苏联议案是混淆视听的虚伪骗局。美国主张不仅禁止使用，而且要彻底销毁细菌武器。最后，格罗斯建议把苏联的决议草案交由裁军委员会处理。马立克立即反击，认为美国代表在"踢皮球"，试图分散联合国的注意力，要求安理会尽快通过苏联的提案。[55]

在 6 月 20 日的两次会议上，安理会各成员国相继发言表态。当时安理会的非常任理事国有巴西、智利、希腊、荷兰、巴基斯坦和土耳其，同裁军委员会的情况大体相同（只少加拿大）。因此，各国代表发言大都站在美国立场上，认为 1925 年《日内瓦议定书》缺乏约束力，或已经过时，或需要改进。美国代表则针锋相对，在会上提出了申请调查细菌战问题的新议案，即鉴于某些政府和当局散布对联合国部队使用细菌武器的严重指控以及苏联政府在联合国机构中重复这些指控，请红十字国际委员会在国际知名科学家的协助下调查这些指控，并尽快向安理会报告结果；呼吁有关政府和当局与红十字国际委员会充分合作，包括允许进入委员会认为履行其任务所必需的地区并授予在该地区自由行动的权利；请秘书长向委

员会提供所需的协助和便利。[56]

安理会 6 月 23 日下午的会议一开始便讨论是否把美国关于对细菌战问题进行调查的建议列入议程，马立克作为轮值主席首先发言表明了苏联的立场：如果能够邀请中国和朝鲜代表参加安理会的讨论，苏联愿意把美国提案列入议程。马立克强调，没有中国和朝鲜参加，讨论美国的建议是不公道的，也是违反联合国宪章的。格罗斯接着发表意见：安理会必须首先通过议程，而后才能考虑邀请其他国家参加安理会讨论这个问题的建议。马立克则强调，如果不能保证中国和朝鲜代表参加安理会，苏联决不同意把美国建议的问题列入议程，随后进行了长时间发言。美国指责马立克利用主席特权拖延程序性投票，希腊代表要求立即就程序问题投票，荷兰和法国代表则宣布放弃发言权，以求尽快表决。但马立克仍以还有一些代表尚未发言为由，将投票推迟到 6 月 25 日的会议进行。[57]

6 月 25 日上午继续开会。作为主席，马立克一上来就提出同时对两个问题进行表决，即是否将调查细菌战指控的建议列入议程，同时邀请中国和朝鲜代表参加安理会讨论细菌战问题。由于英国代表 G.杰布坚决反对，马立克便代表苏联政府正式提出了一个对临时议事日程的修正案："邀请中华人民共和国代表和朝鲜民主主义人民代表参加安全理事会会议，讨论美利坚合众国代表团提出的问题。"苏联代表团还力主首先对这个修正案进行表决。杰布仍然表示反对，马立克便利用主席权利作出裁定，对苏联的修正案举手表决。英国代表毫不退缩，立即提出对裁定不服。按照规定，轮值主席不得不把英国的意见付诸表决。结果不难预料，10 票对 1 票，英国获胜，这就意味着苏联的修正案将不付表决。接下来对美国的

55　U.N. Security Council，7th year，577th meeting，18 June 1952，S/PV.577，pp.15-30. 苏联议案全文见 U.N. document. S/2663。

56　U.N. Security Council，7th year，578th meeting，20 June 1952，S/PV.578；579th meeting，20 June 1952，S/PV.579. 美国议案全文见 U.N. document. S/2671。

57　U.N. Security Council，7th year，580th meeting，23 June 1952，S/PV.580.

提案是否列入安理会议程进行投票，结果同样是10 票赞成，苏联 1 票反对。由于常任理事国的一票否决权在程序性投票中受到限制，美国的建议得以通过。在格罗斯解释并要求安理会通过美国提案的发言后，马立克再次要求会议对苏联邀请中国和朝鲜代表参加讨论的修正案进行表决。智利、美国、英国和荷兰代表当即表示反对，马立克只得作罢。接下来便进入了对正题，即苏联关于呼吁各国加入《日内瓦议定书》提案的讨论。[58] 下午的会议几乎成了苏联代表的个人演讲会，马立克滔滔不绝，揭露美国企图搁置和拒绝任何禁止使用大规模毁灭性武器的建议，诋毁和消弱《日内瓦议定书》的意义，要求安理会通过苏联的提案，作为草拟一个更详尽全面的禁止一切大规模毁灭性武器协定之前的初步方案。另一个值得注意的是法国代表的发言。与其他各国代表的态度有所不同，法国因其也曾有保留地加入了《日内瓦议定书》，从而对议定书进行了肯定性评价。尽管如此，法国代表也提出应努力改进议定书的某些方面，并通过将其纳入一个更广泛的控制和废除大规模毁灭性武器的体系来加强议定书的实际效力。同时，法国代表团要求向尚未批准或加入《议定书》的国家提供一定保证，使它们不会立即受到违反《议定书》的侮辱性指控，否则法国无法呼吁各国批准或加入议定书。马立克抓住这一点，得意地宣称："甚至美国在北大西洋公约中的盟友也拒绝追随美国"。[59]

6 月 26 日安理会对苏联的提案进行表决，结果只有苏联 1 票赞成，其余 10 票均弃权。由于未达到规定的 7 个成员国的赞成票，苏联关于呼吁加入《日内瓦议定书》的提案未获通过。马立克随即发言，称安理会在美英集团压力下做出的这个决定"将在联合国历史上留下不光彩的一页"。格罗斯在解释投票立场时指出，美国之所以没有批

准《日内瓦议定书》，是因为美国正在进行另一项努力——实现真正的裁军和对大规模毁灭性武器的真正控制，从而有可能消除这些武器。随后，美国代表长篇累牍地攻击苏联发起的细菌战指控完全是混淆视听的虚假宣传。因为苏联建议已被拒绝，美国撤回了将苏联决议草案交给裁军委员会处理的提议。其他各国代表的发言，毫无例外地把矛头指向苏联。马立克最后发表讲话，针锋相对地逐一反驳了各国代表的发言。会议随之进入了相互指责的混乱局面。[60]

在担任轮值主席的最后一天，6 月 30 日，马立克向各国驻联合国代表团提交了一系列文件，其中包括 2 月 22 日朴宪永的声明、2 月 24 日和 3 月 8 日周恩来的声明、4 月 21 日朴宪永的电报、世界和平大会执行局通过的反对细菌战呼吁书、4 月 28 日世界民主青年同盟来函，这些文件都是作为安理会文件发出的。同时，马立克还要求将以下文件列为安理会文件：国际民主律师协会给安理会的呼吁书，该协会提出的美军在朝鲜的罪行报告书和美军在中国境内使用细菌武器报告书。[61] 这显然是在为下一步的斗争做准备，同时也把轮值主席的特权发挥到极致。

7 月 1 日的会议由英国代表担任主席，会议主要讨论美国要求对细菌战问题进行公正调查的提案。但在讨论会议议程时，马立克"坚决主张"首先对苏联以前提出的邀请中国和朝鲜代表参加讨论细菌战问题的建议进行表决，否则其他议事日程上的项目就不能讨论。马立克列举前一天提交安理会的大量文件，即朝鲜和中国对美国使用细菌武器的指控材料，说明了邀请这两个国家代表参加讨论的必要性。会议主席决定将议事日程的次序问题付诸表决，投票结果是首先审议请求调查所谓细菌战的问题。在马立克的一再纠缠和要求下，会议主席同意先请美国代表说明案情，

58　U.N. Security Council，7th year，581th meeting，25 June 1952，S/PV.581.

59　U.N. Security Council，7th year，582th meeting，25 June 1952，S/PV.582.

60　U.N. Security Council，7th year，583th meeting，26 June 1952，S/PV.583.

61　U.N. Security Council，30 June 1952，S/2684，pp.1-18；S/2684/Add. 1，pp.1-53.

然后再对苏联建议进行辩论。格罗斯发言说，他的陈述就是要说明苏联提案"既非必要也不适当"，但如果苏联代表认为这一陈述对其所讲的理由有所不利，那么美国代表并不反对立即把苏联提案付诸表决。各国代表随即发言，都表示将投票反对苏联的建议，并陈述了各自的理由。投票的结果可想而知，苏联的提案以 1 票赞成，10 票反对被否决。在随后的投票解释发言中，马立克猛烈抨击了美国的立场和政策，最后再次声明：在没有中国和朝鲜代表参与的情况下，无法审议美国代表团提交的问题。因此苏联代表团将不参加对该问题的讨论，并将投票反对美国的决议草案。接着格罗斯发言陈述了美国提案的理由，并指出朝鲜和中国的指控如同一年前的虚假做法一样，完全歪曲了事实；苏联在国内外组织的仇美活动和在联合国提出的指控，都是恶意宣传；苏联拒绝国际红十字委员会进行调查，并在全世界抹黑其形象，说明克里姆林宫害怕人们看到真相。此外格罗斯还详细反驳了朝鲜、中国和苏联报纸披露的所有细菌战证据。格罗斯最后指出，苏联不接受公证调查，并以否决权相威胁，就等于向全世界承认，他们知道这些指控是站不住脚的。[62]

7 月 2 日，各国代表相继发言，毫无悬念地都是支持美国提案，赞同对细菌战问题展开调查，同时指责苏联对调查真相的拒绝和干扰，特别是以否决权相威胁的卑劣行为。[63] 7 月 3 日，在英国代表的主持下对美国要求调查细菌战问题的提案进行投票，结果 10 票赞成，1 票反对。由于投反对票的苏联是常任理事国，该决议草案未获批准。格罗斯在对美国投票理由进行简短的说明后，便拿出了早已准备好的另一个决议草案，其结论是：因提出指控的政府和当局拒绝进行公正调查，

兹断定此项指控必然是虚假的且毫无根据；谴责捏造和散布此类虚假指控的行为，这种行为加剧了国家间的紧张关系，并且旨在破坏联合国在朝鲜制止侵略的努力及世界人民对这些努力的支持。马立克当即发言表示反对，并坚持没有中国和朝鲜代表参加，安理会就不能讨论细菌战问题。会议决定延期讨论。[64] 在 7 月 8 日上下午连续召开的会议上，就美国的新议案进行了激烈争论。马立克在发表了长篇讲话后宣布，苏联代表团将拒绝参加讨论美国的新议案，并且在表决时拟投反对票。[65] 法国代表发言称，经过仔细审阅苏联提交安理会的指控材料，实在找不出可靠的证据。法国代表还列举了材料中提到的大量人证和物证，逐一指出了其中的漏洞。巴基斯坦代表说，目前已有的材料对细菌战问题既不能证实，也不能证伪，巴基斯坦从"绝对公正不偏"的立场出发，只能对新议案投弃权票。其余代表发言均支持美国的立场。[66] 7 月 9 日对美国第二个议案进行表决，9 票赞成，1 票反对，1 票弃权。由于苏联再次使用否决权，该议案也未获通过。[67]

这是苏联在细菌战问题上第二次使用否决权，也是自安理会成立以来苏联第 50 次投出否决票，相比之下，美英法等国因具有多数优势，到此时尚未在安理会行使过否决权。同裁减军备委员会的情况一样，苏联代表在安全理事会也是处于孤立地位。但是因为享有常任理事国的一票否决特权，马立克相信苏联可以立于不败之地。也许正是看到了这一点，美国断定苏联代表会继续反对，故而在第一次议案被否决后立即提出了事先准备好的新议案，目的就是让苏联再次并连续使用否决权，从而在国际舆论面前陷入尴尬和被动境地。

62　U.N. Security Council，Official Records，7th year，584th meeting，1 July 1952，S/PV.584；585th meeting，1 July 1952，S/PV.585.

63　U.N. Security Council，Official Records，7th year，586th meeting，2 July 1952，S/PV.586.

64　U.N. Security Council，Official Records，7th year，587th meeting，3 July 1952，S/PV.587.

65　U.N. Security Council，Official Records，7th year，588th meeting，8 July 1952，S/PV.588.

66　U.N. Security Council，Official Records，7th year，589th meeting，8 July 1952，S/PV.589.

67　U.N. Security Council，Official Records，7th year，590th meeting，9 July 1952，S/PV.590.

苏美在联合国大会上的博弈

1952 年 10 月 14 日，第七届联合国大会纽约召开。这是联合国大厦建成后首次亮相，这里也成为美苏在细菌战问题上进行争斗的第三个国际舞台。10 月 17 日，按照苏联的计划和安排，波兰代表在一般性辩论中发言，揭发美国的侵略政策和战争准备，并向大会提交了一个提案，其中建议联合国大会敦促所有尚未参加或批准 1925 年日内瓦议定书的国家参加并批准这个议定书。[68] 10 月 18 日，苏联外交部长维辛斯基在大会全体会议上发表演说，详细讨论了在朝鲜的美国军队使用细菌武器的问题。维辛斯基指出，公正的国际调查团体——国际民主律师协会调查团和六国（英国、巴西、意大利、苏联、法国和瑞典）代表组成的国际科学委员会的调查报告，已经确证了美国侵略者犯下的细菌战罪行。维辛斯基特别提到，美国军队以许多不同的方法使用了这些细菌武器，其中有一些方法，看起来是把日军在第二次世界大战期间所使用的方法加以发展而成的。演说还专门提到四位美军战俘的供词和在北京展出的 500 多件文件、图片和其他物证。维辛斯基最后强调，苏联代表团完全支持波兰代表团向大会提出的建议。[69] 在 10 月 20 日的一般性辩论中，捷克斯洛伐克代表发言，也表示支持波兰的建议，要求制止美国侵略者对朝鲜和中国人民使用卑鄙的细菌武器的罪行。[70] 针对波兰的建议和上述情况，同一天，美国代表团团长 W.奥斯汀致函联合国秘书长，要求将题为"联合国部队被控从事细菌战案公正调查问题"的项目，即 7 月 3 日在安理会被否决的美国提案，作为一个重要和紧迫的问题列入大会议程。信中所附解释性备忘录说，

自 1952 年 2 月以来，全世界都暴露在苏联和苏联集团国家以及由苏联主导和控制的组织所进行的虚假和恶意的宣传活动中。在这些活动中，苏联集团试图通过捏造"科学证据"，通过组建经过精心挑选以确保其偏袒的所谓的"调查委员会"，以及通过诱导美国战俘的所谓的"供词"来确立他们的指控。美国坚决否认这些指控，并要求联合国立即对细菌战问题展开公正调查。[71]

10 月 21 日召开全体会议，讨论并审议总务委员会建议列入议程的两个项目，即波兰的建议和美国的提案。苏联代表葛罗米柯对第二个项目提出异议，并表示如果邀请中国和朝鲜参加讨论细菌战问题，苏联不反对美国的提案。同时，苏联认为美国中意的红十字国际委员会不是一个国际组织，而是美国手中的工具。因此，葛罗米柯要求将下列苏联的决议草案也列入议程，提请大会审议："决定将美国代表团所提项目列入大会第七届会议议程，同时邀请中华人民共和国及朝鲜民主主义人民共和国代表参加该项目的讨论"。捷克斯洛伐克代表发言表示赞同苏联的主张，而英国代表表示反对，认为苏联提出的问题应该由第一委员会解决。波兰代表也同意将苏联的提案列入议程，否则就不得不反对总务委员会的提案。美国代表发言，支持英国的意见，要求大会否决苏联的提案，并将其交由第一委员会决定。按照葛罗米柯的要求，大会先对苏联提案进行唱票表决。结果是 5 票赞同，46 票反对，7 票弃权，苏联提案被否决。接着对美国提案进行唱票表决，结果53 票赞同，5 票反对，美国提案得以通过。[72] 此后直到会议结束，在联合国大会和第一委员会会议的发言中，几乎没有人再提出细菌战的问题。

68　《人民日报》1952 年 10 月 20 日第 1 版。9 月 29 日，联共布中央政治局决议，指示苏联代表团与波兰达成协议，由波兰在联合国大会做主旨发言，并提出相关建议。РЦХИДНИ（俄罗斯现代史文献保管和研究中心），ф.17，оп.162，д.48，л.154-175。

69　《人民日报》1952 年 10 月 21 日第 1 版。

70　《人民日报》1952 年 10 月 23 日第 1 版。

71　U.N. General Assembly，A/2231，20 October 1952.

72　U.N. General Assembly，7th Session，A/PV.386，21 October 1952，pp.113-118.

表面上看，在联合国大会的较量又是美国占了上风，但如果没有中国和朝鲜的同意和配合，联合国通过的决议实际上不过是废纸一张，对美国也只是一种心理安慰。10 月 24 日，朝鲜外务相朴宪永就细菌战调查一事致电联合国大会主席 L.B.皮尔逊：美国在朝鲜使用细菌武器的事实，早已有国际组织调查团、中国细菌学专家和美国被俘飞机驾驶员的供词所证实，联合国大会对此竟置之不理，在美国代表的压力下，还要组织实地调查，并且拒绝朝鲜代表参加。朝鲜政府再次声明，联合国大会在没有朝鲜代表参加的情形下所通过的任何决定，朝鲜政府和人民都决不予以承认。10 月 27 日，中国政府也向皮尔逊发出了内容完全一致的电报。[73]

美苏在国际舞台较量的结果

归纳起来，美苏在联合国围绕细菌战问题的博弈有两个：美国要求请红十字国际委员会或世界卫生组织对细菌战问题进行"公正调查"，苏联坚决拒绝；苏联要求联合国呼吁各国加入和批准 1925 年《日内瓦议定书》，美国坚决反对。双方都试图抓住对方的弱点进行攻击，欲置对方于死地。

朝鲜战争爆发后，红十字国际委员会便宣布有意向朝鲜平民提供援助，并要求苏联施加影响，以便朝鲜能够接受委员会派出的求援队。为此，1950 年 11 月 10—18 日委员会主席 P.吕格尔亲自访问莫斯科，与葛罗米柯进行会谈。1951 年 1 月

6 日还给斯大林写信，请求协助。苏联政府婉言拒绝了这一要求。[74] 原因在于，苏联外交部早就认为：红十字国际委员会"与美国情报机构关系密切"，其代表在朝鲜的存在和所谓援助活动"可能被美国利用，损害朝鲜利益"。[75] 不过，红十字会运动和国际红十字会组织历史悠久，享有盛誉，包括苏联、中国在内的许多国家都有红十字会分会。1951 年 5 月，中国红十字会就为美国利用志愿军战俘进行细菌武器试验事，特向红十字国际委员会及国际红十字协会提出控诉，并要求予以制裁。[76] 朝鲜和中国相继对美国提出细菌战指控后，1952 年 2—3 月，波兰、保加利亚、匈牙利和罗马尼亚纷纷要求红十字国际委员会和国际红十字协会向美国和联合国发出紧急呼吁，以立即采取措施停止使用细菌武器的行为。红十字国际委员会当即转达了这些抗议。[77] 显然，在这些国家心目中，红十字组织是处理此类事情当然的合适机构。然而，此时美国也把眼光投向红十字。3 月 11 日美国国务卿艾奇逊亲自致电红十字国际委员会，要求安排对朝鲜发生的流行病及其真正原因进行调查。第二天吕格尔便安排与朝鲜冲突双方进行了沟通，并表示如果双方同意，将为此目的设立一个专门委员会，由在流行病学领域具有道德和科学独立性的资深专家组成。美国立即答复同意，并表示感谢。[78] 这自然是莫斯科无法容忍的。3 月 13 日葛罗米柯便布置其外交部的下属，寻找拒绝红十字会介入调查的法律依据。[79] 几天

73　朝鲜中央通讯社：《朝鲜中央年鉴（1953 年）》，第 116 页；《人民日报》1952 年 10 月 27 日、28 日第 1 版。

74　РГАСПИ，ф.82，оп.2，д.1026，л.55-57；д.1026，л.58-59；д.1273，л.2-3.

75　АВПРФ，ф.07，оп.23а，п.21，д.268，л.12，转引自 Романова В. В.，Шулатов Я. А. Эхо Хабаровского процесса：СССР и кампания по обвинению США в применении бактериологического оружия во время Корейской войны（1950-1953 гг.）// История медицины，2018，Т.5，№4，с.332。

76　《人民日报》1951 年 5 月 4 日第 4 版。

77　Stockholm International Peace Research Institute（SIPRI），*The Problem of Chemical and Biological Warfare*，*Vol.5*，*The Prevention of CBW*，Stockholm：Almqvist & Wiksell，New York：Humanities Press，1971，pp.255-256.

78　The Secretary of State to the President，March 11，1952，U.S. Department of State，*Foreign Relations of the United States：Diplomatic Papers*，1952-1954. Vol.15，Korea，Part I，pp.79-80. 艾奇逊和吕格尔的电报全文见 *Department of State Bulletin*，Vol.26，No.665，pp.452-453.

79　АВПРФ，ф.0102，оп.8，п.36，д.17，л.27，转引自 *Романова，Шулатов* Эхо Хабаровского процесса// История медицины，2018，Т.5，№4，с.335 -336.

后，3 月 19 日《人民日报》发表社论，称红十字国际委员会是"美国帝国主义任意指使的一个工具"。[80] 4 月 29 日《真理报》发文称红十字国际委员会是"打着国际组织幌子的侵略者的帮凶"。[81] 显然是在苏联的安排下，朝鲜和中国不约而同地始终没有对红十字国际委员会的要求给予任何回复。在数度联系无果的情况下，委员会于 4 月 30 日停止了一切准备，宣布放弃这一工作。[82] 与此同时，莫斯科还批准了朝鲜关于联合国卫生组织协助防治流行疾病的建议给联合国的复函。4 月 18 日联共（布）中央政治局会议讨论后决定，命令苏联驻朝鲜大使馆"向朋友们推荐如下已修改的复函文本"。[83] 朝鲜于 4 月 21 日致电联合国秘书长，明确拒绝了联合国世界卫生组织提供援助的建议，理由是"该组织并不具备应有的国际威望"，并指责联合国组织未能制止反而纵容美国犯罪。[84]

朝鲜和中国不是联合国成员国，且中朝联军正在与联合国军作战，当时苏联也退出了联合国世界卫生组织，所以不接受这个组织提供援助，人们可以理解。苏联及其盟国不信任、更不能掌控红十字国际委员会，在朝鲜处于交战的情况下，拒绝其进行调查，也无可厚非。但是，在全世界面前千方百计诋毁红十字组织的声誉，三番五次称其为"美帝国主义最恶毒、最无耻的帮凶和走狗"，实无必要，其结果只能引起国际社会的反感，让苏联、中国和朝鲜在世界舆论面前处于被动和窘迫。其实，这正是美国在联合国不断以此刺激苏联而期待看到的结果。实际上，正如有学者引用

美国档案材料所证明的，美国国防部对红十字会可能进行的调查也心存疑虑，密令联合国军司令官李奇微，拒绝调查人员"接触任何具体的信息来源"。[85] 苏联千方百计阻止红十字会参与，倒是让美国人省去了许多麻烦。

苏联指责美国一直没有批准加入 1925 年《日内瓦议定书》，并对其多有贬低和指责，这同样使华盛顿越来越感到很不自在。正如马立克质问的，美国反对议定书，却没有拿出更完善、更合理的方案。《日内瓦议定书》的确还很不完善，带有保留条款接受这一文件的国家也未必真心实意，但它毕竟是在世界范围内禁止使用化学武器和生物武器的第一个国际法律文书，反映了人类社会对使用不人道作战方法的道义谴责。如果说在红十字会问题上美国占据了国际舆论的优势，那么在议定书的问题上，苏联则抢占了道德的制高点。后来加入和批准议定书的国家越来越多，就充分说明了这一点。苏联关于要求各国加入议定书的决议草案被否决后不久，1952 年 7 月 13 日，周恩来发表了中国政府承认并将严格遵守《日内瓦议定书》的声明。[86] 更令美国尴尬的是，后来（1967 年 5 月和 1968 年 12 月）世界卫生组织和联合国大会都分别作出决议，呼吁各国加入《日内瓦议定书》，并严格遵守其原则和目标。[87] 如前所述，1925 年 6 月 17 日《日内瓦议定书》通过时，签署国只有 47 个，其中 6 个国家后来没有批准，在批准的国家中有 19 个国家附加了保留条款。[88] 查阅国际互联网可知，到目前为止，《日内瓦议定书》的缔约国已有 146 个，美国也于 1975 年 1 月批准

80　《人民日报》1952 年 3 月 19 日第 1 版。

81　Правда，29 апреля 1952，стр.3.

82　SIPRI，*The Problem of Chemical and Biological Warfare*，Vol.5，pp.255-256.

83　РГАСПИ，ф.17，оп.162，д.48，л.95、109-110.

84　朝鲜中央通讯社：《朝鲜中央年鉴（1953 年）》，第 115 页。

85　Stephen Endicott and Edward Hagerman，*The United States and Biological Warfare：Secrets From the Early Cold War and Korea*，Bloomington：Indiana University Press，1998，pp.191-192.

86　《人民日报》1952 年 7 月 16 日第 1 版。

87　World Health Organization,*Health Aspects of Chemical and Biological Weapons,Report of a WHO Group of Consultants*.Geneva:WHO,1970,pp.129-131.

88　Theodor Rosebury,"Some Historical Considerations",*Bulletin of the Atomic Scientists*,Vol.16,No.6,June 1960,p.232.

加入了该议定书（朝鲜是 1989 年 1 月加入的）。莫斯科聪明而及时地抓住了美国人的小辫子，正如苏联代表马立克多次指出的，无论是美国政府发言人，还是美国在联合国的代表，在所有的讲话中从来没有对细菌战进行谴责，也从来没有承诺不使用细菌武器，这就证明他们在掩盖美国正在试验和使用细菌武器的事实真相。1952 年 10 月 10 日，约里奥·居里在世界和平理事会大会致开幕词中强调指出，在所有大国当中，美国是唯一没有批准关于禁止使用化学武器和细菌武器的日内瓦议定书的国家。因此，"我早就知道美国在准备使用这些武器，因此当细菌战的事刚刚发表的时候，我一点也不觉得惊奇。"[89] 在这方面，华盛顿的确感到心虚。美国人之所以百般抵赖，想方设法避免将呼吁各国加入议定书的议案列入联合国议程，根本的原因就是在 1952 年朝鲜停战谈判陷入僵局的时候，美国确确实实正在加紧细菌武器试验，也确确实实产生了使用细菌武器的念头。

关于细菌战的指控和反细菌战的宣传攻势发生后，美国军政领导人纷纷站出来否认这一指控。2 月 28 日，联合国军总司令李奇微首先发表声明，声称美国"从来未曾"发动细菌战，这些指控不过是为了转移人们的注意力，掩盖共产党在板门店顽固地拖延谈判的做法，同时也为了掩盖自己在应对季节性流行病方面的不足。[90] 李奇微在 5 月 9 日给联合国的报告和 5 月 22 日在美国国会的讲话中，又一再否认对他指挥的部队的指控。[91] 3 月

4 日国务卿艾奇逊出场，正式发表声明，"明确和毫不含糊"地宣称：联合国部队过去没有，现在也没有进行任何形式的细菌战；共产党人无力照顾他们控制下的人民的健康，这似乎导致了一场严重的瘟疫流行。[92] 此后，艾奇逊又多次发表讲话，否认这些指控。[93] 3 月 19 日，国务院与参谋长联席会议一起开会，美国空军参谋长范登堡在接受国务院官员询问时称，美国空军从未授权在青岛上空飞行，即使有飞机进入满洲地区，也只是进行侦察拍照。[94] 6 月 6 日，国防部长洛维特在双周新闻发布会上声称，所有对联合国军的细菌战指责，都是"绝对的、彻底的黑色谎言"。这种宣传努力与克里姆林宫的计划密切相关，旨在试探美国在所有大规模杀伤性武器（包括原子弹）问题上的立场。[95]

联合国军在 1952 年初到底有没有在朝鲜和中国发动细菌战，首先要看美国此时是否具备使用细菌武器的能力。关于这个问题，西方多数研究者的回答是否定的。他们认为，到 1951 年底，美国科研人员虽然进行了一些细菌武器测试，但美国既没有生产也没有采购任何生物弹药。后来美国的确生产出一种针对人畜的以猪布鲁氏菌为病原体的生物武器制剂，但在朝鲜和中国指控美国传播的五种疾病中，并没有布鲁氏菌病。[96] 尽管美国军方尤其是空军，在朝鲜冲突期间试图提高其在化学战和生物战领域的能力，但进展甚微，

89　《人民日报》1952 年 10 月 18 日第 4 版。

90　Charges Of Germ Warfare, *The Times*, 28 February 1952, p. 3.

91　Matthew B. Ridgeway, "Report of the U. N. Command Operations in Korea: Forty-first Report, For the Period March 15, 1952", *Department of State Bulletin*, Vol.26, No.679, p.1040; Matthew B. Ridgeway, "A Report on the Far East", *Department of State Bulletin*, Vol.26, No.676, p.926.

92　"Statement by Secretary Dean Acheson, March 4, 1952", *Department of State Bulletin*, Vol.26, No.664, pp. 427-428.

93　Statement by Secretary Acheson, March 26, 1952, *Department of State Bulletin*, Vol.26, No.667, p.529; Address by Secretary Acheson to the American Society of Newspaper Editors, *Department of State Bulletin*, Vol.26, No.670, pp. 649-650.

94　Memorandum of the Substance of Discussion at a Department of State-Joint Chiefs of Staff Meeting, March 19, 1952, *FRUS*, 1952-1954, Vol.15, Korea, Part I, pp. 99-104.

95　"Reds' Germ Charges Called 'Black Lies' ", *New York Times*, June 7, 1952, p.2.

96　Milton Leitenberg, "The Korean War Biological Weapon Allegations: Additional Information and Disclosures", *Asian Perspective*, Vol.24, No.3, 2000, p.166. 笔者查阅了国际科学委员会报告书及附件，在报告列举的中国 37 个案例和朝鲜 13 个案例中，的确没有布鲁氏菌病。国际科学委员会：《调查在朝鲜和中国的细菌战事实国际科学委员会报告书及附件》，北京，1952 年，第 102 页。

其形成有效生物战能力的努力并不成功。[97] 朝鲜战争结束时，美国的武器库中既没有令人满意的致命杀伤人员制剂，也没有生产出令人满意的投放病毒的弹药。[98] 然而，也有研究者坚持认为，到 1952 年，美国、日本，可能还有英国和苏联，都具备了使用生物武器的技术能力。[99] 实际情况究竟如何？

1951 年的下半年，美国的细菌武器研制的确有所发展，但进度很慢。根据 1951 年 9 月 13 日参谋长联席会议批准的联合战略计划委员会关于开发生物战剂的军事优先等级的报告，美国科研机构正在研制的 8 种病毒制剂中，已经完成试验可安排生产的有猪布鲁氏菌、肉毒杆菌、鹦鹉热；正在进行测试，可在近期安排生产的有羊布鲁氏菌、炭疽、土拉热、贝氏柯克斯体；尚处在实验室阶段、计划 1953 年 1 月完成试验的有鼠疫；暂停试验计划（两年后实施）的有马勒氏菌。据估计，各种制剂有可能投入生产的最早日期，1952 年 1 月有猪布鲁氏菌、羊布鲁氏菌、土拉菌、鼠疫、马勒氏菌；1952 年 12 月有炭疽和肉毒杆菌；1953 年 1 月有鹦鹉热和贝氏柯克斯体。[100] 弹药研制的进度也不尽人意。12 月 15 日国防部长办公室呈交的一份评估报告表明，"尽管过去一年在化学战和生物战领域取得了相当大的进展，美国仍然没有做好充分的准备，也没有充分的计划来确保做好准备"。一项已批准的 1952 财年计划将把一些化学剂从散装储存转移到更易于使用的状态，即化学武器填充的地面弹药。虽然此举将略微改善地面弹药的状况，但对于空投弹药而言并非如此，因为空军尚未向陆军提出任何关于芥子气（HD）填充的空投弹药的要求。按照计划，到 1952 年 9 月，将实现毒剂的批量生产和空军弹药的填装，将在 1953 年 3 月前提供总计 71600 个装填神经毒剂（GB）的 1000 磅集束炸弹。该报告建议，"应尽快进行用生物战剂和弹药的实地测试，规模要足以确定战剂—弹药组合的军事价值、其进攻用途和防御手段，并获得关于生物战其他问题的明确信息。"[101] 1952 年 2 月 25 日，陆军部长向参谋长联席会议报告说，为落实参谋长联席会议的指令——武装部队必须在 1954 年 7 月 1 日之前具备有效的化学和生物战能力；在阿肯色州启动生物武器工厂的建设，该厂生产能力为每月 20000 个生物武器喷雾罐，全面投产将于 1952 年 11 月完成。参谋长联席会议 2 月 29 日批准了这个报告。[102] 这就是说，在朝鲜和中国指控美国投撒带菌昆虫时，美国研制的各种制剂尚无一项进行批量生产环节，弹药的填装和测试还没有进行，投放装置也未全面投产。还有一点也需要指出：即使这些研制取得成功，美国使用的细菌武器主要是空气传播，而非昆虫传播。

苏联阵营突如其来的大规模宣传攻势让美国感到疑惑，很多人猜测这里暗藏杀机。国防部副部长 W.C.福斯特警告参谋长联席会议，细菌战指控可能是一种掩护，共产党人是否有不可告人的动机。[103] 国防部长洛维特认为，共产党人惯用的伎俩通常是在他们打算犯罪的时候事先指控他人

97　Conrad C. Crane,*Korean War Biological Warfare Allegations against the United States:A Playbook for the Current Crisis in Ukraine*, Pesnnsylvania:US Army War College Press,2022,pp.1-2.

98　John Ellis van Courtland Moon,"Biological Warfare Allegations: The Korean War Case",in Raymond A. Zilinskas(ed.),*The Microbiologist and Biological Defense Research:Ethics,Politics and International Security*,New York:The New York Academy of Sciences,1992, pp.67-68.

99　Endicott,"Germ Warfare and 'Plausible Denial'",*Modern China*,Vol.5,No.1,January 1979,pp.82-83;Endicott and Hagerman, *The United States and Biological Warfare*,pp. 43-87.

100　JCS 1837/23,13 September 1951,RG218,Box152,pp.247-272,NA.

101　Memorandum for the Secretary of Defense,15 December 1951,RG330,Box275,NA.

102　JCS 1837/30,25 February 1952;JCS 1837/31,29 February 1952,*Records of the Joint Chiefs of Staff,Part II:1946-53,Strategic Issues*,Section 1,Rell 4,Atomic Weapons,Maryland:University Publications of America.

103　JCS 1837/33,Recommendations of the Secretary of the Air Force in CW-BW Fields,29 May 1952,*Records of the Joint Chiefs of Staff*,Part Ⅱ,Section 1,Reel 4.

犯罪，因此他怀疑对细菌战的指控意味着他们打算从事这类活动。[104] 盟国远东司令部则干脆明确指出，这些指控可能就是共产党人使用化学武器和生物武器的借口或序幕。[105] 这种情况表明，反细菌战宣传不仅未能制止细菌战，反而刺激和推动了美国的细菌武器研制。

2月25日，参谋长联席会议批准下发了经过修订的JCS 1827/26号文件，即联合高级研究委员会关于生物战的备忘录。该备忘录的结论认为，生物武器作为一种战争武器具有巨大的潜力，因此美国"应开展更有力的试验计划，包括大规模实地试验，以确定特定生物战剂在作战条件下的有效性"。[106] 3月29日，洛维特要求陆军部提交一份关于化学战和生物战准备情况的报告。4月23日，陆军部长F.佩斯报告，过去几个月，在化学武器和生物战剂生产设施方面取得的进展被认为对这些领域达到理想的战备状态具有重大意义。第一座神经毒气（GB）生产厂预计将于1952年11月竣工，第二座神经毒气厂有可能在1954年7月之前完工。正在阿肯色建造的生物武器制剂厂已被参谋长联席会议列为S级紧急类别，计划于1952年12月进行试运行。该厂生产的鼠疫布鲁氏菌是目前唯一已经标准化的反人员毒剂，设计能力是每月填装20000个M33集束炸弹，但实际填装工作要等到交付炸弹时才能进行。而化学武器和生物武器的弹药项目已经达到一定水平，今年晚些时候将开始批量生产部分弹药。总体而言，弹药项目与制剂生产的计划是同步的。到1954年7月1日，可以保证化学武器弹药将达

到预期的战略状态，但目前尚无法保证生物武器弹药可以达到同样的状态。[107] 1952年夏天，美国空军在达格威试验场进行了装满布鲁氏菌和模拟剂的M114炸弹试验，结果令人满意。[108] 这就是说，到1952年底美国唯一可能使用的细菌武器是布鲁氏菌，并且需要进行大规模是实地测试，否则空军无法确定这种制剂—弹药组合在作战上的可行性。

1952年8月1日参谋长联席会议下发了武器系统评估小组（WSEG）对生物战的评估报告，其结论是：美国"很难也不可能在1954年之前真正具备进攻性杀伤生物武器的能力"。[109] 尽管做出了种种努力，美国空军还是在9月11日告知加拿大和英国同事，他们至今仍然无法研制出"一种高致命性、稳定、可行、易于传播、低成本、可产生流行病的生物武器制剂"。[110] 1953年2月3日参谋长联席会议在一项关于生物战政策声明和指示的决议中指出，尽管在化学战和生物战的准备方面取得了相当大的进展，但作战指挥官至今还无法获得研制完全成功、经过充分测试和有效的反人员生物战武器。在令人满意的武器问世及其效率得到证实之前，指挥官无法将生物武器纳入其计划，也无法对其人员进行使用生物武器的充分培训。参谋长联席会议认为，各军种应着手开发和测试（包括服役测试）这种制剂炸弹组合，如果可行，目标完成日期不迟于1954年7月1日。其中需要最优先考虑的是鼠疫杆菌制剂，如果不行，在尽快开发另一种致命的制剂炸弹组合，以

---

104 "Lovett Cautions Foe on Using Gas", *New York Times*, May 17,1952,p.2.

105 JCS 1837/39,Overseas Deployment of Toxic Chemical Agents,12 September 1952,*Records of the Joint Chiefs of Staff*, Part II,Section 1,Reel 4;JCS 1837/46,Enclosure "B",Box 2,pp.396-399,NSA.

106 JCS 1837/26,25 February 1952,*Records of the Joint Chiefs of Staff*,Part II,Section 1,Reel 4.

107 Memorandum for The Secretary of Defense on Chemical and Biological Warfare Readiness,Frank Pace, Jr. Secretary of the Army, April 23, 1952, RG218, Box152, NA; Memorandum for The Secretary of Defense on Chemical and Biological Warfare Readiness, Frank Pace, Jr. Secretary of the Army, April 23, 1952, RG218, Box152,NA.

108 Dorothy L. Miller, *History of Air Force Participation in the Biological Warfare Program 1951-1954*, Historical Division Office of Information Services Air Materiel Command, Historical Study, No.313, Wright-Patterson Air Force Base, January 1957,pp.17-20.

109 JCS 1837/37, 1 August 1952, *Records of the Joint Chiefs of Staff*, Part II, Section 1,Reel 4.

110 Remarks on BW-CW to 7th Tripartite Conference, September 11, 1952,RG341, Box4, pp.1-5,NA.

确保在此日期之前完成。[111] 朝鲜战争结束前的 3 月 19 日，空军试验场司令部发布了 M33 集束炸弹适用性测试的最终报告。报告的结论是，这种炸弹为美国空军的武器库增加了一项武器，但在克服某些后勤和作战限制之前，M33 炸弹在战场上并不适用。[112]

上述文件充分反映了美国细菌武器的研制状况和生产进度，可以做出的结论是，在技术层面，美国在朝鲜战争期间尚不具备发动细菌战的能力，也没有做好这方面的准备。按照计划要求，美国有能力进行细菌战的时间节点，最早是在 1954 年 7 月 1 日，甚至更晚。朝鲜停战协定签字后，8 月 13 日，联合战略计划委员会的报告总结道，未能实现生物武器预想潜力的根本原因，是应用生物科学领域普遍存在知识细节方面的差距，这些差距目前构成了有效军事应用的障碍；生物武器的研发可能在未来许多年内都无法达到预期的成功，并且可能需要花费巨额资金；在证明生物武器能够成功之前，不应进一步采购超出已签订合同的库存弹药，除试验工厂外，也不应进行额外的生物武器制剂生产设施建设；最有希望的生物武器制剂—弹药组合预计将在 1956 年开发出来。[113] 不过，上述材料也提供了一个信息，到 1952 年下半年，美国细菌武器的研制已经进入到必须从事大规模实地测试的阶段。因此就存在另一种可能性，即急于推进细菌武器研制的美国，是否会利用朝鲜战场进行实地测试，以突破细菌武器研制的瓶颈。

上述细菌武器的研制状况和实际发展水平令美国在与苏联的论辩中处于十分尴尬的境地。美国代表本可以在联合国的辩论中宣布，美国实际上还没有掌握细菌武器的技术，更没有生产出可以使用的细菌武器，何谈发动细菌战？！然而，在两国严重对抗且处于战争边缘的情况下，美国又怎能暴露自身的弱点。1952 年 6 月 16 日，联合情报委员会的评估报告认为，苏联已经具备实施破坏性生物攻击的能力，并且可能具备使用生物战剂进行大规模公开攻击的能力。[114] 面对苏联的威胁，美国既不能坦陈尚未掌握成熟的细菌武器技术，更不能承认还不具备发动细菌战的能力，所以对此只能缄默不语，对于苏联咄咄逼人的指控，也只有苍白无力的抗辩。

美国要反驳细菌战的指控，本来还有一个正当且充分的理由，即公开宣布美国对于化学战和生物战执行的是"仅用于报复"的政策，美国不会首先使用细菌武器。但在这方面，华盛顿也有难言之隐，因为美国内部的确有人主张在细菌战问题上放弃原有政策，甚至主张先发制人。在朝鲜停战谈判陷入僵局时，美国高层决定采取多项措施向中朝军队施加压力，但并没有考虑细菌战。不过，这并不代表美国军人没有使用细菌武器的动机和冲动。实际上，1951 年 12 月 15 日就有人再次对美国的现行政策提出质疑。这一天，国防部长办公室呈交了一份关于化学战和生物战准备情况的评估报告，该报告得到军方多个机构和特设委员会主席史蒂文森的协助。鉴于在化学战和生物战方面"美国仍然没有做好充分准备，也没有充分的计划来确保做好准备"，报告建议国防部长签署附件中的指令，并指示三军采取行动，以提高在化学战和生物战领域的战备水平。其内容包括：化学、生物和放射性武器不应受到"仅用于报复"政策的限制，把这些武器列为"大规模杀伤性武器"是一种错误观念，美国绝不能随意剥夺自己使用这些武器的权利；应采取必要措施，使美国能够在战争一开始就有效地使用有毒化学制剂；尽快完成计划中生物战剂生产设施的工程研

---

111 JCS 1837/44,3 February 1952,*Records of the Joint Chiefs of Staff*,Part II,Section 1,Reel 4.

112 Miller,*History of Air Force Participation in the Biological Warfare Program 1951-1954*,p.21.

113 JSPC 954/29,Joint Strategic Plans Committee,Chemical (Toxic)and Biological Warfare Readiness,13 August 1953, *Records of the Joint Chiefs of Staff*,Part II,Section 1,Reel 4.

114 JIC 156/12,16 June 1952,*Records of the Joint Chiefs of Staff*,Part II,Section 1,Reel 4.

究和设计；应尽快进行使用生物战剂和弹药的实地测试，以确定其作战的可行性和有效性，为此需要"一个更合适的生物战实地试验区域"。[115] 21日国防部长洛维特对此下达指令："我特别关注我们在化学和生物战方面的准备不足。已宣布的临时政策，即化学战仅用于报复，绝不能妨碍我们在化学或生物战方面实现战备状态。"希望"参谋长联席会议在紧急战争计划和后勤支持计划中包含适当的指导，以便于化学和生物武器的使用"。洛维特最后提出，以该指令取代国防部1950年10月 27 日的指令——其内容是暂不考虑政策的改变。[116]

一时间，修改"仅用于报复"政策、迅速发展细菌武器成为美国军方的热门话题。1952 年 1 月27 日，美国陆军《星条旗报》转载了陆军化学兵团研发部负责人克雷塞准将在华盛顿发表的演讲，称赞细菌、毒气和放射性物质是高效的战争武器。1 月 31 日，陆军部长佩斯在一次会议上表示，他主张重新审议"仅用于报复"的政策。2 月18 日，美国国会议事录记下了首席化学官 E.F.布伦少将关于支持化学武器和生物武器的"鹰派"讲话。[117] 在 1952 年 3 月国防部讨论细菌战问题时，空军部长 T.芬莱特建议，在化学战和生物战方面与北约部队建立更紧密的合作，以消除北约各国政府的疑虑和恐惧，并获得协助，从而加速开发通用的化学和生物作战能力。[118]

美国被指控发动细菌战后，关于细菌战政策的问题更加引起各方关注，但人们对于修改政策的态度反而显得比较谨慎了。2 月 25 日，参谋长联席会议批准将联合高级研究委员会1951年9月21 日关于生物战的备忘录下发三军，"供其酌情提出意见"。该委员会认为，美国从未正式制定国家生物战政策，这种缺乏明确的国家政策的状态，导致各军种对生物战的进攻和防御方面的思考受到限制，从而使生物战计划的进展遭遇阻碍。鉴于"仅用于报复"的政策在军事上的负面影响，委员会建议，"应该采取一项国家政策，以确保美国能够在战争一开始就有效地使用生物战剂"，"即只要在军事上有利，美国就准备使用生物武器"。不过，秘书处在下发文件时附有说明：参谋长联席会议"不一定接受附件中的结论或附录中研究的具体部分"。[119] 6 月 11 日，联合战略计划委员会（JASC）呈交参谋长联席会议的报告则明确提出，目前没有必要发布关于生物武器的政策声明，理由是在没有做好准备的情况下宣布放弃"仅用于报复"政策，北约盟国不会接受，美国人民也会感到恐慌。[120] 7 月 1 日，国防部行政主任办公室编制了一份关于化学战和生物战准备情况的报告。在评估国家有关政策时，该报告认定，目前美国还没有公布任何有关生物武器的政策；NSC 62号文件规定的"仅用于报复"并必须由总统批准的政策，是一项关于化学武器的临时性政策；对此政策的审查将在 1952 年 7 月 25 日完成对生物战的评估后进行。[121] 7 月 3 日，空军参谋长向参谋长联席会议提出：目前不宜公开发布有关生物武器—化学武器政策变更的声明，但参谋长联席会议应向国防部长建议，在他认为合适的时机，提出从军事角度看来理想的生物—化学武器

115　Memorandum for the Secretary of Defense,15 December 1951,RG330,Box275,NA.

116　200.01-1TS,Department of Defense Directive.Chemical and Biological Warfare Readiness,21 December 1951,Box 2,pp.12-14,NSA.

117　Martin Furmanski and Mark Wheelis, "Allegations of Biological Weapons Use", in Mark Wheelis et al（eds.）, *Deadly Cultures：Biological Weapons Since 1945*，Cambridge and London：Harvard University Press，2006，p. 256；Memorandum for the Deputy Secretary of Defense，Use of CW and BW in Retaliation Only，4 February 1952，RG330，Box365，NA.

118　JCS 1837/33，29 May 1952，*Records of the Joint Chiefs of Staff*，Part II，Section 1，Reel 4.

119　JCS 1837/26，25 February 1952，*Records of the Joint Chiefs of Staff*，Part II，Section 1，Reel 4.

120　JCS 1837/34，Report by the Joint Strategic Plans Committee to the Joint Chiefs of Staff on Statements of Policy and Directives on Biological Warfare，11 June 1952，RG218，Box152，NA.（Box 2，pp.322-334，NSA.）

121　Report on Chemical and Biological Warfare Readiness，1 July 1952，RG341，Box4，pp.27-28，NA.

政策。[122]

军方各部门和机构关于生物战政策的不同主张陆续提出以后，问题就提交给美国最高决策层了。1953 年 4 月 2 日，国家安全委员会出台了一个文件，名曰《在朝鲜可能采取的行动方针分析》（NSC 147）。该文件详细、全面分析了国际局势、战场情况和敌对双方的战争目标和策略，并确定了美国在各种情况下应该采取的对策。在讲到对美国军事行动的限制范围时，明确规定：美国将不使用化学、生物和放射性武器，除非用于报复（NSC 62，1950 年 2 月 17 日批准）。[123] 该文件作为总统指令下发，一锤定音，重复并确定了美国既定的生物战政策。[124] 时隔多年，美国官员和前任总统才站出来为此作证。1959 年 4 月，参谋长联席会议秘书 H.希利亚德准将在美国法庭审判期间提供了一份宣誓书作为证据，宣誓书称："经过努力搜索，在参谋长联席会议的记录中没有发现任何记录或条目显示总统或国防部长的任何上级机关在任何时候以明示或默示的方式授权、同意或允许任何武装部队或其任何组成部分使用或采用任何形式的有毒化学战或生物战。"[125] 1969 年 7 月哈里·杜鲁门在给国会议员 R.卡斯滕迈尔的复信中写道："我想明确声明，我没有修改任何有关生物武器的现行总统令，也没有在任何时候批准使用生物武器。"[126]

如果当时参谋长联席会议和美国总统发表这样的声明，对于争取国际舆论的支持和同情肯定十分有利，也不至于给人留下如此印象，即美国在联合国论坛上的胜出凭借的不过是其在成员国票数上的优势。然而，由于苏联正在指控美国发动细菌战，特别是这种指控很可能是敌方发动细菌战的借口，无论关于生物战的国家政策是否明确、是否确定，美国从心理战的考虑出发，对公开谈论生物战政策始终采取了极为谨慎的立场。1952 年 2 月 28 日，作为总统指令，国家安全委员会下发了 NSC 126 号文，即美国心理战略委员会提交的"关于某些美国武器的公开声明"。为了避免给苏联提供指责美国的口实，同时避免给美国公众造成虚假的安全感，该报告要求政府各部门和机构，"在公开谈论原子武器时必须格外谨慎，这同样适用于制导导弹以及生物、放射性和化学武器"。[127]

实际上，在朝鲜战争期间美国官员从来没有公布或确认美国的生物战政策，在联合国的论辩中对此也是绝口不提，这自然就让美国人在苏联代表诘问下显得理屈词穷。

正因为如此，在联合国舞台的美苏博弈中，虽然苏联的所有提案和建议都被否决，看似明显处于下风，但却在辩论中抢的先机，让美国陷于被动。再加上苏联在全世界发起的民众动员和宣传攻势，国际舆论对美国行为的怀疑和质询有不断加强的趋势。[128] 西欧社会也受到舆论宣传的影响，民意调查显示，当问到如何看待对美国的指控时，在西欧平均 18%的人不置可否，而在法国这一比例上升到 29%。对此，国务卿艾奇逊 5 月 27 日担忧地说，这可能预示着"某种邪恶的东西"，与大多数共产主义宣传运动不同的是，这种针对

---

122 JCS 1837/36，3 July 1952，*Records of the Joint Chiefs of Staff*，Part II，Section 1，Reel 4.

123 NSC-147：Analysis of Possible Courses of Action in Korea"，April 2，1953，*FRUS*，1952-1954，Vol.15，Korea，Part I，p.844.

124 National Security Council Report，Analysis of Possible Courses of Action in Korea，April 2，1953，Presidential Directives，PD00327.

125 Certificate,H.L. Hillyard,21 April 1959,RG218,Box32,NA.

126 Leitenberg,"China's False Allegations of the Use of Biological Weapons",*CWIHP Working Paper*,#78,March 2016,p.7.

127 National Security Council Report,Public Statements With Respect to Certain American Weapons，February 28,1952，Presidential Directives,PD00294.

128 详见《人民日报》1952 年 4 月 5 日第 4 版、5 月 20 日第 4 版、10 月 18 日第 4 版、11 月 14 日第 1 版、11 月 17 日第 4 版。

西方尤其是美国的仇恨是不会轻易消除的。[129] 最能说明这种情况的案例发生在 1952 年 5 月的法国，当李奇微将军接过北大西洋公约组织的军事指挥权到巴黎巡视时，迎接他的是大批抗议者和"细菌将军"的呼声，以及满大街"李奇微滚回去"的标语。示威者甚至把纸扎的李奇微吊到电线杆上，象征着将细菌战犯送上绞架。法国警方不得不出动两万名警察，沿路保护李奇微的车队。李奇微在意大利和西德也受到了同样的"欢迎"，而意大利政府则出动了三万军警予以保护。[130]

不过，从另一个方面说，指控方也有自己的担忧。美国发动细菌战的罪名是否成立，毕竟不是看社会舆论的倾向，归根结底要拿出确凿无疑的证据。1952 年 2 月，当朝鲜提出指控时，印度驻华使馆参赞就指出，"使用细细武器是一件很严重的事，是违反国际公约的"，他认为"美国政府是不可能采取这种行为的"，这有可能是麦克阿瑟的擅自行动。[131] 3 月初中国方面提出指控后，印

度驻华大使潘尼迦在与周恩来谈话时强调，尽管全世界左翼团体和组织纷纷发表声明，提出抗议，但美国和西方舆论不会受其影响。潘尼迦转达尼赫鲁总理的意见说，最能够影响全世界的，是中国政府应想尽一切办法，让各国人民"确信指控的真实性"。[132] 如前所述，这正是中国在决定对美国进行细菌战指控时完全没有想到的问题。于是，周恩来在 3 月 14 日政务院会议上提出，要"注意搜集美国撒布细菌的各种罪证"。[133] 随后，周恩来又两次叮嘱在朝鲜和东北的美帝细菌战罪行调查团负责人，把收集到的证据带回来，"以备 5 月间在北京开展览会及将来带出国之用"。[134]

这就意味着，反细菌战宣传的成功，不仅需要在国内和国际左翼群体制造舆论，还必须让美国和西方社会接受对美国的指控，而要做到这一点，就必须拿出确凿无疑且得到国际社会认可的犯罪证据。为此，就不得不组织对细菌战的国际调查。

129　Tom Buchanan,"The Courage of Galileo:Joseph Needham and the 'Germ Warfare' Allegations in the Korean War", *History*,Vol.86,No.284,2001,p.518. 这方面的情况还可参见 John C. Clews,*Communist Propaganda Techniques*,New York: Frederick A. Praeger,Inc.,1964,p.198.

130　Benjamin Welles,"Ridgway in France to Lead Alliance",*New York Times*,May 28,1952,p.3;Jon Halliday and Bruce Cumings, *Korea:The Unknown War*,New York:Pantheon Books,1988,p.186;《人民日报》1952 年 7 月 6 日第 4 版。

131　陈家康与印度驻华参赞高尔（Gol）谈话记录，1952 年 2 月 26 日，中国外交部档案馆，105-00027-01，第 1-9 页。

132　周恩来与印度驻华大使潘尼迦的谈话稿，1952 年 3 月 7 日，中国外交部档案馆，105-00027-04，第 1-2 页。

133　中共中央文献研究室编：《周恩来年谱（1949-1976）》上卷，北京：中央文献出版社，1997 年，第 225 页。

134　中共中央文献研究室、中央档案馆编：《建国以来周恩来文稿》第六册，北京：中央文献出版社，2018 年，第 227-228 页。

中国"老权贵"的终结

——为什么党内元老救不了习近平治下的中国

邓聿文

过去一年，关于中国领导人习近平的各种传言在北京不断发酵。有消息人士私下声称，习近平已经失去了真正的权力，被边缘化在一旁；也有人低声耳语，说习近平的健康状况恶化，如今公开露面的只是一个"替身"，而真正做决定的是一群德高望重的党内元老。还有一些故事甚至想象出罕见的政治组合——比如，曾经权势显赫的自由派政治改革者与解放军中的保守派将领结成同盟，一起来训诫习近平，甚至谋求取而代之。

在威权体制中，这类离奇的传言并不少见，尤其是在重大政治事件之前——例如今年十月召开的中共四中全会。四中全会已经举行，其决议结果被普遍认为将决定中国未来五年的发展方向。在这样一个几乎没有清晰信号、很难看出谁真正有影响力、决策又是如何做出的体系中，北京的权力长廊自然成为政治臆测的肥沃土壤。这些传闻中有一个共同的线索：认为党内存在一股强大的"长老"力量，他们掌握内幕信息——这些领导人和高层干部通常已经从具体岗位上退下来，但仍在幕后发挥影响力——依靠这股力量，他们依然有足够的筹码来压过习近平之上，重新塑造中国的政治走向。

这种想法之所以广为流传，部分原因在于：在中共的历史中，这种"元老政治"确实曾发挥过核心作用。对习近平统治感到失望的民众心存一线希望，指望一群隐藏在幕后的"仲裁者"能够在关键时刻出手干预，就像邓小平在 1970 年代末那样，把中国从激进政治中拉回正轨；又或者像他在 1990 年代那样，压过更为保守的领导人，坚持推进以市场为导向的经济改革。"元老政治"因此成为一种方便的解释框架，用来理解和分析中共最高精英那不透明的内部运作。

但事实上，在今天的中国，党内元老在很大程度上已经失去了权力。习近平系统性地拆除了他们过去赖以发挥影响力的渠道，包括对高级干部任命的人事杠杆，以及他们在军队内部的关系网络。此外，当下这一代党内长老也不再拥有第一代革命元老那种道德权威——那种来自于亲自参加共产党革命斗争而获得的正当性。取代元老政治的各种制度化权力制衡安排，并不能像当年的元老那样有效约束在任领导人，这使得习近平在重塑中国的党和国家时，受到的实质性牵制十分有限。

旧人当道的时代

在中国共产党统治的头 30 年里，毛泽东拥有无人能及的革命地位，牢牢掌控军队和宣传系统，并控制着党的权力层级。他就是那个至高无上的"国家元老"。然而，1976 年毛去世后，党立即面临领导真空。那些曾经与毛一起经历战争和政治风暴，却在文化大革命期间被打倒或边缘化的干部重新回到政治中心。这些人包括邓小平、资深经济规划者陈云，以及作为中国人民解放军创建元勋之一的叶剑英元帅。

这些政治人物的权威既来自资历，也来自他们对共产党革命的直接贡献。他们不仅是领导者，也是这个国家的缔造者。他们拥有强大的"庇护网络"，其中包括在军队中的深厚人脉。作为党历史的守护者，他们还可以界定党的官方叙事，并以此来框定党在特定时刻为何、又如何推行某种政策路线。

为了正式确立元老的角色，在 1980 年代初，在邓小平倡议下，党内领导人设立了中央顾问委员会。这个机构某种意义上类似一个"上议院"，为党内长老提供了制度化的平台，使他们可以对重大人事和政策决策施加影响。由党领导人来决定谁可以进入这一机构，而成员范围则被限定为在党内长期服务的资深官员。

然而，元老真正的权力所在，并不在这些正式机构本身，而在于他们如何在中国政治体系的其他非正式空间中运用自己不可置疑的权威。这些元老会私下与党内主要领导人、军队高层与高级官僚进行沟通，为他们的决策提供指导，并在必要时表达不满。他们还会通过在关键时刻发表公开讲话或声明来施加影响，借此介入关于谁应当领导共产党、以及党应当采取何种政策路线的重大争论。1979 年，包括邓小平在内的第一代党内元老，利用社会和党内对华国锋坚持毛的政治路线的不满，将这位毛指定的接班人挤出了权力核心。十年之后，这同一批元老又支持出动军队，在天安门广场对抗议者使用武力。这些都不是礼仪性动作，而是真正意义上的权力行为。

衰亡的终局

赋予元老权力的那些条件，也最终导致了他们的边缘化。元老之所以被赋予角色，是为了在从毛个人统治向更具集体性质的领导方式过渡的过程中，维持一种权力平衡。在这段过渡时期——

——大致从 1970 年代末一直延续到 1990 年代初———元老通过限制最高领导人的权力，来稳定中国政治。他们可以叫停危险的政策试验，或者罢免那些在他们看来优先顺序错误、或者没有认清政治风向变化的领导人。

随着中国共产党革命一代逐渐老去、离世，没有新的长老可以接续他们那样的历史威望和军事影响力。接下来这一代党内元老——通常意义上的第二代、第三代——主要是行政型官员，他们的权威来自于曾经掌握的行政职务，而非革命履历。中央顾问委员会在 1992 年被悄然撤销。党内领导人同时也建立起更明确的任期限制和退休年龄规定，从而收窄了那些希望在离任后继续维持影响力的领导人的政治空间。

军队的变化进一步削弱了元老的影响力。许多早期的中共革命者出身于军队，并且亲手培养出自己的接班人。然而，诸如 1985 年大规模裁军这样的行政改革，却削弱了那些元老在军队体系中长期经营的网络。到了 2015 年，习近平再度推动新一轮大规模改革，通过把军队重组为若干战区，实际上切断了任何高级军官打造自己内部派系的可能性。与此同时，习近平把权力进一步集中到由他本人直接控制的中央军委。

不过，真正终结元老政治的是习近平对个人关系网络的系统性打击。习近平在 2012 年接掌党务后不久，就发动了反腐运动，切断了在职和退休精英之间曾经存在的非正式纽带。他有步骤地拆除了安全系统、军队，以及能源、金融等关键领域内各类潜在的权力中心。与此同时，习近平加强了对退休高级干部的监管，出台了新规定，禁止他们公开评论国家领导人及其政策。习近平甚至把党内老同志之间的聚餐活动重新界定为"政治安全"事项，这意味着他们不能再像过去那样自由地互访。如果元老仍希望对习近平施加影响，那么他们赖以施加影响的渠道几乎已经被全部堵死。

在习近平时代，党内元老并没有完全从公共

生活中消失。他们仍会在国家重要仪式上露面，在重大会议上坐在前排，在需要时发表一些不痛不痒的讲话，也会在闭门会谈中听取简报。但他们已经不再拥有实质性权力。随着习近平完成集权和中国政治体系自身的演变，元老们已无法再像过去那样，动员一套结合了人事资源、军权影响、程序经验和道义权威的"联盟"，来对现任最高领导层形成真正的制衡。

没有完美替代品

在缺乏强有力元老的情况下，中国的党国体系不得不依赖其他机制来约束最高领导人。更趋制度化的官僚体系可以通过冗长的正式程序来拖慢决策进程，从而抵消个别领导人的个人意志。例如，一些大学和研究机构一直在抵制习近平将其整体搬迁到距离北京约 75 英里之外、全新规划的"未来之城"雄安的计划，结果是，这一项目的推进速度远远低于最初官方规划所设想的步伐。精英群体也仍然具有自我保护本能，这意味着他们往往会避免做出可能危及自身前途的高风险决策。而各种会重塑国内政治环境的外部冲击——比如金融压力或贸易施压——也会在一定程度上限制最高领导人的政策选择。然而，这些制衡机制都不像当年元老介入那样直接、迅速，也不如过去元老干预时那么有效。

关键差别在于权力对等逻辑。在早期的那些年代，元老和在位领导人往往置身于大致相当的权力高度。第一代革命家的训诫带有长辈对晚辈、上级对下级的意味。即便是第二代元老，他们也仍然可以对在任总书记形成制衡。2002 年，邓小平的接班人江泽民卸任，把党的权力交给胡锦涛之后，他依然在幕后发挥着影响力。通过把党的最高决策机构——政治局常委会——由七人扩充为九人，并在关键位置安插多名自己的亲信，江泽民有效稀释了胡锦涛的权力，同时巩固了自身的影响力。

在习近平之下形成的新安排，则是以不存在

真正对手为前提的。政权的稳定不再依赖横向制衡，而是靠自上而下的单向权力链条来维持。官僚体系可以拖延习近平的指令，但无权否决它们；经济官员可以向他提出建议，却无法迫使其改变路线；将领们也许可以表达担忧，却不能公开表示异议。过去那些相对平等的讨论，如今更像是单向的管道：信息往上流动，命令往下传达。元老政治曾经是不透明而人格化的，但它在权力上的对等性，使得其他精英至少有可能以某种平等身份与最高领导人对话，并坦诚指出党所面临的问题。

中国在应对新冠疫情方面的困境，暴露了这一新局面的风险。一群强有力的元老不可能阻止疫情的暴发，但他们本可以通过改善信息上行的渠道，减少危机造成的损失。比如，当病毒在 2020 年初开始传播时，他们本可以推动领导层重视早期预警信号；在疫情拖入第二、第三年时，他们也本可能迫使习近平更早放松严厉的防疫政策。元老的存在，会在党最高层之间打开一定的政治空间，使得在危机时刻可以进行内部讨论，也为更多专业人士向最高领导人表达意见提供通道。

在如今那些用来替代元老"压舱石"作用的机制中，真正对习近平权力形成显著限制的，只有来自外部的压力——尤其是中美竞争与对抗带来的影响。激进的关税与出口管制迫使习近平调整经济策略：一方面推动中国贸易伙伴多元化，降低对单一市场的依赖；另一方面，也使他不得不在一定程度上重新拉拢一些愿意在政治上表态忠诚的民营科技企业，以便实现其科技自立自强的目标。国内的压力因素——如高失业率和金融脆弱性——也会对习近平推进其议程的空间构成约束，但迄今为止，这些压力只是减慢了政策推进速度，而并未真正让其议程停摆。总体来看，习近平越来越依赖一个小圈子的亲信来做决策，这提高了误判的风险：原本可控的挑战，可能被放大成系统性风险。

许多外部观察者虽然意识到元老已经失去权

力，却往往只把这一事实当作习近平集权过程中的一个"脚注"。但元老政治的终结实际上远比这一评价更为重要。一个依赖刚性官僚规则与个人强力领导相结合的体制，比一个建立在不成文权力平衡基础上的体制要脆弱得多，因为它缺乏实质性的领导人制衡机制。即便在后习近平时代，哪怕出现一位愿意回到较为集体领导方式的新领导人，党内元老也依然不会拥有足够的威望与网络资源来对其权力形成真正的制衡。

远离了革命岁月的历史舞台，中国如今只能寄希望于这些不完美的替代机制——以及一定程度的运气——来限制习近平的权力，把那些本可以避免的危机阻止在彻底失控之前。

作者著有《最后的极权》博登书屋 2021 年出版，亚马逊有售

习近平为什么要清除他的将军们

邓聿文

张又侠和刘振立落马后，中共 20 届军委如今只剩下习近平和另一位副主席张升民。最近两年，解放军许多高级将领被查处。根据不完全统计，单落马的现役上将就多达十几名。十八大以来，在倒台的三个政治局委员和两个国务委员中，只有一人是党的官员。无论从层级还是密度来看，解放军的反腐都要比党政系统的反腐来得更猛烈，习近平对将军们的下手都要比党政官员更狠。这种"更狠"尤其表现在对解放军的最高指挥机构——中央军委进行系统性清理。

如果说，去年查处何卫东和苗华——此二人是军委的核心成员，尚可对此辩解为特例，那么张、刘落马，则印证了这并非特例，而是现行体制的某种必然现象。这也是此次他们在落马后受到的关注程度远超何、苗的原因。当某种现象似乎要"必然"出现，近似于一种规律，人们当然会好奇并去探究其所以如此。习近平之所以要清除他的将军们，答案就藏在军委主席负责制里。

在理解这点之前，先简要概述习近平政权的性质。在中国官场，很少有官员没有腐败嫌疑的，问题在于抓不抓，习的前任在反腐上之所以没采取雷厉风行的做法，并非他们不想反腐，关键是权力结构不同，习建立了一个仅次于毛的权力体制——至于他如何建立起这个体制，不是本文要讨论的问题。反对他的人喜欢用"极权主义"来描述他的政权。如果只是用"极权"来表达对他的政治高压的强烈不满，当然没问题，可从严格的学理意义上讲，习氏政权还并没有进入毛泽东或斯大林式的极权，这并非单纯程度不同，而是有性质上的些许差异。经典意义上的极权，有三个显

著特征：一是有一套宏大的改造社会和人性的计划，群众动员是其基本表现形式；二是政治挂帅，私人生活全面政治化；三是在统治方式和手段上，秘密警察充当恐怖工具，对待反对者，未经必要和正当程序，就可随意逮捕、处置或消灭。共产极权还有经济上的要素，即消灭私有制，全面公有化。

习近平政权在这三点上具有部分相似之处，但总的来讲，它缺少那种以群众运动改造社会的持续动员，也缺少毛时代那种可以随时把政治高压转化为全民狂热的组织能力与精神结构。因此，更贴近事实的说法或许是：这是一个强化版的专制体制，是数字时代条件下对传统专制的技术与组织加固，表现为对社会的更细密控制、对官僚的更严密纪律化、对政策与舆论的更集中化调度，它当然实行政治高压，钳制思想和言论，可充其量只能去改造党性，"纯洁"党风，而没有也无法改造人性。

不过，习对军队的控制，要比对党政的控制，严厉得多。他在军队推行了一套更个人化和终局化的权力安排。原因在于，军队是一切政治安全的压舱石，是政权最重要也是最后的支柱。因此，习在军队不只是要追求"足够控制"，而是追求"绝对控制"。习近平政权作为专制政权的强化版，在军队表现得更明显，更彻底，甚至可以说，在军队这个相对独立和封闭的体系里，他实行了近似极权的统治。这就是军委主席负责制。

表面上，军委主席负责制只是载入党章的领导体制和组织原则，但习近平把它提升为军队的最高政治制度和最高政治原则，而让它成为在军

"

队实行绝对控制的工具。它通过思想、组织、制度、程序与问责贯穿于军队的方方面面，把"党对军队绝对领导"进一步个人化、具象化，最终沉淀为一种对军委主席个人的效忠体制——忠诚的终点不是抽象的党，而是主席；服从的终点不是集体决策，而是个人裁决；责任的终点不是"组织负责"，而是"主席负责"。在这种安排下，军委不再是一个集体领导机关去共同承担最终决断，更像一个把主席意志转化为军队行动的执行器。军委主席不只是军委的主持者，也在事实层面凌驾于军委之上。

习的意图很圆满，但要在军队推行这种绝对领导体制，会遇到一个无法逃避的结构矛盾，即军委主席制在形式上要求一切指挥与管理都统一归于主席个人，可在现实中不可能由主席亲自完成。习没有时间、也没有经历、更谈不上在作战、训练、装备、战备等高度专业领域具备可替代的专业能力，去具体行使日常指挥与管理职责。他的角色更像最高决策者与最终裁决者。军队的日常运转则交由他信任的副手去完成，而军委副主席就是这种代理结构的核心节点。这使得军委主席负责制在现实层面必然转化为"军委副主席代理制"，也就是主席负责决策与裁决，副主席负责经办与落实。

问题就出在这里。习希望副主席只是经办人——执行和落实他的指令、规划和要求，成为一个能干的将军，却不僭越权力，形成一个围绕自己的中心。但这是一种对人性和组织规律的过度乐观。人不可能没有私利，组织更不可能不生成结构性权力。代理权一旦存在，就必然会被放大；信息差一旦存在，就必然会被利用；专业优势一旦存在，就必然会外溢成解释权。所谓信息差，不只是通常意义上的"上情下达"，还是一种对"什么可以做，什么不能做"的专业判断权。作为职业军人，当军委副主席既掌握通道，又掌握解释，久而久之就会出现一种截留，即选择性执行主席的命令，或对主席命令阳奉阴违——这并不意味着

一定存心对抗，或通过自己的"专业判断"，有意引导决策和命令偏离主席原本的意图。

代理关系进一步固化，还会长出人事网络这个更具决定性的东西。高级军官的任命当然专属于军委主席，然而，军委副主席一般也有推荐权和事实上的否决权，尤其在其分管领域。人事网络一旦形成，就会围绕着军委副主席生成一个次权力中心。军委主席负责制要求的是"通道的唯一性"，即命令下行、信息上行、忠诚指向都必须直达，一旦出现次权力中心，哪怕它没有公开政治野心，表面上仍在高喊忠诚，主席也会本能地把它视为威胁，因为这意味着军权的运行不再是"主席—部队"的单向路，而是多了一条中介路径；意味着主席看到的事实可能是被"过滤"的，命令执行可能是被专业"翻译"的，干部忠诚可能是先指向推荐者再指向主席的。就统治逻辑而言，绝对领导体制不能容忍这种情况。

因此，军队的反腐之所以不断向上推进，真正触发的往往不是"有人贪了多少"，而是军委主席可能觉察到这个通道已被代理人掌控，自己不能有效获取真实信息，命令得不到彻底落实。从权力逻辑来说，在绝对领导体制下，权力中心只有一个，当代理人的次中心壮大到一定规模和程度，本身就会构成对唯一的权力中心的挑战。因此，当主席觉察到某个重大决策执行走样，或者信息报送出现系统性失真，这足以让他认定通道出了问题。此时清除就不再是选择题，而是必然动作，剩下的只是什么时候抓、怎么抓、用什么名义抓。现实中最方便的名义当然是反腐，它是拆除次中心的合法性外衣，是把政治处置转化为纪律—司法处置的程序工具，要清除政治风险，但必须用"违纪违法"把它说得过去。

从这个角度看，张、刘以及何、苗案件，其意义不在于他们具体出了什么问题，而在于他们作为代理节点，在不同路径上更容易长出次中心，形成代理人危机。张作为军委第一副主席，在装备、训练、战备与改革这种专业领域拥有天然解

释权，又能通过推荐权影响关键岗位，极易形成"专业—资源—人事"的闭环；何更贴近人事与纪律体系，容易在"忠诚—纪律—甄别"的工具链上形成独立运转。路径可以不同，核心是一致的：当代理人不再只是经办人，而在组织运行中变成必须被穿过的中心，军委主席负责制就会把它视为结构性威胁，并用反腐名义将其砸碎。

这也解释了为什么军队反腐会比党政系统更尖锐，它动摇的是军委主席负责制这个"一人领导"的绝对体制。军队越被塑造成个人效忠体制，越依赖少数代理节点，代理节点越会因信息差与专业优势生出次中心，次中心越会引发更严厉的清除。于是一个循环就出现了：主席越集权，越依赖代理；越依赖代理，越担心代理；越担心代理，越清除代理；越清除代理，越难找到既能干又敢负责而且绝对安全的代理。故而，军队的政治安全在严厉反腐下，看似更牢，却可能因为真实信息与真实能力的流失而变得更脆弱。

这便是军委主席负责制的结构性宿命：它以绝对领导为目标，却不得不借助代理人实现；它以代理人为工具，却必然把代理人逼成风险；它以反腐为清除手段，却会把系统推入不敢作为的僵化。习或想通过清除他的将军们，尤其是军委的军头，打破这种宿命，重新完善其指挥体系：军委还在，但军头们被削权，他们不再充当习和部队的中间环节，只向习提供情报和专业的咨询意见和建议，而不构成决策的一环。他也许要效仿毛，军队所有的决策和命令，只能出自他一人。

专制体制真的会限制中国在科技创新上的突破吗

邓聿文

在如今美中的科技竞争中，一个对美国人来说必须直面的命题是，不久的将来，美国领先的科技产业会被中国超越吗？外界看到，一个月后召开的中共四中全会，在对中国未来 5 年的国家发展的全面规划中，以"人工智能+"为主导的科技产业无疑是重中之重。此前，中国当局制定的"中国制造 2025"据评估，大部分目标均以实现，只有少数仍然受制于美国的科技制裁，如半导体。然而，即便是半导体，过去几年中国也在加大投入紧追。

在对前述命题的回应中，虽然美国战略和政策界出现了某些焦虑感，但多数人还是抱着一种乐观的看法，认为美国无需担心中国会在科技上超越自己，因为美国拥有制度优势，即自由开放的制度体系和社会环境。这种观点在关于创新和体制的讨论中是很常见的：像中国这样的专制国家不可能产生原始创新，有科技的重大突破。在这种观点看来，原始创新依赖批判精神和自由思想，而专制体制天然压抑自由，因此它的创新只能停留在模仿、引进或渐进改良的层次，无法突破人类认知边界，无法形成颠覆性的科学技术成果。此种观念不仅在美国和西方流行，在中国的自由派人士那里，也是有着高度共识，他们中的很多人认为，中国今天在科技产业上的种种进步，不过是"后发优势"的释放，而不是新的文明驱动力。

然而，这种观点看似简单直观，却也存在明显的片面性。中国能否在科技的原始创新上有所突破，是受多重因素影响的，并非取决于单一的体制，尽管体制非常重要。在我们理解两者的复杂关系之前，最好对中国不会有原创科技，美国在科技竞争上一定会赢过中国，保持谨慎态度。

之所以多数人会有这种论断，在我看来，是现有对"原始创新"这个概念的理解具有某种误导性，我们习惯于将它等同基础科学的范式突破，例如相对论、量子力学、DNA 双螺旋结构的发现，这类创新揭示自然界的新规律，拓展人类认知边界，是所有后续应用的源泉。但如果仅以此为标准来衡量一个国家是否具备原始创新能力，就容易得出武断结论，因为这种突破在任何国家、任何制度下都极其稀少，往往依赖于跨世代的积累和个别天才的偶然闪现。

"原始创新"事实上并非是一个单一维度的概念，我们应该拓宽对它含义的理解。历史上很多真正改变社会的创新并非都源自新的自然规律发现，而是应用科技的重大突破。像瓦特改良蒸汽机，电气化的推广，互联网的商业化，以及智能手机的普及，很多时候并不是发现了全新的科学原理，却足以引发社会结构与产业格局的革命性变化。从这个意义上讲，原始创新至少应当分为两类：一类是基础科学的根本性发现，另一类是应用科技的重大突破。前者确实需要开放的学术环境和跨国交流，但后者更多依赖工业化水平、产业体系和市场规模，在某些情况下甚至可能因为国家资源的集中调配而加速出现。只有将原始创新分为这两类突破，才能更真实地把握技术发展的多元性，并在这种框架下，更准确地评估中国的创新潜力。

中国在这一轮工业化进程中，其实已经展现出了科技应用上的巨大创新能力。无论从国家和企业的研发投入、专利申请量、论文发表数及其引用率，以及近年的重大科技成就来看，都有显著增长，在很多方面甚至已经赶超了美国。举几个事例，在 OECD 口径下，中国 2023 年的研发投入增速高达 8.7%，远高于美国的 1.7% 和欧盟的 1.6%；中国在全球科学与工程论文产出占比已达 27%，位居世界第一，而在全球被引前 1% 的高水平论文的三年滚动口径（2018—2020 年）中，中国以 27.2% 的份额超过美国的 24.9%，首次登顶世界；2024 年，中国贡献了约 1/4 的国际专利申请，是最大的专利申请国，尤其在生成式 AI 专利上，中国近十年累计超过 3.8 万件，约为美国的 6 倍。虽然中国的研发投入存在浪费现象，专利的转化率不高，高被引论文的国内自引比例较高等问题，但无论如何，这些数据已经说明，中国科研体系在数量和一定质量指标上都不容忽视。

另外，在我们抽象讨论原始创新和科技的重大发明和突破时，往往过多突出思想自由的作用，而对原始创新与工业化的关系则长期被低估。然而，包括美国在内的历史经验恰恰表明，大规模工业化不仅是应用创新的舞台，更是原始创新的催化剂和土壤。没有 19 世纪欧洲的机械化、电气化，就不可能有热力学、电磁学的系统化突破；没有美国 20 世纪庞大的军工体系，就不可能有计算机与互联网的诞生。工业化提供了两方面条件：一是将科研成果快速工程化、市场化的能力，形成需求牵引与问题倒逼；二是海量产业工人和工程师的积累，构成应用创新持续迭代的土壤。从这个角度来看，中国的科技创新有更多碾压美国的优势和有利条件。

美国的产业早就空心化了，中国的工业能力比西方最发达的 7 个国家的总和还要多。从高铁到新能源，从 5G 到电商，中国的科技创新大多并非源于自然科学的范式转变，而是在庞大产业体系、超大市场规模与政策集中力量下催生的应用科技突破，属于在工程集成和应用场景中的范式创新。以移动支付为例，底层技术并非中国首创，但中国率先实现了全社会无缝应用的模式创新，这种"原始性"来自工业化与市场规模，而非单纯的思想自由。

我要指出的是，承认工业化的作用，并不意味着可以忽视专制体制的限制，只是这种限制在不同学科领域的表现并不相同。在社会科学领域，体制的约束尤为严重，因为研究直接触及政治秩序和价值体系，批判空间极其有限，导致思想贫乏、原创性不足。在自然科学和工程技术领域，情况则显得复杂。科学研究确实需要批判思维，但这种批判更多体现在对既有理论和实验结果的怀疑上，而不必然要求政治上的完全自由。人类历史上不少思想巨匠和科学家——无论是柏拉图、伽利略，还是司马迁——都成长于不完全自由甚至专制的环境，他们的批判精神并未因此消失。

从中国的实际情形来看，人文和社会科学比自然科学和工程技术受到体制的约束要严重得多。在前者，当局虽然也鼓励创新，然而必须在官方划定的意识形态的框架之下，并且还有严格的纪律约束，在这种条件下，实际是不可能有创新的，即使偶尔有思想创新的火花，也是不允许或被扼杀的，大学教授和研究人员从事的不过是对当局意识形态的阐释。而在后者，自然科学和工程技术本身就不带有意识形态的色彩，特别在中美竞争的背景下，当局知道如果对科研人员限制过多，包括思想上的限制，必然不利于创新成果的出现。另外，与人文和社会科学研究机构多为政府垄断不同，自然科学特别是应用科技和工程技术的研究机构，很多都是在企业，而企业是通绩效而非意识形态挂钩。所以，真正制约中国科技创新的，是科研体制的行政化、短期化和功利化。科研资源的分配方式、评价体系对数量的过度强调、跨国合作的受限，才是导致基础科学突破难的根本原因，而不是所谓"缺乏自由思想"的简单解释。

由此，我们可以提出一个更为宽广的框架来解释"专制国家能否产生原始创新"。第一，原始创新要区分为基础科学突破与应用科技突破两类。前者高度依赖思想自由和国际学术共同体，专制体制下概率很低；后者更依赖工业化能力和市场规模，专制体制下反而可能因资源集中而加速。第二，工业化是原始创新的关键变量。中国之所以能在若干领域实现赶超，正是因为它具备了全球最完整的工业体系和最庞大的市场，形成了应用科技创新的独特优势。第三，专制体制的负面作用在于科技体制的僵化，而不必夸大为彻底扼杀批判精神。在社会科学上，这种约束更直接、更致命；在自然科学和工程技术上，它更多表现为效率和机制的损耗。

我也是在最近几年，对中国科技突飞猛进的反思中，才醒悟过来的，认识到"专制国家不可能有原始创新"是一种狭隘的定论，它忽视了原始创新的多样性与工业化的作用，也混淆了科技创新与社会科学创新的差异。更合理的说法应该是，专制体制确实制约了基础科学的突破，但并不排斥应用科技的重大创新；工业化和市场规模能够在一定条件下弥补思想自由的不足；批判精神也并非完全依赖自由制度才能存在。

从这个框架出发，我们可以对中国的未来创新潜力做出更审慎的判断。从四中全会可能的战略部署来看，未来五年中国完全有可能在新能源、航天、人工智能应用、量子通信等领域取得新的突破，哪怕不具备美国那样的自由学术氛围，因为这些领域高度依赖工业化能力和国家战略投入。尤其在美国不断加码对华技术围堵的背景下，中国的集中资源体制可能会进一步激发"卡脖子"领域的创新。但在基础科学前沿持续涌现颠覆性成果难度极大，因为这不仅需要投入，还需要长周期的学术积累与制度化的自由环境，中国体制的桎梏对此仍然是沉重的负担。

中国领导层早就将科技竞争视为中美博弈的核心战场，四中全会一定会制定一个类似"中国制造 2025"那样的科技发展规划，虽然为免刺激美国，未必会冠以一种名称。不过，对美国来说，或许幸运的是，中国领导层对自身专制体制对科技创新尤其原始创新一定程度的钳制作用未必有清醒的认识，这使得美中科技竞争，中国要全面超越美国显得并不现实，但如果美国低估中国的科技突破能力，则可能犯致命的错误。四中全会的科技雄心，将会是中国体制优势与劣势的缩影：它能催生很多突破，但能否转化为系统性创新优势，仍取决于体制本身是否具备改革的可能。而中国未来的科技轨迹，大概率会是点状突破与体制限制交织的结果。理解这一点，比机械套用"自由与创新"之间的线性关系，更有助于把握美中科技竞争的走向。

"十五五"规划是中国的"赶美"计划吗？

邓聿文

四中全会关于"十五五"规划的建议，提出了未来五年雄心勃勃的发展目标，要为 2035 年基本实现中国式现代化取得决定性进展。有中国学者在解读这个规划时，把它提到"赶美"高度，称之为"赶美"计划。

这种看法来源于毛泽东的一个说法。毛曾在 1950 年代提出了一个时间尺度：中国赶上美国，至少需要五十年，也可能要七十五年。"七十五年，"他说，"就是十五个五年计划。"

在中国处于贫弱国力的年代，这样的判断未免带有理想主义色彩——毛也曾提出用 15 年时间赶上英国，为此还发动了大跃进运动，遭到挫败，但如今，中国的国力早已全面超越英国，直逼美国。所以，毛的这个说法，从今天来看，无意之中也折射出对工业现代化周期的某种洞见——大国崛起靠的是长期积累，靠结构优势与恒心。

中国已走到"十四五"规划的尾声，即将开启"十五五"规划周期。当外界重新梳理毛的这句话时，这段时间线与现实不再遥远。一些中国学者近年就不断提出"赶美窗口期""百年赶超临界带"等概念，认为中国在过去十多年完成了工业现代化的骨架搭建，"十四五"期间又在外部压力下加速实现国产替代与产业链自主，因此"十五五"规划有望成为进入"中美实力相交期"的关键阶段。

这些看法并非孤立的舆论噪音，而是反映中国战略论述的深层方向。虽然中国官方没有使用这种说法——也许考虑到了某种国际影响，在"十五五"规划建议中，也未提出这种论述，然而，该规划本身是在中美竞争/对抗的背景下制定的，文件对此也有委婉表述——"大国关系牵动国际形势""大国博弈更加复杂激烈"，实际上，它提出的很多发展目标，尤其产业、科技目标，是有一个明确对象，即美国的。

抽象掉政策文件中的制度表述，不难将这一规划建议的核心逻辑归纳为如下几点：第一，通过科技与产业体系的自主化与高端化，抹平对西方关键技术的依赖；第二，通过扩大内需与提升要素效率，为经济规模保持稳健增长创造条件；第三，通过国防现代化、海空力量建设和战略软件能力发展，确保国家战略安全不受制于人；第四，通过规则与秩序塑造，逐步重构国际经济与科技合作的格局。

这些目标并未公开写成一句"赶美"，但方向已经足够清晰，并带着一种结构转型的决心。而中国能否在"十五五"期间进入赶美轨道，可从三个维度来判断——经济规模、关键科技与军事力量。其中，经济规模是一般所理解的赶美的基本指标，关键科技是实质赶美的核心指标，在前两个指标体系上，如果军事力量赶美，中国就成为美国之外另一个新的权力中心。

先看经济。中国在 2021 年曾一度 GDP 达到美国的 77%，但在去年，这一比率反而滑落到 64%，期间，中国的经济增速都要快于美国，GDP 占比下降的原因，主要是物价和汇率的剧烈波动导致——在 2021 年，美元兑人民币是 6.35，去年达到 7.29，至于物价，美国是持续的高通胀，中国则陷入通缩。可如果以人民币或者以购买力评价指数（PPT）衡量，中国的经济总量都已超美，后者甚至达到美国的 1.5 倍。不过，有鉴于国际比较主要还是采用名义汇率，中国目前的经济规模比美国还是有很大差距。假定双方的物价、汇率和经济增长都稳定在当下水平，中国 GDP 要赶上美国，大概需要 13 年，也就是在 2035—2038 之间，如果这段时间内美国经济增速降低，或者人民币兑美元汇率上涨——这种可能性很大，今年相对去年就上涨了 1.6%，则进度会提前；反之，中国赶上美国的速度就要延后，甚至不排除永远赶不上。

未来五年，按照上述假定的水平计算，中国与美国的名义 GDP 差距会缩小在 20% 以内，即在"十五五"末期，中国 GDP 占到美国的 80% 以上，看上去还是有一定差距。然而，考虑工业总产值、制造业规模、出口总量、工程师数量和工程技术能力、基建规模与效率、工业机器人安装量、船舶制造能力以及军工产能与弹药生产潜力等，中国都已领先美国，未来五年只会进一步强化这种领先地位——按照联合国的最新报告，中国制造业占世界的比重，会由目前的 30% 提高到 40%，美国则由 17% 跌到 12%，而中国把这些能力看作真正的国力基础。

再看科技。"十四五"目标中最值得一提的，也许是"国产工业体系底盘"的成形。中国制造 2025 的关键节点多数实现，在动力电池、光伏、智能制造、5G 通信、卫星互联网、轨道交通、特高压输电等领域，中国已处于稳定领先或强势并跑区间。美国固然仍掌握 EUV、先进 EDA、核心材料与高端科研体系优势，但技术扩散规律与规模经济效应正在发挥作用：美国的技术封锁并未阻断中国的科技进步，只是延迟了在半导体特别是先进芯片等少数科技产业的发展，可也由此

迫使中国更快速地搭建独立研发与产业体系。从五年时间尺度看，中国最现实的科技路线不是取代硅谷，而是形成与硅谷并行的技术体系，特别是在工业软件、自主算力、高端制造设备、先进材料以及军民融合技术链条上。只要这些底层能力取得突破，中国科技实力的跃升将是系统性

的，尽管和美国的整体科技实力还会有一定差距。

最后看军事。中国军力增长不是线性，是指数性质的：从区域拒止向攻防兼备体系转型、高超音速打击系统成熟、海空天一体化感知网络成型、核力量现代化与海基能力增强、无人集群与智能化作战体系加速落地。"十五五"周期内，第三艘国产航母将形成战斗力，第四艘航母或许也将部署，无人舰艇、无人机与遥操作战体系将快速扩张，综合后勤保障网络也在完善。考虑美国的造舰能力已远落后于中国，届时，中美在第一岛链的军事态势将更趋接近平视，甚至略有胜出。对于一个大国战略平衡来说，这意义重大：不是准备战争，而是通过具备"不战而胜""战则胜"的能力，确立战略稳定与威慑等价关系。

假如未来五年，中国在这三个维度均取得并驾齐驱，或者至少进入差距可控、能力互相制衡区间，毛泽东 75 年的判断就会接近实现：经济和美国并肩、科技不再受制美国、军力具备和美国平视能力。那时，国际体系就不再是"美国为中心、中国适应"，而将变成"中美双中心、体系竞争共存"。从历史规律看，当大国实力进入相对均势区，制度与货币体系的再平衡便是下一阶段的事。这是地缘政治与经济演化的自然结果。

当然，即便如此，也不意味着中国已全面超越美国，只是接近美国，差距仍清楚存在——人均 GDP 与居民收入结构、全球金融体系控制权、美元的国际储备与结算功能、全球科技人才吸附力、科技原创力和伦理规范制定能力、情报与信息体系辐射范围，以及叙事能力与文化软实力等，这些方面美国仍占据优势，中国需要时间去弥补，更需要制度韧性、金融和产业创新、开放型自信去重塑。

然而，大国崛起的路径不是全部短板都补齐。一般是硬实力先崛起，软实力随后跟进。特别是当国家实力跨过关键门槛，产业和科技规模定型、军力具备战略威慑、市场体量不可替代时，制度塑造能力、货币国际化与安全网络便顺势增强。

美国并非先有美元霸权再有制造业优势，而是工业与军力优势在前，美元体系作为其延长线在后。中国若迈入另一个台阶，其金融、文化、科技生态与国际秩序塑造自然随之跃升。

特朗普或许用他的商人总统直觉，嗅到了中国的这种发展态势，他在最近的访谈中，称美中是"G2"关系，这是美国总统首次以这种称呼来描述另外一个国家——这个国家还是它的战略对手。也许特朗普理解的"G2"，中国仍处于"老二"角色，还不能完全和美国平起平坐，但当美国陷入政治极化、预算僵局、移民争议，被这些议题内耗，其战略精力被内向政治吸走，中国的"十五五"规划显示出另一种节奏：向内夯实产业与科技根基，向外稳住战略环境，谋求结构性突破。

不清楚美国是否发现，它面对的中国，已不仅仅是个"追赶者"，也是一个正在重构世界产业逻辑、技术路径与权力结构的竞争者——虽然很大程度上，这是对美国围堵中国的一种被迫回应。从中美战略竞争的角度看，即将到来的下个五年，是一个关键期，并将决定世界权力结构的变化。换言之，未来五年也是世界权力结构变化的关键五年，"十五五"规划正处在这个时间节点上，中国式现代化能否把雄心变成现实，"十五五"是个分界线。

以自由主义为导向的全球化已让位于大国竞争的"新现实主义"阶段，实力与结构比叙事与意识形态更决定未来。一个将现代工业体系、工程师红利、政策执行力与国家动员能力结合起来的文明体，一旦决定向上攀升，其能激发起怎样的内生能量，当然需要时间来验证，但外部观察家和研究者，切忌用某种价值观将它框定。从未来的时间尺度看，"十五五"规划也许的确如中国一些学者所言，是一个"赶美"计划，它的成败，将决定中国式现代化的门槛，是被跨越还是被延迟。

2026 年的中国经济：增长之下的转型危局

乔　山

导　语

2026 年的中国经济，将呈现出一种看似矛盾的景象：增长稳定，转型停滞。

可以认为，2026 年的中国经济，仍将保持 4.5%至 5%左右的增长速度，在全球主要经济体中，这一增速仍然属于较高水平。中国的制造业，尤其是高端制造如新能源汽车、电池、光伏以及电子设备等领域将继续保持强劲的全球竞争力，出口增长也显示出较强韧性。然而，从中国经济增长模式亟待转型来看，这种增长并不意味着中国经济已经走出危局。过去几十年推动中国高速增长的"投资—制造—出口"模式，正在以新的形式延续。房地产和传统基建投资的增长动力虽然明显减弱，制造业投资、产业政策和出口扩张正在填补这一缺口。中国旧的增长模式不是正在转型，而是以另一种方式得以固化，其核心逻辑仍然是通过扩大生产能力来维持增长，而不是通过扩大居民消费来实现结构转型。增长之下的转型危局，正在发生。

一、2026 年中国经济展望："稳中有进"

对于 2026 年中国经济展望，无论是中国政府，还是国际组织和金融机构的研究报告，大体有一个共识：尽管中国经济面临房地产调整、人口老龄化以及外部贸易环境变化等挑战，但在政策支持和产业竞争力的支撑下，中国经济仍将保持相对稳定的增长。

在 2026 年中国的"两会"上，中国政府在《政府工作报告》提出，"2026 年中国经济有望在稳增长政策支持和产业优势支撑下，实现约 4.5%—5%的增长，并保持就业稳定、物价温和、外贸基本稳定的运行态势。"国际货币基金组织（IMF）也预计，中国经济在 2026 年的增长率将维持在 4.5%左右。世界银行和经合组织（OECD）的预测也基本在这一水平附近。多家国际投行则给出了略高的预测。高盛预计中国 2026 年的 GDP 增长可能接近 5%；摩根士丹利的研究报告则认为，在制造业投资和出口增长的支撑下，中国经济在未来两年仍具备保持中速增长的能力。

从中国近年来的经济数据看，这一展望有一定依据。首先，过去的一年，2025 年中国经济在复杂的国际环境下仍然实现了约 5%的增长目标，显示出较强稳定性。尽管房地产行业持续调整，但制造业投资、基础设施投资以及出口增长在一定程度上弥补了房地产投资下滑的影响。这一趋势很可能在 2026 年得到延续。

其次，中国制造业仍然具有全球竞争优势。中国拥有全球最完整的工业体系和庞大的产业集群，在新能源汽车、电池、光伏、电子设备和机械设备等领域具有明显竞争力。例如，2025 年中国新能源汽车产量超过 1649 万辆，占全球市场份额超过 60%；中国光伏组件产量占全球市场的 80%以上。庞大的产业规模和成熟的供应链，使中国在全球制造业竞争中依然占据重要位置。

第三，中国的进出口贸易仍具有较强韧性。尽管近年来全球贸易保护主义上升，中国出口仍保持增长趋势。2025 年，中国外贸规模达到 6.35 万亿美元，同比增长 5.5%，继续保持全球第一大货物贸易国。其中，出口约 3.77 万亿美元，同比增长 6.6%，成为支撑经济增长的重要力量。2026

年 1—2 月，中国出口金额为 6565.8 亿美元，按美元计价同比增长 21.8%，延续了去年来出口稳定增长的态势。

第四，中国政府仍拥有较大的宏观政策空间。强有力的货币政策和财政政策一直在中国经济调控中发挥着重要作用。中国人民银行多次通过降准、降息等方式向市场释放流动性；中央政府也通过专项债、财政转移支付等方式支持地方经济发展。这些政策工具为经济稳定提供了重要保障。

可以乐观预计，中国官方制定的 2026 年经济增长目标，将得以达成。

然而，如果仅从宏观增长数据来观察中国经济，会忽视更深层的问题：增长背后的经济结构是否正在健康转型。

二、中国经济的转型之困

过去几十年，中国经济的高速增长建立在一种独特的发展模式之上。这种"中国模式"通过政府主导的大规模基础设施投资、房地产驱动的城市化进程以及出口导向的制造业发展，实现经济长期高速增长。中国经济的核心是增长，甚至常常被简化为 GDP 增长，一切为了 GDP 增长。

这种模式在中国经济发展中发挥了巨大作用。通过集中资源进行基础设施建设和投资，中国迅速建立了现代工业体系；通过融入全球贸易体系，中国制造业获得了巨大的国际市场；通过房地产开发，中国实现了快速城市化并带动大量相关产业发展。

但随着经济规模不断扩大，这一模式的局限性也逐渐显现。首先，高投资模式导致资本效率下降。中国固定资产投资长期占 GDP 的 40%以上，而发达国家通常在 20%左右。随着资本边际回报下降，投资效率逐渐降低。根据世界银行和国内机构的数据，中国的 ICOR（增量资本产出率）在 2010 年前约为 3.5，但近年来已上升至 6 以上，甚至在某些年份更高。其次，房地产行业过度扩张，在高峰时期房地产及相关产业占 GDP 的比重

接近 30%，一旦房地产市场调整，整个经济体系都会受到影响。再次，地方政府债务不断积累，为维持投资增长，大量地方政府通过融资平台举债，形成较高的财政风险。最后，这一模式导致在中国 GDP 的构成中，居民消费占比长期显著偏低。中国居民消费占比长期维持在 38%—40%左右，而全球平均水平约为 60%。可以看出，中国居民消费占比比世界平均水平低了约 20 个百分点。这意味着中国生产出的巨大物质财富，更多地转化为了"固定资产投资"（如基建、工厂、房地产）和"净出口"，而非直接改善居民的当期消费水平。尽管 2023—2025 年政府多次强调"消费拉动"，但这一比例提升缓慢。

从发达国家的经验和中国经济发展瓶颈看，中国经济从追求以投资、生产制造和出口为主的旧模式转型为以国内市场和居民消费拉动为主的新模式，刻不容缓。

如果继续依赖旧模式，中国经济将面临越来越严重的结构性风险。投资回报率下降、房地产市场调整、地方债务压力以及国际贸易摩擦，都可能对经济增长产生持续影响。国际经验表明，经济发展到一定阶段后，必须向消费驱动转型。日本、韩国以及欧洲国家在工业化后期都经历了类似过程。消费驱动不仅可以稳定经济增长，也有助于提高居民生活水平。

然而，疫情之后中国经济的调整，并没有明显朝着消费导向方向发展，相反，在房地产投资和传统基建投资下降之后，中国经济开始更加依赖制造业投资和出口增长。近年来，中国政府提出发展"新质生产力"，大力推动新能源汽车、光伏、电池、人工智能等高端制造产业的发展。这些产业确实具有较强竞争力，并在一定程度上弥补了房地产行业下滑带来的经济压力。但这种转型仍然延续了中国经济的旧逻辑，即通过扩大生产能力和出口规模来维持增长。

显然，这种"穿新鞋走老路"的所谓转型，并非真的转型。制造业投资扩张可能加剧全球产能

过剩，并引发更多贸易摩擦。近年来欧美国家已经对中国新能源汽车、电池和光伏产品发起多项贸易调查。过度依赖出口意味着中国经济仍然受到外部需求波动的影响。全球经济一旦进入衰退周期，中国出口增长将面临较大压力。制造业主导的增长模式难以显著提高居民收入和消费水平。制造业自动化程度不断提高，对就业和收入增长的拉动作用有限。如果居民消费长期低迷，中国经济内部需求不足的问题将越来越突出。美国、日本、欧盟的经验证明，对于有 14 亿人口的大国，对于一个人均 GDP 超过 1 万美元的世界第二大经济体，如果不能尽快实现经济转型，中国经济将陷入严重的危机之中。

三、为何陷入转型困局？

中国经济的结构转型之所以长期难以推进，在于政治经济结构、制度安排以及政策激励机制共同形成的一种路径锁定。

首先，路径依赖。过去四十多年，中国经济在投资驱动和出口导向的发展模式下取得了巨大成功。这一模式不仅推动了经济高速增长，也塑造了完整的产业体系和全球竞争力。正因为这一模式在历史上取得了显著成功，政策制定者和地方政府在面对经济压力时，往往倾向于继续依赖熟悉的政策工具，例如扩大投资、新增项目、鼓励生产制造以及刺激出口，而不是进行有挑战性的结构性改革。长期积累的制度安排、产业结构以及财政体系，也围绕这一增长模式形成，使得经济转型面临较高的制度成本。

其次，政治叙事。在中国模式的叙事中，经济增长速度不仅是发展目标，更是制度优越性的重要象征。过去几十年，中国经济长期保持高速增长，这在官方叙事中被视为"东升西降"的重要标志。中国长期具有世界领先、远超西方国家的经济增长率，已经成为中共政权执政合法性的"GDP 图腾"，GDP 增长率也成为衡量中央和地方官员执政绩效的重要指标之一。所以，人们看

到，每当中国经济出现困难时，中国政府提出的首要任务就是"保增长"。在这种背景下，维持稳定甚至较高的 GDP 增长率，不仅是经济政策目标，也具有明显的政治意义。可以说，中国改革 40 多年，中共自己将经济增长与执政合法性做了"绑定"，"保增长"就是"保党"。可以想见，如果为了经济转型，中国的 GDP 增长率下降到 2%、1%甚至 0，低于美国等西方国家，将立刻引发中国社会对于中共执政合法性的怀疑和巨大的政治混乱。如此政治压力，导致任何深刻的经济转型举步维艰。

第三，收入分配结构。长期以来，中国国民收入在政府、企业和居民之间的分配结构呈现出明显特点：政府和企业部门占比较高，而居民部门占比较低。中国居民可支配收入占 GDP 比重长期在 43%—45%左右，而 OECD 国家平均在 60%—70%，美国则高达 75%—80%。这一结构在投资驱动的发展阶段有利于集中资源进行基础设施建设和产业投资，但同时也限制了居民消费能力的增长。如果要提高消费在经济中的比重，就需要提高居民收入在国民收入中的比例，这意味着对既有财政体系、税收制度以及国有企业利润分配机制进行调整，因此推进难度较大。

第四，社会保障体制。消费增长通常依赖于稳定的社会保障体系，因为只有在养老、医疗和教育等方面具有较高安全感时，居民才会减少预防性储蓄并增加消费。然而，中国的社会保障体制存在严重不公，体制内人员（公务员、事业编人员、国企正式雇员）和城市居民的社会保障体系相对完善、保障水平高，而体制外（非公企业、灵活就业人员、农村居民）的社会保障体系不完善、保障水平低，两者相差几倍甚至几十倍。这种制度对中国大多数居民来说，保障水平又低又不完善，导致他们不敢消费、不能消费。另外，中国正在快速进入老龄化社会，在人均收入仍处于中等水平的情况下就面临较大的养老支出压力。

第五，地方政府的发展激励机制。中国的地

方政府在经济发展中扮演重要角色，而地方财政体系长期依赖土地出让收入和工业税收。在这种体制下，推动投资和产业项目仍然是地方政府最直接、最可操作的发展方式。相比之下，扩大消费和发展服务业通常难以在短期内转化为财政收入或 GDP 增长，因此在政策优先级上往往处于次要位置。

总的来看，中国经济的转型困局并不是单一经济政策问题，而是由发展模式、政治叙事、制度结构以及政策激励机制共同形成的结果。在这些结构性因素没有发生根本变化之前，中国经济很难真正从投资和生产导向转向消费和内需驱动的发展模式。

四、结论：增长掩盖的转型危局

所以，当人们仅仅从宏观数据角度观察时，2026 年的中国经济很可能有一份"合格的成绩单"。在政府宏观政策支持下，中国经济实现 4.5% 至 5% 左右的增长目标并不困难。制造业继续保持全球竞争优势，一些高技术产业可能继续取得突破，出口也有望保持稳定增长。对许多观察者而言，这样的增长表现足以证明中国经济仍然具有强大的韧性。

但是，如果从中国经济转型，从中国经济持久繁荣来看，2026 年的"稳中有进"可能隐藏着另一层含义：当房地产和传统投资模式逐渐失去动力之后，中国经济需要寻找新的增长来源。但是，如果新的增长动力仍然主要来自制造业扩张和出口增长，而不是来自居民消费的持续扩大，中国经济就仍然在旧模式的轨道上继续前行，而真正的经济转型则被不断推迟。

2026 年，将又是中国官方用经济增长掩盖转型危局的一年。

来自中国的教训：获得黄金时机的中国为何至今未能抵达刘易斯拐点

——从城乡收入差的扩大看农村逆淘汰的制度根源 *

文贯中

美国三一学院经济系荣休教授

摘要：在四十多年的高速发展之后，中国不但没有抵达刘易斯拐点，而且城乡收入差还在不断扩大。这是由于中国的城乡二元结构之上，叠加了一个强制性的土地集体所有制和城乡分割的户籍制。由于这种制度性叠加，刘易斯预言的正淘汰即使在经济高速增长期也无从发生。相反，中国农村出现了逆淘汰。这揭示了中国式的弯道超车，实质是回避由要素市场决定性配置资源，因而必然与发展经济的最终目的发生冲突。为了加速城乡收入差的弥合，中国应尽快允许土地私有和土地兼并，以便消灭农村中的严重的隐性失业，深化农村分工，创造新的、多样化的农村就业机会。

关键词：刘易斯拐点，城乡二元结构，城乡收入差，逆淘汰，土地集体所有制，城乡分割的户籍制度

一、引言——城乡收入差的日益扩大

刘易斯因研究发展中经济而获得诺奖，实属不易。其杰出贡献在于他首次揭示了这一类经济体共同面临的最核心问题--如何通过发展现代部门，化解城乡二元结构。他指出，是否得到化解的标志，在城乡收入差的弥合。他的模型显示，必须用市场机制取代传统社会中的平均主义分配制度，通过发展城市部门，消化剩余和准剩余劳动，才能达到城乡劳动边际产品之差完全收敛的目的。这个收敛点，也称弥合点，就是刘易斯拐点。

从 2000 年起，便有著名学者认为，中国已经抵达了刘易斯拐点。这一发现令包括笔者在内的不少研究者感到困惑。在刘易斯看来，靠市场机制才能完成的任务，在一个受到制度性的重重障碍，连要素市场的发育都无法完成的地方，竟能实现城乡收入差的弥合，应是中国模式创造的经济奇迹。对此，官方应予隆重庆贺。可是，官方却对此始终语焉不详。众所周知，经济学的最终目的，在于增进全体人民的福祉，防止构成人口大多数的中、下阶层趋于相对贫困化。对发展中经济来说，特别要防止农村人口的收入相对城市人口的日益恶化。中国若真实现了城乡收入差的弥合，难道不是中国模式的最大亮点？为何如此低调？

在人们持续的疑惑中，真相终于露出水面。李克强总理 2020 年在全国两会后的记者招待会上明确指出，中国还"有 6 亿人平均每个月的收入也就 1000 元左右"。[1] 他的这一说法被中国社会保障学会刊登的一份报告证实，报告由国家发展改革委就业收入分配和消费司和北京师范大学中国收入分配研究院联合完成。这份关于中国收入

---

* 本文的图由熊金武所绘，谨致深切谢忱。

1 《财新》，"统计局回应 6 亿人月收入 1000 元：有数据印证"。见 https://economy.caixin.com/2020-06-15/101567552.html

分配年度报告（2021）[2]指出，"月收入在 1090 元以下的 6 亿人的群体中，来自农村的比例高达75.6%，这说明绝大部分低收入群体仍然分布于农村地区，城乡分割仍是中国最大的问题之一。"2025 年中国国家统计局与中国社会科学院发布报告[3]，进一步表明李克强关于中国收入分配的观点直到 2025 年仍然成立。

中国常常将迄今为止所走的发展道路称为弯道超车，后来居上。弯道超车的做法固然使中国在一段时期内获得高速增长，却也跳跃了正常的发展阶段，特别是市场的发育和完善。从 1949 年起，当局认为，由要素市场决定性地配置资源，不利于通过扭曲要素的相对价格，改变要素的流向和配置格局，实现强国、强军的目的，并自信自己能为最广大的民众带来幸福和繁荣。因此，要素市场的发育和完善一再被人为阻扰，代之以中央计划经济体制。在这种违反经济发展规律的体制下，用统购统销，价格的剪刀差，公粮的强迫征购制，将农村剩余悉数转移到城市。当时所用的理由，是先建成重化工业，再反哺农业。可是，剥夺农业，跳跃式地进入重化工业的作法，因长期罔顾民生，遭到民众普遍抵制，经济几乎崩溃。

1978 年后，中国政府在对前三十年作反省的基础上，发起了以市场化为导向的改革、开放，允许市场价格因供求变化而发生波动，让民生需求至少能及时得到反映，以避免最高决策者以强国、强军的名义，一意孤行地配置资源。其中，又以 1）1980 年代解散人民公社，实现包产到户，使公社下的农奴获得一定的自主性；和 2）1990 年代将 50 万家国营工厂私有化这两项涵盖全体民众的改革为最大的市场化手笔，反映了最强的民意。

可是，中国在入世后，不但没有将自己承诺的市场化改革进行到底，反而借助党国体制，再次推动国进民退，拒绝让要素市场充分发育，拒绝由要素市场决定性地配置资源。李克强的讲话和上述引用的两份报告揭示，这种大力扩张公有制的做法，并没有带来城乡二元结构的瓦解，人们普遍期盼的城乡收入差的弥合不但没有发生，反而仍在扩大之中。如此骨感的现实，不禁令人想起，当年轰轰烈烈的工商业改造、大跃进和公社化，用的也是一大二公的社会主义的崇高名义，却犹如黄粱一梦，结出种种恶果，甚至酿成经济危机和空前绝后的大饥荒。

本文的结构如下。第 I 节为引言。第 II 节讨论如何判断是否抵达了刘易斯拐点。第 III 节讨论在四十多年的高速发展之后，刘易斯预言的正淘汰并未发生。第 IV 节揭示中国农村出现的是逆淘汰，及其制度根源。第 V 节讨论中国式的弯道超车，实质是回避由要素市场决定性配置资源，因而必然与发展经济的最终目的发生冲突。第 VI 节讨论为何允许土地私有和土地兼并，不但能消灭农村的极为严重的隐性失业，而且会深化农村分

2　国家发展改革委就业收入分配和消费司和北京师范大学中国收入分配研究院中国收入分配年度报告 2021 中指出，"北京师范大学中国收入分配研究院课题组分层线性随机抽取了 7 万个代表性样本所作的调查显示：中国有 39.1%的人口月收入低于 1000 元，换算成人口数为 5.47 亿人，而月收入在 1000—1090 元的人口为 5250 万人，因此月收入 1090 元以下的总人口为 6 亿人，占全国人口比重为 42.85%。这与"6 亿人月收入约 1000 元"（准确地说是 1090 元）的说法是吻合的。

　　文章说，在这 6 亿人中，有 546 万人收入为零，有 2.2 亿人月收入在 500 元以下，有 4.2 亿人月收入低于 800 元，有 5.5 亿人月收入低于 1000 元，有 6 亿人月收入低于 1090 元。若以 1090—2000 元作为中低收入者的标准，则该群体人口达到 3.64 亿。也就是说，中国月收入低于 2000 元的人数达到 9.64 亿。

　　文章表示，月收入在 1090 元以下的 6 亿人的群体中，来自农村的比例高达 75.6%，这说明绝大部分低收入群体仍然分布在农村地区，城乡分割仍是中国最大的问题之一。另外，这 6 亿人分布在中部和西部的比重为 36.2%和 34.8%，说明中西部仍然也是低收入群体的主要来源。" 见中国社会保障学会的官方网页 https://www.caoss.org.cn/news/ html?id =13834#:~:text=%E6%94%B6%E5%85%A4%E4%B8%BB%E8%A6%81%E6%9D%A5%E6%BA%90%E3%80%82

3　《中国家庭收入与财富调查报告》，中国国家统计局与中国社会科学院，2025 年年初。见 https://wenku.baidu.com/view/ f641920d5c1b6bd97f19227916888486 8762b8e1.html?_wkts_=1773354562339&needWelcomeRecommand=1&unResetStore =1&ILK=17733546-0645-4453-0924-816329090235

工，创造新的、多样化的农村就业机会，从而加速城乡收入差的弥合。第 VII 节为结束语。

二、抵达刘易斯拐点的主要标志

下图显示一个带有城乡二元结构特点的劳动供求关系。竖轴衡量：1）劳动的边际产品，是城市的现代部门用来计算劳动工资的；2）劳动的平均产品 W_r，刘易斯称之为制度工资，是传统社会中用来支付劳动工资的。横轴自左向右衡量的是城市所吸收的农村劳动。OM_0 代表边际产品为零的劳动，即经济学上的剩余劳动；M_0M_1 代表准剩余劳动，即边际产品高于零，但低于平均产品 W_r 的农村劳动，图中用绿线 M_0B 表示。

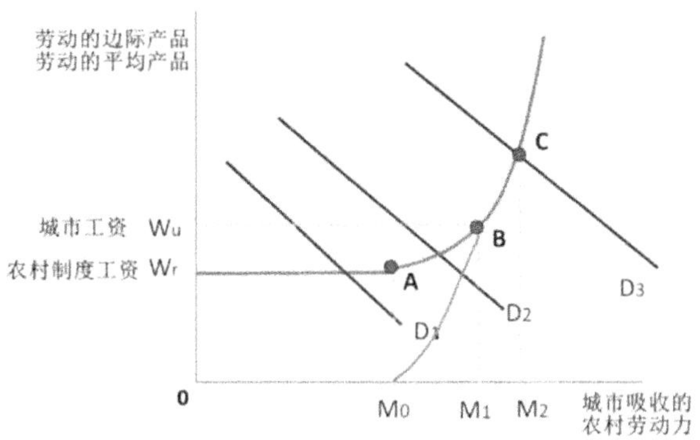

如果严格按照劳动的边际产品支付工资，无论是剩余劳动还是准剩余劳动，其收入要么是零，要么低于劳动的平均产品 W_r，因而会沉沦到马尔萨斯所说的生存线之下，引起大面积的饥饿和死亡。为了避免这一局面，传统社会一般采用平均主义作为劳动酬报。所以，农村的劳动供应曲线不是 OM_0B，而是 W_rAB，图中用红线表示。城市部门支付的工资 W_u 只要略高于 W_r，以支付迁移成本和城市较高的生活成本，就能吸引农村的剩余劳动和准剩余劳动进城打工。图中用黄色曲线 W_uB 表示。

图中的 A 和 B 两点，或者横轴上的 M_0 和 M_1 两点，分别对应于刘易斯模型中的第一拐点和第二拐点，也即分别对应于农村剩余劳动和准剩余劳动分别被消化殆尽的两点。劳动供应曲线在

B 点之前的分叉，代表城乡不同的工资决定机制，反映出传统社会向现代社会过渡时期中必然存在的城乡二元结构。分叉在 B 点汇合。之后，分叉统一为一条曲线，表明劳动市场的城乡二元结构消失。此时起，城乡的工资均由劳动的边际产品决定。这意味着农民正式融入现代社会体系。从此，在国民收入分配体系中，农村居民在法律面前、在市场面前，以及在城市居民面前，获得了平等的机会，城乡收入差弥合，实现了城乡一体化。

三、中国农村的现状

可是，众所周知，农民和农民工在法律面前，在市场面前，在城市居民面前，至今仍是二等公民。而且，中国的城乡二元结构不但仍然顽固地存在，而且由于存在强制性的土地集体所有制和城乡强制分割的户籍制，这等于在一般发展中国家共有的基于经济不发达而来的城乡二元结构之上，叠加了一个制度性的二元结构。这是中国的城乡二元结构根本区别于一般发展中经济之处。这种人为的制度叠加，不因经济的增长而自动消除，因而违反市场经济原则，带来种种恶果。

众所周知，如果真地抵达了刘易斯的第二拐点，农村应该留下越来越少的农民，农业人口在总人口中的份额应该随农业在 GDP 中的份额的下降而降低；他们应以体格强健的男性青壮年为主，有较高的文化素质和经营才能；他们每人经营的土地规模会不断扩大；作为拥有几千年农耕传统和广袤耕地，自诩以农立国的农业大国，中国在农业领域应该继续保有强劲的国际竞争力（表一的中间一栏）。

可是，在现行的土地制度和户籍制度下，在实行了包产到户四十多年后，并未出现抵达刘易斯第一拐点和第二拐点时农村应该出现的景象。农村留下的主要是老、弱、病、残、妇和留守儿童；他们体力羸弱，文化不高，经营能力单薄。由于总数庞大，他们在总人口中的份额远远高于中国农业产值在 GDP 中的份额；每户经营的土地规

模依然细零化；劳动生产效率的提高远远赶不上城市；农业越来越丧失国际竞争力。[4] 最重要的是，在引言一节中已经指出，中国的城乡收入差

还在不断扩大。这是抵达刘易斯拐点之后最不应该出现的景象。

表一　刘易斯模型和中国模式如何化解城乡二元结构的效果对比

I	基于市场机制的刘易斯模型 II	基于土地公有和城乡户籍分割的中国模式 III
城乡二元结构	是传统向现代社会转型的过渡阶段	双重二元结构（在传统的城乡二元结构之上叠加了制度性二元结构）
资源配置机制	要素市场起决定性的配置功能	政府主导，要素市场难以发育
淘汰机制	留下越来越精干的高效农业企业家	留下低效农民，挤走高效农民
年龄、性别和教育	以男性和大专生为主，老中青兼有	以老、弱、病、残、妇和低学历为主
分工	农业带动生产型和生活型服务业	小农的单一重复，分工难以向非农领域扩展
经营规模	允许兼并，农场减少，规模变大	不准兼并，地块细零化难以克服
劳动生产率	农场的劳动生产率向城市收敛	劳动生产率离城市越来越远
城乡收入差	逐渐缩小，直至弥合	城乡收入差仍在不断扩大
农肥、农药使用量	基于成本最小化考虑，控制使用	追求省力，普遍过量使用
农产品质量	高商品率，有动力控制化学残留物	低商品率，无内在动力控制化学残留物
国际竞争力	因商业化程度高，有内在动力追求	缺乏追求这一目标的内在动力

四、逆淘汰的制度根源

1. 现行土地制度与逆淘汰

在中国，快速的工业化和城市化的确引起了农村人口结构、农业生产形态的巨大变化。但是，变化结果却与刘易斯模型预言的正淘汰相反。中国农村出现的是逆淘汰，即：1）本来应该最先从农业中淘汰出来的低效农民反而留在了农业中；2）本来农业要留住的高效农民反而最先离开了农业。

出现逆淘汰的原因，在于中国缺乏抵达刘易斯第一和第二拐点所必须的两个制度前提：1）必须存在土地市场，允许土地自由买卖和兼并；2）必须取消现行的城乡分割的户籍制度，在一个城乡统一的劳动市场上，允许所有人自由迁徙和定居。只要离开这两个制度前提，逆淘汰是必然的，理由如下。要识别一个农民是低效的，还是高效

的，不可能通过土地按人头平分的平均主义的机制，不可能靠村民委员会或党支部人为指定种地能手，或借助城乡分割的户籍制度决定谁能进城，谁应留下务农。决定种地能手的唯一公正而有效的途径，是通过劳动市场和土地市场上的竞争。低效农民的务农收入低，只要有进城打工、获得较高收入的机会，他们为了改善自己的境遇，会有内在动力，出售土地给出价较高的农民。出价较高的农民必定是效率较高的农民。后者的留下，通过兼并，经营的土地规模越来越大，劳动的效率必然越来越大。在一轮一轮的正淘汰之后，必然留下效率最高的农民。只要城乡收入差尚未弥合，这一正淘汰过程就不会停止。

这是抵达刘易斯第一和第二拐点的正道。在市场机制之外，想要获得使城乡收入差弥合是不可能的。这一正道不仅仅是刘易斯的理论推导结果，也为当年的欧美发达国家，以及当代的南韩、

4　"陈锡文：能否具有国际竞争力成中国粮食安全最突出问题"。在 2016(第四届)中国粮食与食品安全战略峰会"闭门会议上的主题发言。2016 年 11 月 12 日。中国农村网。见 https://www.crnews.net/zt/ncgg40n/865740_20180104043745.html

日本等的成功而证实。这些实例证明，刘易斯指出的道路符合经济学规律，又得到实践检验，切实可行。在当代的条件下，日本和南韩仅仅用了三十多年的时间，就消化了农村的剩余劳动，更被称为经济奇迹。

中国从搞土地改革到现在，一直捧着集体化的大旗，已将近七十多年了。改革、开放也有四十多年了。期间，中国曾对 WTO 承诺，将自己的经济体制改造成真正的市场体制，因而获得所有 WTO 会员国的最惠国待遇，得以大量出口劳动密集型产品。这等于获得全世界的协助，一齐来消化中国庞大的剩余劳动。面对如此的黄金机会，被土地集体所有制所桎梏的中国，至今却仍为三农问题所困，究其原因，就在刘易斯所预言的正淘汰必须在市场机制下才能推进。中国出现的却是逆淘汰。理由如下。

在中国，土地所有权归集体，农民按人头分到土地的承包权、使用权、和经营权。这种土地的集体所有制自称是农民的自愿选择，却不准任何农民有退出权，因而不准自由买卖，自由兼并。[5] 在这种情况下，最能干的、有潜力经营大农场的农民与其留在老家，和其他村民一起受穷，不如尽快离开农村，进城打工。随着一轮又一轮比较能干的农民的离开，各家各户最后留下的，都是一些老、弱、病、残、妇和留守儿童。他们留下，不是为了推进农业的现代化，而是为了守住自己家在土地集体所有制中的份额。这就是逆淘汰。

2. 现行户籍制度与逆淘汰的不断自我循环

在土地制度使农村人口呈现老弱病残妇化的同时，现行户籍制度又通过阻碍进城农民工在打工地落户，因而使农村人口的老弱病残妇化不断自我循环。他们在青年时期离开农村，到了四、五十岁之后，因为仍无法在打工地落户，无法和配偶和子女团聚，只能选择回到老家农村或县城作为最后的归宿。马克思指出，工人的工资水平应该满足工人进行人口再生产的需要。用这句话对照中国现实，农民工获得的工资显然不足以让他们在打工地完成人口的再生产。只要中国现行户籍制度一天不变，农民工在献出自己的青春和壮年之后，还是只能回到农村，使农村人口的老弱病残妇化自我循环。

五、弯道超车置庞大的结构性隐性失业不顾

弯道超车战略通过强制性地扭曲要素的相对价格，政府得以实现自己的配置资源目标，却置结构性隐性失业于不顾，长期牺牲农村人口分享经济繁荣的机会。理由如下。一个典型的发展中国家一般总存在大量的剩余或准剩余劳力。现代经济的发展始于城市部门的扩张。面对大量存在的简单劳动，城市部门必然以劳动密集型的工业和服务业为主。市场机制会使最低效、最没有务农意愿的农民首先从农业中淘汰出来，又源源不断地进入城市打工。发达国家当年就是借助城乡统一的土地市场和劳动市场，解决农村的过剩人口的。之后，鉴于作为国民基础的农业已获解决，没有了后顾之忧，发达国家可以轻装上阵，专注于第二和第三产业的发展，甚至不得不吸收大量的外国移民，以满足城乡对劳动的需求。

古人说，行不由径，意思是做人行事要循正道。一些国人老想找捷径，弯道超车。发达国家也是经历了劳动密集型、资本密集型、知识密集型、乃至现在的人工智能型产业这几个阶段。资本密集型和高科技密集型产业之所以在发达国家相继崛起，是在劳动短缺、工资成本不断上升，劳动密集型产业失去比较优势之后。发达国家由市场机制引导，因而它们进入每一个产业的时机大体符合国情和发展阶段。

可见，资本密集型和知识密集型产业的崛起，并不是为了解决剩余劳动，而是为了解决劳动短

缺。如果在农村仍存在大量的剩余和准剩余劳动，就不顾国情，不信市场的决定性配置，只信举国之力，政府之力，大力发展旨在解决劳动不足的产业，这不是超越经济发展阶段，牺牲农民的利益吗？中国在上世纪五十年代到七十年代犯过这种错误。当年用剪刀差剥夺农民，造成城乡收入差几十年内无法弥合，农村呈现普遍的贫困，最后使重化工业成无米之炊。正是对这种超越发展阶段，最终使国民经济严重失调的计划经济作了反思，才开启了市场导向的改革、开放历程。

不料，由于市场导向的改革不彻底，中国目前再次犯了类似的错误。众所周知，中美两国都是农业大国，耕地面积差不多。美国的直接农业人口在总人口中的份额和美国农业产值在 GDP 中的份额差不多。由此推算，中国在实现农业现代化后，像美国一样，只需要几百万直接农业劳动，而不是现在的 1.5 亿到 2 亿。这代表中国仍然存在着严重的隐性失业。在这种时候，继续忽视农业、农村、农民，忽视他们的收入和消费，让城乡收入差继续扩大，继续一味强调要弯道超车，继续优先发展发达国家因劳动严重短缺而有强大需求的资本密集型和科技密集型产业，后果是严重的。如果人工智能得到普遍的应用，不但农村地区现有的隐性失业会越发严重，城市地区也会浮现新的失业问题。这是不顾自身的禀赋和发展阶段，一味强调弯道超车的必然后果。

六、为何土地兼并反而会引起农村分工的深化和就业的多样化

反对将地权还给农民的理由之一是，土地兼并是坏事，会导致现代大农场的出现。这是很奇怪的逻辑。国家并不反对在城市地区的工、商业兼并，也不担心中国企业走出国门，去兼并外国企业。为什么在农村地区发生兼并，就要反对呢？难道现代农场带来更高的生产效率，对中国反而是坏事吗？反刘将地权还给农民的另一理由是，担心土地兼并导致无地农民的大量出现，增大就业压力。这实际上低估了现代农场的崛起必然促使分工和专业化的深化，使释放出来的农村劳动在更高的层次上留在农村的巨大潜力。理由如下。

在抵达刘易斯拐点及之后，农场规模会越来越大，直接务农的人数会日益减少，这是事实，也是维持城乡收入差的持久弥合所必须的。要指出的是，这也是消除中国农村存在的巨大隐性失业的有效办法。根据交通大学陈杰的研究，"2020 年中国劳动者的二产、三产和一产占比分别为 28.70%、47.70% 和 23.60%，……而中国 GDP 中第二产业和第三产业之和占比（非农化占比），早在 1953 年就超过了 50%， 到 1993 年超过 80%， 到 2009 年超过 90%， 2021 年为 92.74%。"[6] 换言之，2021 年，占总劳动约 23.60% 的农村劳动只拿到 GDP 中约 7.26%。[7] 从基尼系数的计算方法可以推知，如此庞大的农村劳动所获得的 GDP 份额如此之低，难怪城乡收入差仍在扩大之中。

1980 年代解散人民公社农奴制、实行包产到户时，中国已经释放过一次巨大的隐性失业。不然，今日活跃于各条战线的将近 3 亿农民工仍将是出工不出力，只知混工分的农奴。面对中国生育率和人口的增长率的急剧下降，将农村隐性失业人口再次释放，不但将加速他们的致富，也能弥补因生育率锐减而带来的劳动力短缺。

再看为何土地兼并反而会引起农村分工的深化和就业的多样化。随着现代农场主劳动边际产品日益提高，来自务农的收入日益丰厚，他们对生活性和生产性服务会产生越来越强的有效需求。首先，以现代农场主及其家属为主体的务农

6　陈杰（交通大学），"中国劳动者的数量与结构分布"， 2022.05.04。 见 https://churd.sjtu.edu.cn/kindeditor-4.1.10/attached/file/ 20220504/ 20220504212257_76953.pdf

7　100%-92.74% = 7.26%。

人员和城里人一样，也需要各种现代化的生活设施。这就产生对电工、木匠、管子工、互联网、体育场、健身房、电影院、文艺演出场所、各级托儿所、学校、医院、心理咨询、律师事务所、银行、饭馆、超市、酒吧等的需要。这些生活性的服务业会产生大量的就业机会，因而会挽留住农村的一部分劳动，或吸引城里的专业人士前来就业。在农村的生活性服务业的劳动一样会要求和城市相当的工资，不然，他们不会留在农村。所以，他们虽然生活在农村，为农村服务，他们的收入水平会与城市相当。这是抵达刘易斯第二拐点之后城乡收入差得到弥合之后的必然结果。这些就业于现代服务业的非农人口本身对现代服务业的各类产品同样有强有力的需求，这就进一步使农村的生活型服务业得到扩张，就业机会增加，进一步吸引一部分农村人口留下，加入到农村的生活型服务中去。

其次，现代农场主对生产型服务业也会有日益增长的有效需求。他们需要建造农舍、仓库、传送带、饲养场、修建灌溉渠道、平整土地、铺设农场之内的道路、桥梁等，为基建业在农村的发展提供广阔的空间。现代农场主需要咨询化肥专家、土壤专家、病虫害专家、种子专家，为这类农业技术人员创造了在农村就业的大量机会。农场主拥有的各式农业机械需要定期维修，因而，各种维修中心就会应运而生，为各种技师、专家提供了就业机会。在这些生产型服务业中工作的人员及其家属和子女并非直接的务农人口，但是，和直接的农业人口一样，他们对消费性的服务业同样有强大的有效需求。

这说明，随着农场规模的扩大，本来自给自足的单一形态的小农经济内部会发生分化，向复杂分工和交换的经济形态演变。大农场的崛起，会促进消费型和生产型服务业的发展。在集聚效应的驱动下，这些生活型和生产型的服务业会集中在县城和四周的镇中，甚至向一些大的村子渗透。在城乡统一的土地市场和劳动市场的运作下，

农村的务农人口和非务农人口只有在获得不低于邻近城市的收入水平时，才会留下。正是要素市场的存在和润物无声地运作，通过城乡间人口的自由流动和动态平衡，城乡收入差在实现弥合后，不会再度恶化。

七、结束语

如上所述，在中国模式下，中国未能抵达刘易斯拐点，使收入分配的格局与这种模式向世界公示的目标之间存在很大的距离。如果一味追求高速增长，不管分配的公平，听凭明显束缚农村人口手脚的不合理制度继续存在，听任农村人口继续充当二等公民，听任他们在分配体系中相对城市居民每况愈下，不但违反经济发展的最终目的，也跟中国的立国之本高度矛盾。

最近这轮全球化向中国提供了消化农村剩余和准剩余劳动的黄金机会，这一点在关于刘易斯模型的图中，是通过劳动的需求曲线的向右平移而显示的。全球对中国劳动的不断扩张的需求，为中国提供抵达刘易斯拐点，结束城乡二元结构的千载难逢的机会。可是，中国的城乡二元结构的特殊性在于有一个制度性的叠加。只要中国没有废除现行的强制性的土地集体所有制和城乡分割的户籍制度，中国就不可能形成统一的土地市场和劳动市场。所以，中国不但没有将剩余劳动和准剩余劳动消化掉，反而发生了逆淘汰，使最应该被首先消化的劳动滞留在了农村。这是城乡收入差继续扩大，错过了结束城乡二元结构的制度性原因。

一些人以为，中国已经形成了一个四亿多人口的中产阶级，因而中国已是发达国家。可是，一个民族有没有文化，是不是富裕，有没有内在活力，是否具有世界眼光，先要看这个民族的农民。对照中国的两个占比，即农业产值占 GDP 的比重和农业人口占总人口的比重，每个人的心情都会十分沉重。为了生产不到 GDP10% 的农产品，在一个已经具有世界水准的制造业和商业的国家

里，竟然要耗费几十倍于发达国家的农业劳动。这并不是中国农民不勤劳，而是他们被早已过时的土地和户口制度束缚了手脚。

如果人口的大多数仍因此受到各种歧视，留在农村的人口更以老弱病残妇和留守儿童组成，他们的收入增长日益落后于城市，这难道不是中国模式的桂冠上的一道醒目的疤痕？在这种基础上形成的中产阶级能够高枕无忧吗？所有发达国家无一例外，都用全民的高消费维持经济的持续增长。在一个多数人的消费因有限的收入而遭遇严重抑制，因而生产大量过剩，不得不向外倾销的经济中，人们有理由质疑，这种增长能够持续吗？这种增长模式对中国的农村户籍人口来说，对世界的普通民众来说，是公平而值得向往的吗？

中国用弯道超车的方式，建成了具有世界水准的制造业和服务业，进入了第一世界。在这种时候，有什么理由继续像前三十年一样，用建成重化工业后，再来反哺农业的堂皇理由，继续回避使作为国民经济基础的农业尽快现代化的问题？用弯道超车的理由，再次刻意绕过为中国建成世界一流的制造业和商业作出杰出贡献和巨大牺牲的农业、农民、农村，让它们无情地滞留在第三世界之中，中国不是成了没有现代农业支撑的泥足巨人？可见，弯道超车绕过的是市场机制对资源的决定性配置，留下的，却是挥之不去的三农问题恶果。不管对发达国家有什么批评，它们依赖市场机制决定性配置资源，避免了中国目前面临的这种十分尴尬的局面，是有目共睹的。

回到中国究竟抵达了刘易斯拐点没有这个要害问题上，我们必须秉着对农民、对经济学规律、对刘易斯理论的诚实态度，扪心自问，阻碍中国农民阶层的整体上升到中产阶级的主要障碍，是不是就是中国现行的土地和户籍制度？这两项制度使中国的城乡二元结构区别于一般的发展中国家。这两项障碍既然是制度性的，就不会随着经济的发达而自动化解。它们是政府强加的，只有政府出面才能废除。来自最近四十年中国经济增长的沉痛教训是，人们无法指望中国能像一般的发展中国家那样，城乡二元结构会随着工业化和城市化的进展而自动化解。对此，我们无法继续沉默无语，听任制度性的城乡二元结构继续阻止城乡收入差的弥合。希望中国能像 1980 年代以全体农民的幸福为怀，依然废弃强制性的集体生产那样，尽早废弃现行的强制性土地集体所有和城乡分割的户籍制度，将农民乃至中国整体从目前的困局中解放出来。

川普如何将美国带入伊朗战争

——川普的无知，谎言和狂妄导致一场本不必发生的战争

海阔天空

前言： 2026 年 2 月 28 日，美国以色列联合对伊朗不宣而战。美伊关系的破裂并非一蹴而就，而是数十年的不信任、错失的机遇以及各方强硬派共同塑造的结果。然而，要了解当前的局势急剧升级恶化，就必须正视"川普 1.0"时期的蓄意破坏和"川普 2.0"时期令人咋舌的自我矛盾。回顾历史显示：川普现在声称"必须"通过武力强制执行的核约束，很大程度上正是由他在 2018 年撕毁的 2015 年核协议而造成的后果。正是川普的无知，谎言和狂妄，将美国一步一步带入与伊朗的战争。

历史的宿怨

从盟友到对手（1970s–1979）

在 20 世纪 70 年代，美国支持伊朗国王穆罕默德·礼萨·巴列维（Mohammad Reza Pahlavi）。这位亲西方的君主虽然被广泛认为是独裁者，但符合美国的冷战战略。尼克森总统访问伊朗，请求伊朗国王协助保护美国在中东的安全利益，包括反对苏联结盟的伊拉克。作为回报，尼克松承诺伊朗可以购买任何它想要的非核武系统，伊朗因此成为美国在中东的盟友。

1979 年 1 月，面临即将到来的激进的伊斯兰革命，伊朗军队的高层（"五人小组"）曾向美国请求支持发动政变，以维持世俗体制并阻止霍梅尼上台。但卡特内阁深陷内部权力斗争（布热津斯基的强硬派 vs 万斯的温和派），最终选择了让军队保持"中立"，不作为，从而导致 1979 年 2 月，由阿亚图拉·鲁霍拉·霍梅尼（Ayatollah Ruhollah Khomeini）领导的伊朗革命推翻了国王，将伊朗转变为一个敌视美国影响的伊斯兰共和国。1979

年 11 月，伊朗激进分子占领了美国驻德黑兰大使馆，并将 52 名美国人扣为人质长达 444 天。从此美国与伊朗陷入严重对立状态。

但是值得一提的是，长期以来一直有指控称，里根竞选团队曾在 1980 年秘密接触伊朗霍梅尼政权，要求霍梅尼推迟人质释放以影响总统大选。尽管这一说法从未被官方调查证实，但相关时间点、证人证词以及后来曝光的伊朗–反政府军丑闻，使这一争议至今疑团重重。尤其无法解释的是，52 名人质恰恰是在里根宣誓就职之后 20 分钟之内就被释放了。

两伊战争：精神分裂式的里根外交政策（1980–1988）

1980 年萨达姆·侯赛因（Saddam Hussein）发动两伊战争。根据 2003 年解密的档案，美国在两伊战争期间与伊拉克保持高层接触，将其视为遏制伊朗激进革命的屏障。甚至在萨达姆对伊朗军队和本国平民使用化学武器时，华盛顿也选择了"保持沉默"。1982 年，里根政府将伊拉克从"支

持恐怖主义国家"名单中移除，从而不仅提供了数亿美元的信贷。从 1982 年 7 月开始，美国开始向伊拉克提供秘密的卫星情报，帮助伊拉克军队了解伊朗的部队部署。

了解这段历史，我们才能理解，为什么许多伊朗人（无论属于哪个派系）都认为美国对伊朗的意图本质上是敌对的，无论谁入主白宫。

但是几乎与此同时，里根内阁无视国会严禁向尼加拉瓜的反政府武装提供军事援助的立法。里根内阁通过将卖给伊朗的武器"提价"，获取了数千万美元的差价，然后将这笔"黑钱"绕过国会账目，直接汇给了尼加拉瓜的丛林游击队去颠覆尼加拉瓜政府。这就是臭名昭著的伊朗门丑闻。东窗事发之后，里根内阁千方百计地淡化，掩盖甚至销毁大量犯罪证据（诺斯中校）。老布什上台之后就特赦了六名关键高官，彻底终结调查。

错失的转机

世界罕见的合作时刻：JCPOA（2015）

这种敌对在 2015 年 7 月 14 日迎来了转机。在奥巴马内阁主导斡旋下，美国、英国、法国、德国、俄罗斯、中国（P5+1 联合国安理会五个常任理事国加上德国）与伊朗达成的《联合全面行动计划》（JCPOA）。JCPOA 是人类外交史上罕见的多边协作奇迹。其战略逻辑是明确的：限制并监控伊朗的核计划以延长其"突破时间"，同时提供制裁解除作为回报。

1. 伊朗同意拆除 2/3 离心机，削减 97% 浓缩铀库存，将丰度限制在 3.67%，且接受 IAEA 的 24/7 严密监控。
2. 美国等西方国家解除对伊朗的经济制裁。

从 2016 年 1 月协议正式实施到 2019 年（即美国单方面毁约并实施"极限施压"之后），IAEA 连续发布了 15 份季度报告。在这 15 份报告中，IAEA 每一次都明确证实伊朗完全履行了协议规定的核心义务：100% 合规纪录。仅在 2018 年一年内，IAEA 就对伊朗进行了超过 40 次根据《附加议定书》（Additional Protocol）进行的补充核查（通常是短时间通知的突击检查）。事实证明，JCPOA 成功通过外交手段将伊朗的核野心锁进了"铁笼"。

伊朗温和派的努力

当时，伊朗开明温和派总统**哈桑·鲁哈尼（Hassan Rouhani）顶着国内强硬派的巨大压力主导签署了该协议。鲁哈尼的愿景非常明确：通过限制核计划换取国际制裁的解除，让伊朗重回国际社会，成为一个"正常国家"。这本是对中东和平极为有利的局面：

1. 对伊朗：意味着经济复苏、民生改善，以及温和政治力量的巩固。
2. 对世界：意味着一个拥有数千年文明的大国不再是"流氓国家"，而是一个被规则约束的地区伙伴。

"三方强硬派"的联手绞杀和平

然而，这份本可以维持地区和平的协议，并非死于其条款的失效，却因三方强硬势力的"联手"而毁灭：川普（Trump 1.0）以色列极右翼内塔尼亚胡政权、以及伊朗国内强硬派。虽然三方势力虽然敌对，但在摧毁外交和平协议这一目标上竟达成了诡异的默契：

1. 川普（Trump 1.0）及其"反奥巴马"执念：川普对 JCPOA 的敌视并非基于安全评估，而是源于一种深刻的政治报复心理——凡是奥巴马支持的，他都要推翻。在他眼中，这份被全球外交官视为杰作的协议，仅仅是必须抹去的"前任遗产"。
2. 以色列内塔尼亚胡（Netanyahu）极右翼政权：内塔尼亚胡长期以来将"伊朗威胁"作为其国内政治统治的合法性来源。

一个受协议约束、逐渐融入国际社会的伊朗，对他而言是巨大的"政治威胁"。他通过那场极具表演性质的"伊朗撒谎"演讲，直接推动了川普的退约决策。而川普对历史的无知和不屑，对个人恭维的癖好，更是让他成为内塔尼亚胡忽悠的绝好目标。

3. 伊朗国内的强硬派（革命卫队）：伊朗国内的激进派始终视西方为死敌，当然希望继续对伊朗人民置于神权统治之下，同时也向伊朗人民宣传他们所有的痛苦都是美国等西方国家制裁的结果。在国内政治角斗中，川普的单方面毁约，恰恰验证了他们"美国不可信"的预言，从而彻底边缘化了鲁哈尼等温和派，让伊朗重新滑向对抗的深渊。

2018 年 5 月 8 日，川普单方面终止了美国参与 JCPOA，并重新实施制裁。在随后的几年里，伊朗强硬派重新掌权，逐步突破了 JCPOA 的限制；铀浓缩和库存扩张超出了协议允许的范围。

在鲁哈尼总统签署 JCPOA 协议的那一刻，世界本有一次机会走向和平。但因为川普对奥巴马遗产的极端仇视、内塔尼亚胡的邪恶政治、以及伊朗强硬派的顽冥不化，这扇和平窗户被暴力关上了。现在的战火，不过是当年那些被撕毁的契约在今日燃起的余烬。

川普对全球秩序的摧毁（2017—2020）

川普撕毁伊朗核协议并非孤立事件。川普 1.0 时期的外交主轴是全面清算奥巴马时代的全球合作国际主义的成果。为了他所谓的"美国优先"，无知狂妄的川普亲手推翻了一系列旨在维护全球长期利益的契约：

1. 《巴黎气候协议》：撤出全球应对气候变化的统一战线，使美国成为全球环保事业的异类。

2. 《跨太平洋伙伴关系协定》（TPP）：放弃了原本可以制约地区竞争对手、巩固美国在亚太经贸领导权的战略支点。

3. 《中导条约》（INF Treaty）：结束了冷战后期以来维系欧洲安全的军控基石，重新点燃了军备竞赛的火种。

4. 《联合国教科文组织》与《世卫组织》：在全球软实力和公共卫生危机时刻选择退群，造成了巨大的权力真空。

值得一提的是，内塔尼亚胡的极右政权对 2015 年伊朗核协议的敌视并非孤立事件，而是他们自 20 世纪 90 年代以来一贯政治逻辑的延续。内塔尼亚胡极右翼势力从 1993 奥斯陆和平协议以来就一直对以巴和平进程进行了千方百计的破坏和摧毁。内塔尼亚胡对和平进程的恐惧源于他的生存哲学：一旦地区实现真正的和平与正常化，他的极右势力所依赖的"安全威胁"叙事就会失效。

JCPOA 是冷战后 P5 罕见的建设性举措。如果它能被维持、加强和延长，中东今天的火药味可能会减轻许多。非常遗憾，历史一再证明，挑起争端往往比实现和平更容易更满足私利：

1. 川普大笔一挥就摧毁了奥巴马时代的外交协议。

2. 内塔尼亚胡煽动恐惧和仇恨更能维持他的右翼政权。

3. 伊朗强硬派反对妥协并从对抗中获得政治利益。

川普对奥巴马的"战争预言"（2011）

早在涉入政坛之前，川普多次声称奥巴马会为了政治利益与伊朗开战。Axios 的报道记录了他在 2011 年 11 月 16 日的视频声明和 11 月 29 日的推文，指责战争会被用来赢得连任。这段历史说明川普在当时也明白，领导人如何将"伊朗"作为一种为个人政治私利的工具。然而，2011 年的川普指责奥巴马做了一些奥巴马从未做过的事，而 2026 年的川普现在却恰恰在做这些事。

正如川普指责拜登选民欺诈，而他自己却通过散布"大谎言"、向佐治亚州州务卿（共和党人）施压要求他为川普"找出 11780 票"、并在他在 2020 年失败的多个州伪造虚假选举人名单等等言行来实施大选舞弊的行为。

川普"彻底摧毁"的谎言

2025 年 6 月 22 日，川普下令"午夜之锤"（Operation Midnight Hammer）的空袭行动，美国和以色列联合对伊朗核设施（福尔多、纳坦兹和伊斯法罕）进行大规模空袭。川普在随后的电视讲话中极度自信地宣布："今晚，我可以向世界报告，伊朗的核能力已被彻底、完全地抹除（Completely and totally obliterated）。" 此后，川普反复炫耀，使用"彻底抹除"（Obliterated）

但川普的谎言在 48 小时内便开始崩塌。2025 年 6 月 24 日，根据 CNN 披露的国防情报局（DIA）初步评估，空袭虽摧毁了地表设施，但深埋地下的核心离心机依然完好。情报显示，这次行动仅将伊朗核计划推迟了约六个月。

值得注意的是，在反击以色列过程中，伊朗通过瑞士大使馆提前告知了美方其反击的规模，展示了极度的克制。然而，这种克制并未换来外交转机，反而让川普陷入了"既宣称摧毁，又不断指责威胁"的逻辑死循环。

2026 年 1 月 27 日，川普及其特使忽然又危言耸听地警告称，伊朗现在距离拥有工业级炸弹制造材料仅有"一周时间"。当被问及几个月前被"抹除"的计划如何能在短短一周内造出炸弹时，川普， JD 万斯等人支支吾吾，难以解释。如果我们还有起码逻辑常识，我们应该拷问：

1. 是川普谎报军情还是美国情报界的评估严重失误？

2. 如果 2025 年 6 月已"彻底抹除"，那么半年后的"临界点"从何而来？

3. 如果伊朗在半年内就能恢复，说明 2025 年的军事行动是劳民伤财的无用功。

4. 如果"军事打击"只换来了 6 个月的停滞，那么为什么不继续 2015 年的协议，原本可以换来几十年的和平。

显而易见，川普宣布伊朗核能力已被"彻底抹除"，完全是他一贯的自我吹嘘，自我炫耀，旨在营造其"强人"形象。

根据 PolitiFact 和 PBS2026 年 2 月 28 日报道，川普声称伊朗的导弹"现在"威胁欧洲，且"很快"能到达美国本土。但是，2025 年根据国家情报总监办公室（ODNI）以及国防情报局（DIA）在 2025 年发布的机密汇总报告（后经部分解密），结论明确指出：伊朗虽然拥有中程弹道导弹（MRBM，射程约 2000 公里），但其距离研制出能够打击美国本土的洲际弹道导弹（ICBM）仍有数年之遥。民调显示，约 63%的美国公众认为总统在夸大伊朗威胁以转移对国内宪政危机的关注。

违反国际法和美国宪法的不宣而战

某些人说：伊朗现政权是邪恶的，因此该打。但是"某个政权是邪恶的"本身，并不构成在国际法上发动战争的合法理由。根据《联合国宪章》确立的基本原则，使用武力只有两种被普遍承认的合法情形：

1. 根据《联合国宪章》第 51 条的自卫原则（Self-defense）如果一个国家遭到武装攻击，或面临"迫在眉睫、不可避免"的武装威胁，可以行使自卫权。

2. 联合国安理会授权：如果 United Nations Security Council 认定某种情况威胁国际和平，并授权使用武力。

至今为止，没有任何证据显示伊朗核设施构成对美国"迫在眉睫的武装袭击"。因此，今天美国与以色列联合针对伊朗的持续空袭严重违反了国际法（《联合国宪章》第 51 条）。在没有确凿"即时武装袭击"证据的情况下，这种"预防性战争"在纽伦堡原则下等同于侵略。以 Ali Khamenei 领导下的伊朗为例，尽管政权专制、压制异见、支持地区武装组织——这些都属于严重的政治与人权争议——在国际法框架下，这些并不能自动赋予其他国家军事攻击的合法性。

根据美国宪法第一条第八款，只有国会拥有宣战权（Declare War）。川普目前的"预防性战争"和不宣而战，严重侵犯了宪法赋予国会的职权。

以"邪恶政权"的名义而发动战争是一个道德判断，就会产生许多问题：（1）"邪恶政权"的定义和涵盖范围是什么？（2）谁来定义"邪恶"？（3）是否会成为强国干涉弱国的工具？（4）会不会导致国际秩序全面失序？按照这个逻辑演绎下去，非常容易就陷入弱肉强食的丛林法则。这正是二战后建立联合国体系时刻意要避免的情况。

而且，战争本身是否带来更大不道德后果？推翻一个压制性政权，可能导致：内战，国家解体，平民大量伤亡，恐怖主义扩散，等等。上支持一个国家人民争取自由，与外部武力干预，是两回事。历史上，打着"解放"旗号的战争，并不总能带来更好的结果。

阿富汗和伊拉克就是惨痛昂贵的教训。推翻政权容易，重建国家极难。外部力量难以理解复杂的族群、宗教、权力结构。更何况是川普这类对历史无知和不屑的狂妄之徒。长期占领不仅消耗巨大资源与政治资本，而且会激发民族主义与极端主义。战略目标在行动中不断变化，从"反恐"变成"国家重建"，最后变成"如何体面撤出"。

《今日美国》2026 年 3 月 1 日星期日报道，自伊朗遭受袭击以来，路透社民意调查显示，72%的受访美国人对川普总统的决定表示不赞成（43%）或不确定（29%），只有 27%支持。

伊朗拥有中东最强大的军力

尽管川普宣称可以在数周之内"快速解决"，但公开资料与研究普遍认为，伊朗具备中东最强的常规与非对称作战能力之一。伊朗国土约 164.8 万平方公里，具备显著地理纵深；公开军力年鉴

口径常见为约 61 万现役、35 万预备役，再加上庞大的准军事动员体系，使其具备持续消耗与再生能力。外部研究普遍认为伊朗的导弹体系具有"分散—地下—可恢复"的特征；部分地区性研究机构估计，经历冲突消耗与打击后，伊朗仍可能保有约 1,000–1,200 枚可用导弹的库存区间。

而且，伊朗具备在霍尔木兹海峡制造系统性扰动的能力。EIA 估算 2024 年经霍尔木兹海峡的石油流量约相当于全球石油液体消费量的 20%；即便不是彻底封锁，只要出现扣船、干扰导航、保险费暴涨等"部分扰动"，也足以推升油价，影响全球经济，反噬美国国内通胀与民意。

更何况要知道，2003 年美国入侵伊拉克时，伊拉克人口仅约 2,500 万。伊朗的人口规模 9300 万几乎是当时的 4 倍。只要还有一点点关于越南、阿富汗和伊拉克的记性，美国应该知道出动地面部队征服伊朗是不可能的事情。

更严重的问题是，如此大规模的军事冲突，必然导致越来越多的人员伤亡。虽然伊朗官方、独立人权组织与西方媒体口径不一，但普遍承认行动已造成显著人员死亡，其中包含平民妇孺。随着伤亡上升，任何"精准打击"的说辞都会在舆论中更快瓦解，反而为强硬派提供动员资源。

历史也一再证明：伊朗人民对本国政治虽然有强烈不满（例如 2022 年抗议），但当外部火力落在德黑兰等城市时，民族主义与"反外部干预"的情绪往往会压过内部反对力量。在美方称为"Operation Epic Fury"、以方称为"Roaring Lion"的联合攻击越持续，伊朗强硬派必然煽动民族情绪，越有可能将战争叙事升级为"对民族生存的战争"。若平民伤亡持续扩大，原本倾向改革的温和派也可能在压力下被迫站到"抗美反以"立场，从而使冲突更难收场和旷日持久。

川普模式与丛林法则

川普在 2016 年竞选曾反对美国在中东的"永远的战争"，反对"改换政权"，并预言奥巴马总统

会为了连任而攻击伊朗。然而，历史证明，正是川普模式将美国一步一步地带入战争：无知任性地单方面撕毁和平协议，解除了对伊朗的有效制约，然后无耻地以伊朗不受制约作为只有武力解决的借口。这绝不是理性的战略，而是这是一种自我实现的疯狂螺旋：将本可避免的冲突变成"必然冲突"的过程。

而且，因为川普的无知和狂妄，美国陷入如此循环：轰炸伊朗，宣布完全摧毁，然后在几个月后再次轰炸……军事力量被用作循环的政治工具，而非长期的外交解决方案。

尽管许多伊朗高级领导人被暗杀或阵亡，但无法保证伊朗能过渡到民主，只需看看美军攻陷占领伊拉克和阿富汗超过十多年之后的结果是什么。

接下来更有可能发生的是来自伊朗另一位强硬派领导人上台，从而继续强硬的神权统治。因此，伊朗与美、以之间的敌对状态仍将继续。

历史将记住，是川普连同内塔尼亚胡以及伊朗的强硬派，为了他们的政治利益，以牺牲美国人民和伊朗人民为代价带来了战争。更严重的是，他们和俄国普京入侵乌克兰一样，将二十一世纪的人类社会倒退回 1945 年之前的弱肉强食的丛林世界。

作者著有：《美国民主宪政的危机与希望：从 2024 年大选透视两党区别和美国政治制度弊端》博登书屋 2024 出版 亚马逊纸质版 Amazon Paperback $18.00；谷歌电子版 Google EBook $16.00.

总统日警示：美国的民主宪政继续全面倒退

海阔天空

前言：今天是 2026 年总统日（President's Day）。在这个本应庆祝美国民主成就的日子里，全球各大民主监测机构的最新资料却勾勒出一幅截然不同的阴暗图景。根据最新的全球数据与 NPR 等主流媒体的深度报导，美国正处于建国以来最严峻的宪政危机之中。本文是一份综合分析，涵盖学界对美国民主倒退的警告、NPR 的深度调查、三大全球指数的长期趋势，对当前美国政体演变的严峻评估，以及为什么川普的铁盘始终保持在 30%—35%。

一、学界警告：美国正滑向威权主义

随着美国逐渐接近 2026 年中期选举，越来越多的政治学者对美国正向某种形式的威权体制转变表达了深切担忧。

瑞典 V-Dem 研究所（V-Dem Institute）监测全球民主状况的负责人 Staffan I. Lindberg 指出，在其研究团队的衡量体系中，美国已经越过民主阈值，进入所谓的"选举性威权主义国家"（electoral autocracy）行列。

哈佛大学政治学教授、《民主如何死去》合著者史蒂文·莱维茨基（Steven Levitsky）也持类似判断。他认为，美国在 2025–26 年期间实际上已经滑入一种"竞争型威权主义"（competitive authoritarianism）。尽管他认为这一趋势仍有可能被逆转，但其基本特征已经具备威权体制的核心要素。

在竞争型威权主义体制下，国家仍然举行选举，但执政者通过攻击独立媒体、剥夺或压制选民权利、将司法系统工具化以及威胁批评者等方式，使选举竞争环境严重倾斜，难以实现真正公平的政治竞争。

莱维茨基特别指出，2025 年 9 月发生的两起事件极具警示意义：其一，川普政府公开威胁 ABC 电视台母公司迪斯尼；其二，川普召集所有将军训话，提出让美军将美国城市作为训练部署场地的构想。这类言论和思路，在 1970 年代南美军事独裁时期曾反复出现。

笔者在此补充一条被绝大部分公众忽略但是非常令人担忧的事实：2025 年 7 月 30 日美联社报导，川普开始会见四星上将候选人，这又是一个史无前例以往的做法，将美国军队的最高将领的人选政治化，甚至是个人化。在川普 1.0 期间，川普就多次在公开场合使用"我的将军 my generals"和"我的军队 my military"的词语。这说明对于美国的历史和宪法，川普要么是绝对的无知，要么是绝对的无视。

这令人不禁回想起，川普 1.0 上任之后的第七天（2021 年 1 月 27 日）就单独邀请当时的联邦调查局长科米（共和党人，小布什的司法部副部长）到白宫进行一对一的烛光晚餐，然后要求科米向他个人效忠，遭到科米的拒绝。四个月之后，川普就以非常荒谬的理由解除了科米。科米事后回忆评论，川普的如此言行于黑帮大佬无异。

二、不同声音：制度"韧性论"的反驳

当然，并非所有学者都认同将川普直接界定

为潜在独裁者。一些评论者认为，总统扩张行政权力的举措，更多是为应对前任政府遗留的问题，而非出于威权主义动机。

乔治华盛顿大学法学院教授 Jonathan Turley 认为，川普对新闻机构和大学施压、要求纠正其所谓"自由派偏见"的做法，虽然存在争议，但在其逻辑框架内并非完全不可辩护。

得克萨斯大学奥斯汀分校教授 Kurt Weyland 也指出，尽管美国体制正遭受严重冲击，但民主制度本身仍具一定韧性。他认为，总统的一些激进行动尚未彻底扭曲未来众议院选举的核心规则。

笔者认为，持如此观点的人士—无意或是故意地—忽略了非常重要的事实，川普 2.0 一年以来对律师事务所，新闻机构和顶尖大学打击和施压，对许多联邦法院的判决阳奉阴违，拖延执行甚至忽略。所有这些行为，都是史无前例地将总统行政权力根据一个人的喜好进行无限扩张。例如：

- 2025 年 3 月，川普先后签署行政令（如第 14230 号、14237 号），点名制裁 Perkins Coie 和 Paul Weiss 等律所。理由是这些律所曾代表民主党或在以往诉讼中反对过川普。制裁手段包括：吊销律所员工的安全许可（Security Clearances）、禁止其进入联邦大楼、要求政府机构终止与这些律所的所有合同。
- 2025 年上半年，川普政府以"打击校园反犹主义"和"消除左翼偏见"为由，暂停了向哈佛大学、康奈尔大学、普林斯顿大学、西北大学等名校发放的数十亿美元联邦资助
- 川普及其盟友对《华尔街日报》《纽约时报》等机构发起多起诽谤诉讼。尽管许多诉讼在法律上胜算渺茫，但其真实目的是通过漫长的取证（Deposition）和高昂的律师费"抽干"新闻机构的资源，产生"寒蝉效应"。川普白宫还多次暗示可能会针对那些被其认为"不

公平"的电视广播网（如 ABC、NBC）启动广播执照审查。
- FEMA 灾难援助专案（BRIC）.2025 年 12 月，法院明确命令联邦紧急事务管理局（FEMA）恢复被非法终止的防灾减灾拨款。但直到 2026 年初，多个州的司法部长仍反映 FEMA 以"内部审计"为由拒绝拨付资金，被批评为公然无视法庭裁决。

三、迫在眉睫的考验：2026 年中期选举

然而，无论立场如何分歧，学界普遍认为，美国民主制度面临的下一个关键考验，将是 2026 年中期选举。

川普政府已对多个州提起诉讼，要求移交选民资料。例如，司法部长帕姆·邦迪表示，如果明尼苏达州官员同意交出大量选民数据，川普政府会从该州撤回执法人员。这一举动引发了学界对投票公正性和选民隐私的严重担忧。普林斯顿大学社会学家 Kim Scheppele 指出，这种做法与匈牙利政府过去使用的手段高度相似，可能在实际操作中阻碍部分选民顺利投票，从而对民主过程构成实质威胁。

自从 2025 年夏季，因为担心在 2026 年中期选举中输掉联邦众议院，川普要求共和党控制的州例如得克萨斯重新划分联邦众议员选区，企图通过改写规则，维持其一党独大的政治利益。而如此赤裸裸的谋求一党独大的权力掠夺行为，在 2026 年 1 月 22 日获得了由六个保守派大法官把持的最高法院的保驾护航，6—3 裁决指出，尽管得克萨斯州的选区划分看起来极其"扭曲"，但如果这种划分是出于党派利益（Partisan）而非纯粹的种族歧视（Racial），联邦法院就没有权力干预。在六个保守派大法官看来，选举不过是政客挑选选民以维持其政治利益的手段，而不是真实地反映选民意愿的透明公正的程序。

此外，川普盟友曾提出在投票站部署移民与

海关执法局（ICE）人员以打击非法投票的建议。尽管白宫否认总统曾支持该方案，且联邦法律明确禁止此类行为，但学者们普遍认为，这种构想本身就足以对少数族裔和归化公民产生威慑效应。

路透社报道，川普 2026 年 1 月 15 日在接受记者采访中表示，鉴于他在任期间的成就，美国不应该在今年稍后举行中期选举。2026 年 1 月 20 日，川普签署了一项极具扩张性的行政命令，声称为了"确保选举公正"并"彻底消除选举舞弊"，联邦政府（通过国土安全部 DHS 和新成立的选举诚信委员会）将对各州的选举程序实施直接监督。川普还在当天的白宫演说及社交媒体帖子中，实质上提出了选举的"事实国有化"：联邦接管投票机，联邦机构清洗选民名册和授权联邦特工作为"选举观察员"进入投票站。这一举动被法律专家称为"对《宪法》第十修正案的公然违抗"。根据美国宪法，选举的组织和管理权属于各州。

四、NPR 深度调查：威权主义的系统性重塑

2026 年 2 月 16 日，NPR 发布深度报导指出，川普 2.0 政府自 2025 年 1 月就职以来，已不再满足于零散的政策调整，而是对联邦政府进行了系统性重塑。

- "Schedule F"与公务员清洗：报导详述了政府如何利用行政命令，将数万名受法律保护的职业文官重分类为可随意解雇的政治任命官。在环保局（EPA）和疾病控制中心（CDC），数十名拒绝在科学报告中加入政治立场的资深专家已被勒令提早退休或调往偏远岗位。
- "黑衣"联邦特工的常态化：NPR 记者观察到，在华盛顿特区和主要边境城市，出现了大量**身着黑色战术服、佩戴面罩且无任何身份标识（如工号、姓名或所属机构）**的执法人员。这些特工的行为与传统的美国警

务规范背道而驰，更像是在执行"家法"而非公法。

- 司法武器化实例：报导披露，白宫办公厅曾多次直接致电司法部（DOJ），要求撤销对执政党捐赠者或支持者（前纽约市长亚当斯）的刑事调查，转而对几位在大选期间持批评态度的媒体高管发起税务审计，对前联邦调查局长科米，纽约州总检察长詹姆斯的发起检控。负责办理亚当斯，科米和詹姆斯案件都是资深的联邦检察官，他们都以辞职表达了对川普干预司法独立的反对。

五、三大全球指数的最新报告

许多年来，民主指数（EIU），清廉指数（TI）和自由指数（Freedom House）是国际公认的衡量国家治理、政治环境和腐败程度的"风向标"。

1. 民主指数（Democracy Index）

- 发布机构：英国经济学人智库（EIU）
- 核心内容：将全球国家分为四类：完全民主、主流民主（Flawed Democracy）、混合政权、独裁政权。
- 最新动态（2025—2026）：
- 全球趋势：全球平均分降至 5.17，为 2006 年该指数设立以来的最低点。
- 衡量维度：选举程序、政府运作、政治参与、政治文化和公民自由。
- 关注点：报告指出 2025 年多国政府在"行政扩权"和"削弱法治"方面表现显著，导致多国从"完全民主"滑向"主流民主"。

2. 清廉指数（Corruption Perceptions Index, CPI）

- 发布机构：透明国际（Transparency International）
- 核心内容：衡量各国公共部门被感知的腐败

程度（分值为 0—100，分数越高越清廉）。

- 最新动态（2026 年 2 月发布）：
- 全球趋势：全球平均分仅为 42。丹麦（89）继续稳居全球第一，而美国（64）分值持续下滑，降至其历史最低水平。
- 核心警告：2026 年报告特别指出，即使是成熟的民主国家，也出现了"领导力衰退"和对独立司法机构干预的现象，这正在侵蚀反腐成果。

3. 自由指数（Freedom in the World）

- 发布机构：自由之家（Freedom House）

- 核心内容：将国家分为：自由、部分自由、不自由。
- 最新动态（2025—2026）：
- 全球趋势：全球自由度已连续第 19 年下滑。
- 关键发现：报告强调了"选举暴力"和"对网络言论的镇压"。值得注意的是，台湾（79 分）在 2025 年网络自由度报告中名列全球第七、亚洲第一。
- 警示：2026 年的报告对"跨国镇压"和"利用行政命令改变选举规则"的行为表示了高度担忧。

指数名称	侧重点	满分/理想状态	2026 年核心信号
民主指数	政治体制的完整性	10 分（完全民主）	全球民主水平跌至历史新低
清廉指数	公共权力是否被滥用	100 分（极清廉）	制度弱化导致反腐停滞
自由指数	公民的政治权利与自由	100 分（完全自由）	自由度连续 19 年衰退

4. 三大指数 2026 全球前十名（Top 10）

截至 2026 年 2 月的最新资料，三大权威国际指针显示北欧和西欧国家以及加拿大和新西兰继续保持领先。

排 名	民主指数（EIU）	清廉指数（TI）	自由指数（Freedom House）
1	挪威	丹麦	瑞典
2	新西兰	芬兰	芬兰
3	冰岛	新西兰	挪威
4	瑞典	挪威	新西兰
5	芬兰	新加坡	爱尔兰
6	丹麦	瑞典	瑞士
7	爱尔兰	瑞士	卢森堡
8	瑞士	荷兰	荷兰
9	荷兰	德国	爱沙尼亚
10	台湾	卢森堡	加拿大

六、三大全球指数显示：美国民主衰落的十年（2016–2026）

尽管三大权威国际指标采用不同的统计分析方法，但是给出了高度一致的结论：美国的民主质量、廉政水平与公民自由自 2016 年以来持续下滑，于 2025 年跌至历史新低。美国的表现已不再符合其传统定义的"民主灯塔"形象，而是显示出系统性的衰退。以下是美国 2016 年以来在这三组资料的排名，持续下降的原因分析，以及"邻近国家"对比：

1. 民主指数（Democracy Index - EIU）

2016 年：8.05 分（从"完全民主"降级为"瑕疵民主" Flawed Democracy）。

2026 年：预计得分 7.85。全球排名：第 28 位。

原因分析：EIU 指出，美国得分骤降的核心在于**"政治参与度与政府运作的背离"**。虽然投票率一度提高，但民众对制度的信任崩塌。2025 年后，行政部门利用行政命令（如"Schedule F"）将公务员系统政治化，直接损害了"政府运作"这一衡量维度的得分。政治极化已导致立法僵局常态化，政府被视为只为少数党派利益服务。

对比国家：美国目前的排名已低于智利（25）、爱沙尼亚（27），且得分极其接近塞浦路斯（29）和波黑等处于转型动荡期的国家。它已稳居"瑕疵民主"梯队的中下游。

2. 清廉印象指数（CPI - Transparency International）

2015 年：75/100 分。

2026 年：64/100 分（历史最低）。全球排名：第 29 位。

原因分析：透明国际在报告中明确指出，美国衰落的主因是**"高层问责制的消失"**。2025 年政府冻结《海外反腐败法》（FCPA）的执法行动被视为灾难性的转折点。此外，总统家族通过社交媒体公司及酒店直接收受外国资金、亿万富翁入阁后对监管机构的实质性控制（财阀政治），使美国表现出明显的掠夺政治（Kleptocracy）**特征。

对比国家：美国的清廉排名目前不仅低于巴哈马和巴巴多斯，甚至被塞舌尔（25）和不丹（26）超越，排名位置与卡塔尔、格鲁吉亚等国家重迭，反映出其法律体系对权力寻租的约束力已大幅减弱。

3. 世界自由指数（Freedom in the World - Freedom House）

历史高点：94/100 分。

2026 年：83/100 分。状态："自由"（但处于降级为"部分自由"的边缘）。

原因分析：自由之家指出，虽然美国仍维持选举形式，但**"法治（Rule of Law）"和"个人权利"**已大幅萎缩。

司法干预：行政部门公然干预司法独立，要求撤销对盟友的起诉。

暴力执法：2025 年后出现的无标识蒙面联邦特工在城市内执行任务，制造了法律真空区。

新闻自由：总统多次威胁取消主流媒体（如 ABC、CNN）的执照或进行税务报复，产生了严重的寒蝉效应。

对比国家：美国的得分已从第一梯队（90+）跌落，目前与摩纳哥、加纳、巴拿马同处于一个区间。相比之下，传统的西方盟友如北欧国家（100 分）和加拿大（97 分）早已将其抛在身后。

4. 总结分析：为何美国正在"匈牙利化"？

这三组数据共同指向一个结论：美国已从一个基于制度的宪政民主制，退化为一种基于个人忠诚的威权雏形。

黑手党式管理：当总统要求执法和情报首长宣誓"个人效忠"而非"效忠宪法"时，联邦政府的逻辑已等同于黑手党组织。

掠夺与财阀化：监管机构被大资本家直接掌

控（如马斯克的效率部），意味着政策已沦为私人获利的工具。

黑帮政权倾向：蒙面特工的出现象征着执法已不再是为了维护治安，而是为了执行"黑帮大佬"的意志。

5. 下一次危机点：

调查机构	核心评语：为什么美国自 2016 年起衰落？
民主指数（EIU）	"由于民众对政府运作的信任度崩塌，以及政治两极分化的极端化，美国已从'完全民主'降级。到 2026 年，行政权的过度扩张已使其宪政基础岌岌可危。"
清廉指数（TI）	"美国得分骤降归因于制衡机制的削弱。高级别权力层的伦理准则被侵蚀，尤其是政府在 2025 年后冻结了海外反腐败执法，标志着'大腐败'（Grand Corruption）的制度化。"
自由之家（Freedom House）	"选举否认主义、针对少数群体的针对性政策，以及对独立媒体的持续攻击，导致美国在公民自由和政治权利方面连续 10 年退步，正步入**'非自由民主'（Illiberal Democracy）**的深渊。"

所有三家机构都将 2026 年中期选选举视为定美国是否会彻底滑向"部分自由/选举威权"的关键节点。如果选民数据移交诉讼和对少数族裔投票权的威慑取得成功，或者川普真的大规模派遣联邦执法人员到民主党选区，甚至宣布紧急状态，美国在明年（2027）的评分中可能会正式从"自由"国家名单中消失。

七、美国正在向各种黑暗模式的堕落

在 2026 年的今天，美国已不再是一个功能健全的宪政民主共和国。相反，它正沿着匈牙利和土耳其的旧路，演变成一个带有威权色彩的"一党制"政权。当前的美国已集警察国家（Police State）、寡头政治（Oligarchy）、财阀政治（Plutocracy）和掠夺政治（Kleptocracy）于一身。以下结合川普 2.0 政府自 2025 年 1 月以来的实际行为对这些政治术语进行解析：

1. 警察国家（Police State）

川普通过行政命令大规模清洗司法部和联邦调查局，任命绝对忠诚者，并将执法部门转变为针对"内部敌人"的工具。派遣联邦特工甚至国民卫队进入各州，进行国内大规模驱逐行动，标志着联邦与州之间，民事和军事之间的界限的崩塌。

2. 寡头政治（Oligarchy）＆财阀政治（Plutocracy）

川普政府权力高度集中在少数由亿万富翁组成的内阁中（如马斯克领导的新"政府效率部"）。政策制定不再服务于公共利益，而是通过取消反垄断法和环保法规，直接让支持他的商业寡头获益，实现财富与权力的死循环。

3. 掠夺政治（Kleptocracy）

川普及其家族在 2025 年后继续通过旗下的酒店和社交媒体公司（Trump Media）接受外国资金。更严重的是，2026 年报告揭露政府冻结了《海外反腐败法》（FCPA）的执行，这变相允许了行政权力的商业化，使联邦政府沦为个人致富的工具。《纽约时报》2026 年 1 月 20 日揭露，川普家族在 2025 年就以各种方式（公开和暗中）以权谋私大肆敛财超过 14 亿美元。

4. 威权一党制趋向（Authoritarian One - party Wannabe）

通过所谓"Schedule F"计划，川普已在 2025 年内将数万名职业文官转为政治任命官。这意味着整个联邦官僚系统已不再是中立的，而是效忠于领袖个人的政治机器，效仿欧尔班在匈牙利的党国体制。这种结构性改造，使行政权不再受制度约束，而更像服务于领袖个人的政治机器。

5. 黑手党式政权

是指政府不再依靠法律和制度运行，而是基于个人忠诚、利益交换和暴力威慑。要求高级官员个人效忠、无标识蒙面执法人员的常态化出现、对司法系统的直接干预，都呈现出这种治理逻辑的典型特征。川普 2.0 的许多高级官员的资历完全不符合职务要求，都是因为对川普个人绝对效忠而获得提名，例如国防部长，司法部长，国家情报总监，联邦调查局长，海军部长，等等。

暴徒行为：街头出现的面罩执法者、无标识特工，其行为模式——通过武力恐吓、法律灰色地带操作和暴力驱逐——与黑帮和银行抢匪如出一辙，旨在制造恐惧以压制反抗。

八、开国先贤的警告：总统日的沉痛反思

在 2026 年总统日，我们不仅是在见证数据的滑落，更是在见证先贤恐惧的成真。杰斐逊曾警告'政府得寸进尺'是暴政的自然进步；亚当斯预言了'民主的自杀'；而帕特里克·亨利则早在两百年前就预见了当行政首长将法律与军队'工具化'时，共和国的丧钟便已敲响。

1. 托马斯·杰斐逊（Thomas Jefferson）——关于"行政暴政"与"法律废墟"

杰斐逊最担心的是当权者通过违背宪法来集中权力。

- 关于行政扩权："暴政的自然进步是自由让步，政府得寸进尺。"（The natural progress of things is for liberty to yield and government to gain ground.）
- 关于宪法废墟：他在 1803 年写道，如果宪法被赋予"可随意解释"的权力，那么"宪法将变成手中的蜡，可以被随意塑造和扭曲"。这正是对应了当前通过行政命令绕过国会的现状。
- 关于警惕心："自由的代价是永恒的警惕。"（Eternal vigilance is the price of liberty.）他警告，如果民众不再警惕，那么选举出来的领袖很快就会变成压迫者。

2. 约翰·亚当斯（John Adams）——关于"民主的自杀"与"财阀政治"

亚当斯是现实主义者，他深知民主制度极其脆弱，如果不加节制，很快就会崩溃。

- 关于民主的寿命："记住，民主从不长久。它很快就会浪费、耗尽并自杀。从未有一个民主政体不自杀的。"（Democracy never lasts long. It soon wastes, exhausts, and murders itself.）他警告民主的自杀往往始于对法律尊严的蔑视。
- 关于野心家："权力和财产的结合必然会产生一种致命的引力，最终导致专制。"他预见了财阀政治（Plutocracy）对共和制的腐蚀。
- 关于暴政的本质："只要政府偏离了为民谋福祉的初衷，它就是暴政，无论它是叫君主制还是共和国。"

3. 其他开国先贤的警告

- 乔治·华盛顿在告别演说中警告，极端的党派斗争将为野心家打开通往永久专制的大门。
- 亚历山大·汉米尔顿在《联邦党人文集》中警告，煽动者往往以讨好民众起家，最终以暴君收场。
- 詹姆斯·麦迪逊指出，立法、行政与司法权力的集中正是暴政的定义。
- 本杰明·富兰克林则提醒："这是一个共和国——如果你们守得住它。"
- 约翰·杰伊（John Jay）第一任最高法院首席大法官："那些拥有国家（财富）的人应该统治国家。"他晚年曾忧虑地指出，如果这种思想过度化，共和制将沦为寡头政治（Oligarchy）。
- 帕特里克·亨利（Patrick Henry）：在 1788 年

的制宪会议上，他发出了最著名的警示："当行政首长可以指挥军队时，他将拥有摧毁你们的力量。他可以通过武力或通过法律（工具化）来实现暴政。"

九、"威权动力学"显示 30%–35%的"潜在威权者"

早在川普 1.0 期间，川普就多次公开宣称宪法第二章 Article II 赋予他可以干任何事情的权力。这当然是违反宪法和违背美国建国历史的。但是许多川普的支持者显然是认同的。

在 2024 大选中的一次电视采访中，川普又宣称他当选上任后，会当一天的独裁者。很多中间选民当时认为是开玩笑而已，不知他们现在有何感想。而许多川普的支持者更是认为没有问题。

由政治心理学家凯伦·斯滕纳（Karen Stenner）等学者通过跨国研究提出，在政治心理学中被称为"威权动力学"（The Authoritarian Dynamic）。根据相关实证研究，在任何社会中，都存在一个比例相对稳定的群体，他们天生偏好"一致性"与"秩序"，并在特定条件下展现出对"强人政治"的青睐。

斯滕纳等学者的核心发现是，约有 33%（三分之一）的人口在心理特质上具有"威权主义诱因"（Authoritarian Predisposition）。这些人的心理偏好是：这一群体在价值观上优先考虑"一体性与同一性"（Oneness and Sameness），而非"多样性与个人自由"。这种特质在本质上不是政治立场，而是一种心理结构。它存在于所有国家以及所有政治光谱中。

关键在于，这 30%多的人并不总是表现出敌对或强硬的态度。他们的威权行为需要被"规范性威胁"（Normative Threat）启动：

- 静默状态：在社会稳定、文化高度统一或变革缓慢的时期，这一群体可能表现得与普通人无异。
- 启动状态：当社会经历剧烈的文化变革（如移民涌入、多元文化主义推广、性别观念改变）或政治动荡时，他们会感知到"规范性威胁"。
- 反应：一旦被启动，他们会表现出对强有力领导人的极度渴望，并对异见者、外来者或多元文化产生显著的敌意。

以上理论解释了为什么川普的铁盘就是在 35%左右，无论川普撒了无数的谎言，做了无数毫无廉耻无法无天的事情。

结 语

2026 年的总统日，不再只是对民主胜利的纪念，而更像一记警钟。我们面对的是一个被改造为"个人私器"的联邦政府，其行为逻辑已完全脱离民主轨道。

目前的美国，正如匈牙利和土耳其一样，已经从一个功能健全的宪政民主共和国，迅速滑向一种以个人崇拜为基础，以个人权力为中心，由少数人控制，为富豪阶层利益服务的威权体制，其联邦政府正在被改造为服务个人意志的工具。

当权力的制衡被金钱和行政暴力取代，美国正在全球民主排行榜上加速下行，步入一个黑暗的、由极少数人统治的威权时代。在这个总统日，美国面对的不是庆祝的理由，而是一次深刻而痛苦的自我审视。

美国的唯一希望是，三分之二的民众能够及时觉醒和站出来，继续以各种各样的和平非暴力方式，特别是在 2026 中期选举中，对川普的黑帮式政权说"不！"。

纽约|2026.02.16 初稿|2026.02.22 修订

作者著有：《美国民主宪政的危机与希望：从 2024 年大选透视两党区别和美国政治制度弊端》博登书屋 2024 年出版 亚马逊有售纸质版 Amazon Paperback $18.00，谷歌电子版 Google eBook $16.00.

川普 2.0 第一年盘点及 2026 中期选举预测

海阔天空

前言： 在川普 2.0 一周年之际，川普主义完全显露无遗。国内施政是行政独裁无视三权分立，国际外交是强权霸凌颠覆全球秩序，经济政策是继续劫贫济富的为富豪阶层大幅度减税，环保政策是继续无视科学证据否认全球气候变化。虽然共和党基本盘依然稳固，但在中间选民中的支持率遭遇了历史性的暴跌。2025 年"蓝色浪潮"的选举结果，达沃斯论坛上盟友的集体抵制，川普的褐衫蒙面 ICE 的暴力执法滥杀无辜而在全国各地引起的此起彼伏的抗议示威，2026 年的中期选举将是一场终极全民公投：美国选民面一个严峻选择：究竟想要一个"黑帮霸凌式"的强人，还是一个回归常态、遵守法治、尊重盟友的政府。

一、全美民意调查（主流媒体追踪）

截至 2026 年 1 月下旬，来自纽约时报/西耶纳（NYT/Siena）、CNN/SSRS、CBS/YouGov、路透社/Ipsos、PBS News/NPR/Marist、NBC News Decision Desk/SurveyMonkey、ABC News/《华盛顿邮报》/Ipsos 等主流媒体的一周年民调，已经高度收敛到一个结论：

川普总体支持率处于明显"水下"，而独立选民在几乎所有关键议题上形成一致的否定判断。

共和党选民仍然在身份认同层面支持川普，但裂痕正在从"是否支持"转向"是否认同其治理方式"。这种结构性变化，叠加 2025 年多场选举中民主党显著超额表现，构成了一个极其典型、且在美国政治史上反复出现的中期选举前兆。

表 1：全美综合支持率（2026 年 1 月）

川普在所有关键议题的净支持率都处于−15 到−30 区间，而"生活成本""医疗""透明度/丑闻"已经进入系统性失信区间（−27 到−38）。这不是单点危机，而是全面的治理信誉问题。其中值得注意：

- 路透社：生活成本是 70%选民的首要怨气来源。
- 美联社：包括部分共和党的大部分选民对削减医保补贴（ACA）表现出强烈反弹。
- CBS：强硬的移民政策本来是川普的强项，但是一年之后，61%美国人认为大规模驱逐手段"做得太过火"。
- 爱泼斯坦文件，包括部分的共和党选民的多数选民认为川普在保护他自己和某些政界盟友。

议题	支持	反对	净支持率	主要民调来源
总体施政支持率	40%	58%	−18	NYT/Siena、CNN、CBS、Reuters/Ipsos、Marist、NBC、ABC/WP
经济表现	37%	59%	−22	CNN、CBS、Reuters/Ipsos、Marist、ABC/WP
通胀/生活成本	33%	63%	−30	CBS、Reuters/Ipsos
移民政策	42%	58%	−16	CNN、CBS
关税政策	37%	62%	−25	CNN、ABC/WP、NYT

议　题	支持	反对	净支持率	主要民调来源
医疗政策	36%	63%	−27	CNN
委内瑞拉政策	40%	55%	−15	CNN、CBS、Reuters/Ipsos、NYT
乌克兰/对外政策	37%	56%	−19	Marist、Reuters/Ipsos、CNN、ABC/WP
爱泼斯坦文件处理	21%	59%	−38	Reuters/Ipsos

表 2：独立选民的"大逃亡"（2025 vs. 2026）

独立选民是 2024 年川普获胜的关键，但过去 12 个月他们支持率平均暴跌了 28 个百分点。独立选民的否定不是意识形态驱动，而是高度"治理绩效导向"。当生活成本、透明度和国际风险同时恶化时，独立选民会迅速形成一致的反执政立场。以下是独立选民在八个方面对川普政策言行的态度转变：

- 整体表现下跌 28 个百分点。
- 委内瑞拉政策下跌幅度最少，11 个百分点。
- 爱泼斯坦档案的处理下跌的幅度最大，33 个百分点。

类　别	2025 年 1 月	2026 年 1 月	支持率变化	主要致变因素
1. 整体表现	46%	18%	-28 pts	对频繁使用行政命令和"混乱感"感到疲劳。
2. 经济/关税	41%	24%	-17 pts	关税直接推高了超市物价和零售成本。
3. 移民执法	49%	28%	-21 pts	对"蒙面执法人员"等激进手段的人道主义担忧。
4. 乌克兰政策	40%	25%	-15 pts	认为"20 点计划"是在变相奖励侵略者。
5. 委内瑞拉	42%	31%	-11 pts	担心美国陷入南美版的"持久战争"。
6. 爱泼斯坦档案	45%	12%	-33 pts	对档案中关键姓名被"脱敏掩盖"感到愤怒。
7. 格陵兰岛	38%	9%	-29 pts	被视为分散经济精力的、危险的政治闹剧。
8. 医疗保健	35%	19%	-16 pts	担忧保费飙升和既往病史保障的丧失。

表 3：共和党内部的变化（2025 vs. 2026）

虽然共和党整体忠诚度依然极高，但已经出现下降迹象 5 个百分点，主要在"建制派"与"MAGA"之间已出现裂痕。共和党选民仍会投票，但对治理方式的疑虑会转化为较低的热情、较弱的动员能力，这在中期选举中极为致命。以下是共和党选民在八个方面对川普政策言行的态度转变：

- 整体表现下跌 5 个百分点。
- 委内瑞拉政策和移民执法下跌的幅度最少，分别是 4 个百分点和 5 个百分点。
- 爱泼斯坦档案和格陵兰岛政策下跌的幅度最大，分别是 22 个百分点和 25 个百分点。

类　别	2025 年 1 月	2026 年 1 月	支持率变化	主要致变因素
1. 整体表现	91%	86%	-5 pts	郊区共和党选民对总统风格的轻微流失。
2. 经济/关税	88%	81%	-7 pts	农业地带选民担忧贸易报复推高生产成本。
3. 移民执法	93%	88%	-5 pts	核心盘依然高度统一，仅在某些受到 ICE 影响的社区有局部波动。
4. 乌克兰政策	85%	70%	-15 pts	"孤立主义者"与传统"国防鹰派"之间的决裂。

类　别	2025 年 1 月	2026 年 1 月	支持率变化	主要致变因素
5. 委内瑞拉	88%	84%	-4 pts	移除马杜罗政权依然是党内极少数的共识点。
6. 爱泼斯坦档案	67%	45%	-22 pts	55%共和党选民强烈要求无差别公开，不论涉及哪方。
7. 格陵兰岛	65%	40%	-25 pts	60%共和党选对合并/管理该岛所需的巨额财政支出感到不安。
8. 医疗保健	72%	58%	-14 pts	贫困农村地区的共和党选民--特别是在红州--对失去医保补助的恐慌。

二、历史对比：川普 1.0 vs. 2.0

表 4：首年执政民意对比（2018 vs. 2026）

- 2018 年数据对应川普第一任期上任满一年（2017–2018）
- 2026 年数据对应川普第二任期上任满一年（2025–2026）

数据来自 CNN/SSRS、CBS、Reuters/Ipsos, NYT/Siena 等主流媒体在两时期发布的可比指标；

净支持率 = 支持率 － 反对率。

指　标	川普 1.0（2018 年初）	川普 2.0（2026 年初）	变化幅度
总体施政支持率	40% 支持 / 55% 反对（净 −15）	39–40% 支持 / 58–61% 反对（净 −18～−21）	进一步恶化
经济表现评价	49% 支持 / 43% 反对（净 +6）	36–39% 支持 / 59–61% 反对（净 −22～−25）	由正转负，幅度显著
通胀 / 生活成本	非核心议题，未形成系统负面	33% 支持 / 63% 反对（净 −30）	新增致命短板
移民政策	38% 支持 / 57% 反对（净 −19）	42% 支持 / 58% 反对（净 −16）	略有改善但仍水下
外交 / 对外事务	35% 支持 / 56% 反对（净 −21）	37–39% 支持 / 56–60% 反对（净 −19～−23）	基本持平偏弱
治理信任 / 丑闻影响	尚未形成系统性信任危机	爱泼斯坦文件：21% 支持 / 59% 反对（净 −38）	结构性恶

表 4 显示川普 2.0 在上任一年时的民意基础，整体弱于川普 1.0 同期，尤其是在决定中期选举走向的"硬指标"上。

在川普第一任期的一周年节点（2018 年初），尽管其总体支持率并不高，但经济评价仍保持净正值。而到了川普第二任期，这一支撑点已经消失。经济表现评价从净+6 6 直接净−20 以上的区间，且通胀与生活成本首次成为压倒性负面议题。这意味着选民的不满不再是情绪性或道德性的，而是直接触及日常生计。在美国政治中，这是最难被忽视、也最难被"话术修复"的类型。

更重要的是，川普 2.0 叠加了川普 1.0 所不具备的第三重负担：系统性的治理信任问题。爱泼斯坦文件事件所反映的，并不仅是某一具体争议，而是选民对权力透明度、规则平等与制度诚信的根本性怀疑。这类议题一旦在独立选民中定型，往往具有高度黏性，很难在短期内逆转。

三、2018 中期选举的警示

在川普 1.0 期间的 2018 年中期选举，共和党在众议院失去了 41 席位，导致川普失去了立法主导权并面临重重调查。目前的 2026 年轨迹不仅复制了当时的郊区败北，且在外交和透明度（如爱泼斯坦档案）上的民意基础比比 2018 加脆弱。

中期选举并不取决于基本盘是否忠诚，而取

决于两件事：独立选民是否倒向反对阵营，以及执政党基本盘是否保持足够的投票热情。表 5 所呈现的，正是对川普 2.0 极为不利的组合——独立选民明显流失，而共和党支持虽在，却开始出现"情绪支持高、行动动员弱"的迹象。

从历史经验看，当独立选民支持率跌破三成，而执政党无法在经济或治理绩效上迅速修复信任时，中期选举的结果往往不取决于竞选战术，而取决于结构本身。2018 年如此，2026 年的迹象，已经比当年更加清晰。

四、2025 蓝色浪潮的预演

2025 年的选举结果显示，民主党候选人的得票率较 2024 年大选平均提升了 10 到 16 个百分点。

威斯康星州最高法院：自由派法官 Crawford（D）以 10.1%的优势（55.0% vs 44.9%）获胜。这比川普 2024 年在该州的领先优势（+0.9%）实现了 11 个点的逆转。

新泽西州长： Sherrill（D）以 14.4%的优势获胜，比亚锦哈里斯 2024 年在该州的优势（+5.9%）提升了 8.5 个点。

弗吉尼亚州长： Spanberger（D）以 15.4%的优势获胜，比 2024 年民主党在该州的优势提升了 10.4 个点。

共和党惨胜席位（优势大幅萎缩）：

- FL-1 选区：共和党 Patronis 虽胜，但领先优势从川普 2024 年的 32%萎缩至 14.6%（跌幅达 17.4 点）。
- FL-6 选区：共和党 Fine 的领先优势从 2024 年的 30%跌至 14%（跌幅 16 点）。
- TN-7 选区：共和党 Van Epps 优势从 21.5%跌至 8.6%（跌幅 12.9 点）。

从历史对照角度看，2026 年中期选举面临的政治环境，并非 2018 年的简单重复，而是一个更不利、更缺乏缓冲垫的版本。如果说 2018 年民主党的胜利建立在"对川普个人风格的不满"之上，

那么 2026 年潜在的反弹，则更可能建立在经济压力、治理方式与制度信任三者同时失效的基础之上。

这也正是为什么 2025 年已经发生的州级与特别选举结果，会如此一致地向同一方向倾斜——它们并不是偶发事件，而是在提前反映一个正在成形的结构性趋势。

五、国际外交的"破裂"：达沃斯与北极僵局

2026 年达沃斯世界经济论坛，成为川普 2.0 国际形象急剧恶化的一个象征性节点。

卡尼的"独立宣言"：加拿大总理马克·卡尼（Mark Carney）在达沃斯的演说引起全球轰动，被广泛解读为对"川普主义"的系统性驳斥，是对美国单边主义、关税威胁和地缘政治冒进行为的直接回应。他强调规则基础的国际秩序正在遭受侵蚀，呼吁中小国家坚守普世价值的理念，联合抵制美国的"霸凌与胁迫"。该演讲在英联邦和欧洲国家收获了经久不息的掌声，被视为全球力量重组的信号。

"和平委员会"遇冷：川普在达沃斯发起的所谓"和平委员会"（Board of Peace）在达沃斯几乎未获任何实质性支持。邀请了 35 国，最终仅 19 国出席（多为南美和中东国家）。所有的欧洲主要大国和加拿大集体缺席，表达了最无声却也最坚决的抵制，认为该机制削弱联合国与现有多边框架的合法性。在川普内阁成员的演讲过程中，也多次出现了欧洲国家领导人中途退场表示抗议的场景。这种"被集体冷处理"的外交场面，迅速通过媒体回流美国国内，强化了独立选民对"盟友疏离、美国孤立"的认知。

"北极耐力"行动（Operation Arctic Endurance）：更具象征意义的是格陵兰问题。2026 年 1 月，丹麦在主权压力下增派部队，而德国、法国、瑞典、挪威、芬兰、荷兰等欧洲国家相继派

出军事人员与联络官，与丹麦军队联合演习，形成事实上的联合存在。这一举动规模有限，却政治信号极强：这是欧洲盟友首次通过实际军事存在，强硬回击川普的霸凌威胁。如果川普悍然对格陵兰岛采取军事行动，必然遭到欧洲民主国家的军事对抗，导致北约组织的瓦解，这恰恰是普京最高兴的事情。对美国国内选民而言，这些画面并非抽象外交新闻，而是直接强化了"对外政策失控、风险外溢、最终成本由普通美国人承担"的直观印象。

六、战略分析：2026民主党如何翻盘？

获胜路径：民主党必须坚持"舍里尔/斯潘伯格模式"，走务实温和路线。通过关注医保保费和生活成本等"钱包问题"来赢回更广大的选民的信任和支持，而不是陷入极端的身份政治。

失败风险：民主党最容易"自毁前程"的是意识形态过激。如果激进派主导选举话语权，推行"缩减警费"或"开放边境"等口号，将会把刚刚倒戈的独立选民再次推向共和党。

结语：

执政一年后，黑帮式的霸凌虽然让川普暂时显得强势，却也让其在美国公众中日益陷入孤立。2026年的中期选举将是一场终极全民公投：美国选民面一个严峻选择：究竟想要一个"黑帮霸凌式"的强人，还是一个回归常态、遵守法治、尊重盟友的政府。

纽约|2026.01.25 初稿|2026.02.22 修订

作者著有：《美国民主宪政的危机与希望：从 2024 年大选透视两党区别和美国政治制度弊端》博登书屋 2024 年出版　亚马逊纸质版 Amazon Paperback \$18.00，谷歌电子版 Google EBook \$16.00.

慕尼黑"欧洲安全会议"讲话所反映的川记卢比奥

——兼评吴洪森《卢比奥讲了什么？》

临　风

很多人可能还记得副总统 JD·万斯 2025 年在这个慕尼黑"欧洲安全会议"上的讲话。他说，他最担心的欧洲威胁并非来自俄罗斯、中国或任何其他外部行为体，而是所谓"来自内部的威胁"，尤其是他所感知到的对言论自由的限制。他的意思是：欧洲太"觉醒"了，过分压制极右派的言论，过份开放边界，这将导致欧洲的衰败。

那是在川普总统 2.0 上台之初。万斯这番批评在欧洲如同一枚重磅炸弹，让欧洲盟国极度不安。一个主导西方世界的盟友，怎么忽然间变得陌生起来？

随后，他与乌克兰总统弗泽连斯基在白宫发生公开对峙。之后，在爆出的"Signal 门"泄密事件中，他说："我就是讨厌再一次为欧洲收拾烂摊子"。

其余的都已成为历史！川普政府对欧洲盟国的态度从此定调。

所以，这次卢比奥以国务卿的身份在今年"欧洲安全会议"上的发言就非常受到重视。

讲话内容与分析：

总的来说，卢比奥的论调比万斯大为温和，如果用红脸和白脸来做比喻，他属于唱白脸的那位。不过，在深层次上，他跟万斯的立场并没有本质上的冲突。在演讲后卢比奥急忙赶赴匈牙利，替陷入选情劣势的极右翼欧尔班站台助选，可以看出他真实的立场。

卢比奥 22 分钟的演讲可以分为四个主轴：重新确认跨大西洋关系；重新定义联盟的优先秩序；对欧洲内部政策的直接施压；国际秩序观的再界定。让我们就这四点分别做些分析。

1. 重新确认跨大西洋关系

"共同"这个字眼在卢比奥的演讲中不断出现，他一共使用了 25 次。

他强调"我们属于一起"：

"我们希望拥有这样的盟友——他们为自己的文化和传统感到自豪，理解我们同为一个伟大而高贵文明的继承者，并且愿意、也有能力与我们一道捍卫这一文明。"

在进一步强调团结与共同使命时，他补充说："我们永远都是欧洲的孩子。"

然而，从他后面的叙述看来，这个共同的"文明"更明确的是共同的"西方白人中心的文明"：他从哥伦布开始，历数欧洲对北美洲的影响。连他自己古巴后裔的身份都被扭曲是（白人）"西班牙"的后代。可见，共同点所强调的是种族和文化的，而不是价值的。

国内学者吴洪森在《卢比奥讲了什么？》一文中高度肯定卢比奥的演说。他把这层"血缘关系"的叙述描绘成：

这不是煽情，而是一种战略包装：把川普主义从国家主义提升为"文明复兴运动"。

吴洪森认为这是"文明叙事高潮"。

问题是，这个"文明复兴运动"的内涵到底

是什么？从卢比奥的演讲内容，你只能归纳是：反对有色人种移民的侵蚀，恢复白人中心的国家主义，而不是什么启蒙运动以来的自由、民主、宪政的辉煌文明传统。

在这层上，卢比奥的用意更可能是在修复与欧洲情绪层面的裂痕，而不是主张什么"西方文明伟大复兴"。

说白了，这个"文明"更像是亨廷顿"文明的冲突"概念中的"文明"，也就是"白人盎格鲁·撒克逊新教徒"的文明（WASP），只是或许，他把"P"（新教）改成了"C"（基督教）。

2. 重新定义联盟的优先秩序

卢比奥重复阐述的概念是：边境与移民安全、国防开支增加、（隐性地针对中国的）制造业与高科技的竞争、（减低对）气候变化与多边主义的重视。

人们经常能听到（甚至来自欧洲人本身），例如北约秘书长马克·吕特（Mark Rutte）说："川普拯救欧洲，使其摆脱目光短浅的和平主义与普遍萎靡状态"。但这种叙事并不符合事实。

在防务方面，川普 1.0 在这方面的确做过贡献。经过川普的威胁，欧洲在过去十年中一直在迅速重新武装。在川普 1.0 任内，非美国的北约成员国每年增加了约 700 亿美元的国防开支；在拜登政府时期，这一数字上升到每年 1900 亿美元。

这一大幅增长，更主要可能是对俄罗斯威胁上升的回应，意识到不能继续享受"和平红利"。它清楚表明，俄国是欧洲最大的安全威胁。在川普再次当选之前，欧洲就已经在认真投资自身防务能力。

同样错误的，还有这样一种说法：认为欧洲把乌克兰的防务"外包"给了美国。事实上，根据德国基尔世界经济研究所的数据，欧洲才是对乌克兰援助最多的一方：

从 2022 年 1 月到 2024 年 12 月，欧洲共提供了超过 1320 亿欧元的援助，而美国同期为 1140

亿欧元。

自川普再次上台以来，欧洲的援助还在继续增加，而美国的援助则归于零。仅有的一点援助都是拜登时代还未交付的余额。

不但如此，川普不断叫嚣要购买，或吞并格陵兰，明里暗里威胁退出北约，严重破坏了欧洲人的感情。对这点，卢比奥并没有提出任何缓解。美欧联盟的优先秩序还是美国优先，领导先行。

3. 对欧洲内部政策的直接施压

卢比奥虽然语气温和，但明显地在批评欧洲，希望"纠正"欧洲的政策。

对移民政策的批评：在移民问题上，于川普重返权力之前，欧盟的庇护政策就已开始转向：边境管控更加严格，审批流程更加迅速，并且越来越多地尝试在允许移民入境前就完成庇护资格评估。这说明，欧洲已经意识到移民问题，只是欧洲各国的处理方式比较"文明"，一切遵循法律罢了。幸好欧洲国家没有仿效美国的 ICE！

批评欧洲过于关注气候变化：川普政府认为气候变化是个骗局的政策完全违反了科学结论，危害了整个地球的安全。卢比奥批评欧洲过于关注气候变化，加大了双方的距离。

反对欧洲各国的福利政策："许多国家以牺牲维持自卫能力为代价，投资于大规模福利支出。"

批评欧洲"软性自由主义议题"："我们美国人对对成为衰落的西方的礼貌有序的照顾者不感兴趣。"言下之意，他希望欧洲国家向美国学习，向美式白人中心的国家主义靠拢，向欧尔班的匈牙利学习。

4. 国际秩序观的再界定

对于国际秩序，就如川普政府所一再展示的，卢比奥并非呼吁回归传统基于规则的自由主义秩序。

虽然他的用语是隐晦的，但他强调的是地缘

政治的大国竞争、文明对抗、国家利益优先、对国际机构的怀疑。这完全符合川普政府时代的战略框架。

卢比奥还试图将川普总统"直截了当"的行事风格，置于一种高尚的"更新与复兴的使命"之中，称"这不仅对联盟至关重要，也同样是为了欧洲自身。"

如果川普真正关心欧洲的安危，那么欧洲国家所最担心的就应当也是川普所关心的。

卢比奥演讲后，《德国之声》的记者访问波兰的副总理，外长拉多斯瓦夫·西科尔斯基（Radoslaw Sikorski），询问他对卢比奥演讲的印象。他回答中最显目的一点就是：卢比奥避免提及的乌克兰问题。

"稍显令人失望的是，他没有提及我们欧洲人认为最紧迫的安全威胁——俄罗斯对乌克兰的侵略。"

欧洲人关心的不是什么"新西方世纪"，他们关心的是自己的生存危机。

西科尔斯基补充道：

"欧洲真正的威胁是俄罗斯的国家意识形态——一种专制与扩张的意识形态，一种重建帝国的意识形态。而那必然会以我们的利益为代价。我们绝不能允许这种情况发生。"

欧洲最担心的是来自俄国的威胁，而川普最好的"朋友"就是普京！为了讨好普京，川普停止了一切对乌克兰的援助，并极限施压，要求乌克兰同意普京的和平条件，割土求和。这引起了欧洲国家极度的不安。

奇怪的是，很多华人评论家从卢比奥读到的反而都是"仁义道德"几个字，却读不出字缝里"吃人"的字样，他们热烈地支持川普的政策。

例如，吴宏森对卢比奥演讲的解读是，川普和卢比奥建构了国际关系的"第三条道路"：

一个以主权为核心、以文明认同为纽带、以产业安全为基础的西方共同体。卢比奥所做的，

是把川普主义从"美国民族主义"升级为"西方文明共同体"。因此不是美国抛弃欧洲，而是美国要求欧洲升级。跟得上，就共建"新西方世纪"；跟不上，美国也会继续前行。

这类高度符合"中华民族伟大复兴""人类命运共同体"的语境竟然搬到了西方！

从川普的言行来判断，这个"新西方世纪"，这个"西方文明共同体"究竟是什么东东？从卢比奥的讲话看来，我们能得到什么结论呢？

川普最近推动"和平委员会"，这是川普企图甩开联合国的一个标志性动作，希望建立新的国际秩序。这次西方民主国家以及中俄全部缺席。

我们经常从川普听到的是：全世界都亏欠了美国，亏待了川普，他和美国是"受害者"（被人占便宜）。要解套？那川普必须是主导一切的盟主。在这个国际俱乐部里，每个会员都要给川普缴费。川普是球员，但也是裁判。这个所谓"西方文明共同体"必得是围绕着川普运转的太阳系。所有其它的规矩都暂停使用！

5. "卢比奥"对"鲁比奥"

作为主管国际事务的国务卿，"卢比奥"与做参议员时期的"鲁比奥"似乎也有了巨大的改变。他心里如何想，我们不知道，但是从这次讲话，我们听到了十分不同的论调。

各位有没有注意到，卢比奥的谈话里没有只字提到中国和俄国，这种避免谈及屋子里的大象的方式值得玩味。但是，细心的读者可以读出他讲话中的暗示。

例如他说："有些国家以人类历史上最快的速度投资于军事建设，并毫不犹豫地使用硬实力追求自己的利益。"

明显地，他指的是中国。其实，对中国的戒备充斥在他所有论述的背后。由于他避免直接提出来讨论，这减损了他演说的严肃性、针对性和说服力。世界上威权国家之间的结盟，才是美国

及其在欧洲和印太地区的盟友所面临的最深刻威胁。这个威胁似乎没有得到明显的重视。

这不是个孤立事件，在美国国防部去年12月公布的《国家安全战略》里，战略重点是放在美洲大陆，而不是全球布局。它警告欧洲正面临"文明被抹除"的危险，但规避提到中俄的战略威胁。这跟卢比奥的言论没有任何差别。它是一次历史性的战略大撤退。

今年1月，负责政策事务的美国国防部副部长埃尔布里奇·科尔比（Elbridge Colby）在韩国发表了一场重要演讲，却一次都没有提到朝鲜。这就像《哈利·波特》里的情节——威胁是不能被说出口的名字。

这种规避提到中俄等威权国家的做法并没有缓解地缘政治的危机，反而会带来错觉或混乱。避免对（美中俄）三分天下的"隐性叙事"，这使得中俄朝有了更开阔的游戏场地。

参议员时期的"鲁比奥"长期被视为共和党内的国家安全鹰派。

那段时间里，他的核心理念可以概括为：美国必须维持全球领导地位，否则威权国家会填补真空。他并非孤立主义者，也不是单纯的干预主义者，而是强调战略竞争与制度对抗。

他支持人权，认为这是美国的软实力。

那时，他对中国非常强硬（也因此被中国抵制），他认为中国是结构性、长期性的战略对手，这是意识形态和制度的竞争。

对俄国，他是反普京，支持对俄制裁，支持军援乌克兰，支持强化北约东翼的部署。

他长期支持北约，支持跨大西洋安全体系，支持美欧战略协调，反对欧洲"骑墙"或经济依赖中俄。

这次，在抵达慕尼黑之前，卢比奥曾对媒体表示："旧世界已经不存在了"，"我们正生活在一个新的地缘政治时代。"

他这话没错，但他误解了原因。

旧秩序之所以正在瓦解，并不是因为欧洲软弱、麻木，或天真地依赖外交机构；而是因为威权国家越来越愿意彼此协作，通过强制手段重塑世界秩序。在这样的环境中，紧密的联盟、可信的军事威慑，以及强大的经济韧性，都是不可或缺的。

通过将整场演讲用于指责美国朋友的所谓缺陷，而不是直面来自对手国家的威胁，卢比奥不仅暴露了川普政府对当前地缘政治形势的错误诊断，也暴露了其在应对一个正在成形、而且在很大程度上正是由于川普而变得愈发危险的多极世界时，所采取的极其天真的战略。

讲话中他对欧洲的批评与他以前所主张的战略框架有了显著的差异。似乎在他眼中，目前欧洲的问题主要是不够保护自己的"白性"（whiteness），太过强调民主、公平和福利。

想想看，作为国务卿的卢比奥，台面上他不可能站在川普的亲俄、批欧，压缩原有跨大西洋安全体系的功能的对立面，他怎么可能升级到推动什么"西方文明共同体"的高大上？

那么，卢比奥/鲁比奥这两者，到底哪一个才是真正的 Rubio 呢？这或许只能有待时间来考验了。

参考资料：

1. 卢比奥的演讲: https://www.state.gov/releases/office-of-the-spokesperson/2026/02/secretary-of-state-marco-rubio-at-the-munich-security-conference

2. Thomas Wright: "Marco Rubio Doesn't Get It，" The Atlantic, 2026-2-15.

3. 吴洪森：《卢比奥讲了什么？》，https://ipkmedia.com/293079/.

4. Poland's Deputy Prime Minister: If Putin succeeds in conquering Ukraine, we will be next. https://www.youtube.com/watch?v=hADeKg-E_RA.

在“反犹主义”与“以色列优先”的混乱狂潮中寻找理性的声音

临　风

这几年美国社会上的意识形态群体的分野产生了混乱，固有的意识边界逐渐挪移，是非观随之更动，令人头晕目眩。

川普总统的“冲动型决策风格”实际上形成了一种“倒逼机制”（forcing function），让所有的既定秩序和规则都必须重新调整。川普的关税政策不但搅乱了国际贸易，更搅乱了美国的政治、法律和民生，让全世界重新洗牌。川普外交政策从“美国孤立”到“美国霸凌”无处不在，它搅乱了从冷战以来的国际秩序。川普想抛弃联合国的“和平委员会”，就像是黑帮帮主的分赃大会。川普压制媒体的言论自由、践踏法律、批评法官、让大企业上供、滥用权势中饱、企图操控选举机制，等等，他挑战了所有的游戏规则，让所有的领域都被迫断尾求生。

这种“倒逼机制”反映在美国意识形态群体的博弈上就是混乱、撕裂、倾轧。由于大统领经常以今天的我否认昨天的我，以下午的我否定早上的我，现在连 MAGA 群体都分裂了。

什么是“反犹主义”？

由于经常被用来贴标签，让我们先对“反犹主义”这个名词做点厘清：

“反犹主义”（Antisemitism）是一种意识型态，它是对仇恨犹太人的思想与行为的总称。目前国际上最权威的参考标准是“国际大屠杀纪念联盟”（The International Holocaust Remembrance Alliance，IHRA）给出的工作定义：

“反犹太主义是对犹太人的一种特定看法，可能表现为对犹太人的仇恨。反犹太主义的言语和行为表现，针对的是犹太人或非犹太人及其财产，以及犹太社区机构和宗教场所。”

(*"Antisemitism is a certain perception of Jews, which may be expressed as hatred toward Jews. Rhetorical and physical manifestations of antisemitism are directed toward Jewish or non-Jewish individuals and/or their property, toward Jewish community institutions and religious facilities."*)

这个定义不是很自洽，但在今天的语境下，它通常会包含以下三个层面：

- 经典反犹：基于宗教（如“杀害基督”）或种族伪科学（如纳粹的优生学）的歧视。
- 阴谋论反犹：认为犹太人秘密控制着世界银行、媒体或政府（如沙俄杜撰的《锡安长老会纪要》的现代版）。
- “新反犹主义”：指将对以色列国家的政治批评转化为对整个犹太民族的攻击。著名的“3D 测试”（一组由以色列政治家纳坦·夏兰斯基，Natan Sharansky，提出的准则）常被用来区分正常的政治批评与反犹主义：
  - Delegitimization：否定以色列的合法政权
  - Demonization：妖魔化以色列
  - Double standards：对以色列以双重标准进行批判

只要符合以上 3D 中的任何一条都能被判断为反犹主义，它们用以区别对以色列的理性批评和反犹太主义。

“3D 测试”是为了用来反驳“任何批评以色列的声音都会被理解为反犹太主义，籍此来忽视或抵消所有对以色列的理性批评”。美国国务院在

2010 年曾采用了 3D 准则，直至 2017 年以 IHRA 制定的反犹太主义的工作定义所取代。

犹太问题的深化

美国与以色列的关系"超乎友谊"，美国社会对犹太人和以色列国的态度一直是个很大的争议。这是个老问题，但自从 2023 年 10 月 7 日哈马斯发动战争以来，由于以色列的过度反应，美国人对以色列的态度的分歧度开始突出。

这个分歧在川普 2.0 时期加剧，特别是 MAGA 群体里发生的内斗。

A）美国政治光谱左派的分歧比较不意外。主流建制派（以拜登总统和参议员舒默为代表）基本上仍然支持以色列，不过并不一定认同以色列的所有战争行为。光谱上偏左的，以及年轻人，对以色列强烈批评，对巴勒斯坦的积极支持。这让大学校园里的犹太学生感觉环境恶化，那些像"从约旦河到地中海，巴勒斯坦将获得自由"（From the river to the sea, Palestine will be free）以及"让因提法达全球化"（Globalize the intifada）的口号被认为有反犹的倾向。

2025 年川普再度上台以后对左派的反犹主义进行了制裁，特别是高校。川普政府认为，加沙战争开始后校园内出现的反以抗议、占领大楼以及针对犹太学生的言语攻击，已经构成了一个"敌对的学习环境"。

根据川普签署的第 14188 号行政命令，政府正式采用了 IHRA 关于反犹主义的定义。按照这个标准，质疑以色列的存在权、将以色列称为"种族隔离国家"等言论都被划入了"反犹"范畴。哥伦比亚大学首当其冲。

结果，2025 年 7 月，哥伦比亚大学与联邦政府达成的和解协议。此协议具有标志性意义：

- 金钱代价：总计超过 2.2 亿美元的罚款和补偿金。
- 体制改革：哥大被迫将 IHRA 的反犹定义写入学校规章，并允许政府对其纪律处分过程进行长期监控。

这种模式随后被推广到了全美 60 多所高校。除了表面上"保护学生安全"的理由，川普政府这次大规模制裁，其背后其实有着深层的政治动因：

- 瓦解"进步派阵地"：川普及其核心支持者长期将常春藤盟校视为"极左思想的温床"和"DEI（多样性、公平、包容）官僚体系的堡垒"。通过反犹主义的指控，政府可以合法地介入大学的内部管理，强迫学校裁撤某些项目或改变管理层，从而达到"清理门户"的目的。
- 遣返与清理"激进分子"：行政命令中明确要求大学监控并报告"非公民（持签证学生）"的活动。其实际目的是利用移民法，将参与激进抗议的外籍学生和教职员工快速遣返。这不仅是为了安全，更是为了阻断抗议活动的组织链条。
- 重塑共和党的选民基础：这种行动在政治上非常精明。它既能稳住传统的亲以选民和福音派基督徒，又能通过打击"昂贵的精英大学"来迎合蓝领阶层对精英阶层的不满，进一步巩固 MAGA 群众的凝聚力。
- 财政与意识形态的利益博弈：制裁导致联邦科研经费被取消，这对哥大等极度依赖政府资金的研究型大学是致命的。巨额罚款实际上是在警告所有大学："政治中立"的代价是高昂的，必须与白宫的价值观高度一致。

川普政府的作为标志着美国高校长期以来的"学术自治"遭到了冷战结束以来最强力的政府干预。这种干预撑着反对"反犹主义"的大旗，骨子里却是"白人民族主义"政治迫害的实际。

总之，美国左派中反对以色列的情绪主要由战争引起，他们认为以色列是个"定居点殖民国家"（settler colonial state）。在国内，犹太人不再被视为"弱势群体"，甚至被归为"成功的白人群体"。美国年轻人的历史感本来就薄弱，对人类历史上犹太人遭受的迫害，以对及纳粹的"犹太大屠杀"都缺乏认知。

另一方面，除了少数精英富豪，大多数美国犹太人仍然支持民主党。

B）美国政治光谱的右派一向对以色列坚决支持。其中的建制派（或新保守主义派，neocon）至今不变。

不过，自从 2023 年加沙战争以来，拥川的 MAGA 群体逐渐产生分裂，其中查理·科克（Charlie Kirk）或许是最显著的代表，他反对美国对以色列无条件的支持。这个分裂在川普 2.0 中逐渐深化，川普无条件支持以内塔尼亚胡为代表的极端犹太民族主义的政策，让这个裂痕加大。

例如这次，正当美国与伊朗的谈判初露曙光之际，川普却被以色列拖入一场缺乏清晰目的的伊朗战争。更荒谬的是，川普战前都没有向国人解释，为什么要发动战争！这给 MAGA 的冲击非常大。

至于 MAGA 阵营的决裂，主要有两个因素，一个是爱泼斯坦事件，一个就是以色列的策。关于爱泼斯坦事件，坊间讨论甚多，本文不予讨论，而专注以色列和犹太人的问题。

美国 MAGA 右派从"反以"到"反犹"的渐进

对于一个建立在领袖崇拜的民粹主义潮流中的群体，这是一个很奇特的现象：怎么川普的拥趸会开始分歧，而不是像往常一样，唯川首是瞻？让我们仔细分析一下。

有两件大事在 MAGA 群体中特别引起轩然大波，加深了分裂：

- 卡尔森 2025 年 10 月采访富恩特斯，在面对富恩特斯的极端言论时，卡尔森竟然采取了"不反驳、甚至引导"的态度。那种原本处于边缘的激进思想开始向 MAGA 主流渗透。
- 2026 年 2 月，卡尔森与美国驻以色列大使迈克尔·赫卡比（Michael Huckabee）有次两个多小时的激烈交锋，卡尔森控诉赫卡比大使是为以色列服务。

问题是从 2025 年开始激化。它可以分为两股势力：

- "新右翼"与孤立主义者（The New Right / Influencers）：网红塔克·卡尔森（Tucker Carlson）与坎迪斯·欧文斯（Candace Owens）属于这类。他们用"美国优先"的逻辑，公开质疑美国对以色列的援助。欧文斯因为散布关于犹太人控制媒体、奴隶贸易甚至宗教阴谋论（如"撒旦教堂"论）而被保守派媒体 Daily Wire 解雇。

【注：部分国会议员，例如玛乔丽·泰勒·格林（Marjorie Taylor Greene，已辞职）、劳伦·博伯特（Lauren Boebert）也属这类，但她们不能算"新右翼"，只能算 MAGA "孤立主义者"。】

- "格罗珀"群体（Groypers，注）：反犹大将，新纳粹主义者尼克·富恩特斯（Nick Fuentes）是这个群体的代表人物。这是一个年轻的、极右翼的、带有白人民族主义色彩的组织。他们不仅反对以色列，更直接涉及否认大屠杀和种族歧视。

【注：格罗伊珀人（或称格罗伊珀军团）是极右翼团体，其成员泛指政治活动家兼网络主播尼克·富恩特斯的追随者、粉丝或支持者。该名称源自佩佩蛙的变体形象——一种网络迷因。格罗伊派曾通过多种手段试图将自身政治理念引入美国主流保守主义阵营，并参与了 1 月 6 日美国国会大厦袭击事件。格罗珀运动被描述为种族主义、本土主义、法西斯主义、性别歧视、恐同、反犹太主义、伊斯兰恐惧症的集合体，并被视为对另类右翼运动的重新包装。该运动亦被称为加速主义。】

这两股势力在右派青年中极具影响力，"青年共和党组织"（Young Republican National Federation, YRNF）就是个例子。2025 年 10 月 15 日，《政客》杂志揭发各地青年共和党领袖的泄漏聊天记录，其中包括大量种族主义、反犹主义和厌女主义言论，以及有关毒气室、奴隶制、强奸和支持希特勒的笑话。

那么，这两股势力只是反对以色列的霸权行为，还是到了"反犹主义"的高度？

首先，他们的理念是什么？我们可以归纳为下面几点：

"双重忠诚"的指控：这是最典型的"反犹"指控。卡尔森曾公开指责本·夏皮罗（亲以犹太保守派）和赫卡比更忠于以色列而非美国。最近（2026 年 3 月），卡尔森更是在节目中暗示哈巴德（Chabad，注）运动正在操纵美国进入对伊朗的战争，以实现其重建"第三圣殿"的宗教目的。富恩特斯更是把美国的问题大都归罪于犹太人。这些都符合 IHRA 定义中"指责犹人公民更忠于以色列"以及"宣称犹太人控制政府/媒体"的描述。

【注：哈巴德是犹太教正统派（Hasidism）中最大的分支之一。它所建立的全球化网络在当今世界具有极其独特的地位。哈巴德极度热衷于接触权力中心。在华盛顿，哈巴德与历届联邦政府关系紧密。贾里德·库什纳和伊万卡·川普就是哈巴德运动的活跃支持者。哈巴德非常关注"弥赛亚的降临"。根据其教义，推动某些世界性的剧变被认为可能加速救世主的到来。卡尔森将哈巴德与伊朗战争挂钩，是利用了该教派的神秘感及其与政治高层的亲近性，编织了一个"宗教组织操控大国走向战争"的叙事。】

为"大屠杀修正主义"提供无批判平台：2024 年 9 月，卡尔森采访了达里尔·库珀（Darryl Cooper），后者称丘吉尔是二战真凶，并暗示犹太人在集中营死广是"意外"而非系统性屠杀。卡尔森称其为"美国最优秀的史学家"。富恩特斯更是否认"犹太大屠杀"，否认哈马斯屠杀以色列人。然而，IHRA 明确规定"否认或扭曲大屠杀的事实、范围和蓄意性"属于反犹主义。卡尔森虽未亲口否认大屠杀，但他通过"背书"和"不予反驳"的方式，实质性地推动了这些观点的合法化。他也被选为"2025 年反犹一哥"。

此外，卡尔森与富恩特斯有些看法与反犹没有直接无关，但却有相关性。例如，两人共同抨击基督教锡安主义，认为支持以色列的美国基督徒是"被大脑病毒感染了"。卡尔森甚至表示，相比于左翼，他有时更讨厌这些"亲以的保守派"。富恩特斯主张美国应维持"白人基督教身份"，而卡尔森则通过讨论"大替换理论"与其呼应。在这种叙事背后，他们将犹太群体暗示为推动移民、破坏美国传统结构的幕后力量。

有趣的是，川普对这批人的反应很暧昧，他没有直接谴责卡尔森，只是表示"塔克喜欢和各种人聊天"，这进一步让党内亲以派感到焦虑。可以说，川普为卡尔森和富恩特斯的反犹言论公开缓颊！

这几位网红的推动引发了 MAGA 内部的"大地震"。卡尔森和富恩特斯对话流传网络之后，保守智库"传统基金会"（《2025 计划》的总部）方寸大乱。该智库主席凯文·罗伯茨（Kevin Roberts）因捍卫卡尔森的"对话权"而遭到内部抵制。

"传统基金会事件"引发了多位保守派知名思想家与政客的谴责浪潮，其中包括德州参议员特德·克鲁兹（Ted Cruz）。传统基金会数位重磅学者因此辞职，其中包括普林斯顿大学政治理论学者罗伯特·乔治（Robert George）与乔治梅森大学法学学者亚当·莫索夫（Adam Mossoff）。

自此，卡尔森也与"The Daily Wire"等亲以色列的保守派媒体彻底决裂。

MAGA 的格罗珀化

尽管批评川普时代的保守主义的人士长期以来一直在警告右派的"格罗珀化"，但是这支民族主义的气焰在 MAGA 群体中的影响力和受众规模仍然是越来越大。这也正让像传统基金会这样的机构觉得有必要"迁就"他们的原因。传统基金会等组织担心，一旦公开否定这些人，就等于抛弃其自身支持基础中日益可观的群体。

该运动中的许多人将"本土出生的白人基督

徒”置于其他群体之上——而且往往甚至更推崇所谓“传统美国人”（heritage Americans），也就是那些能够追溯其祖先在美国延续多代、直全南北战争乃至更早时期的白人。

说到民族主义，它有两个特征：

民族主义在历史上本来就与偏见相伴而生——它还会持续推动反犹主义以及其他种族与族群偏见。MAGA 民族主义是一种高举族裔与文化多数群体利益、并认为这些利益才是国家真正根基的运动，天然就容易以怀疑乃至敌视的眼光看待族裔和宗教少数群体。换句话说，MAGA 民族主义强化了原本就存在的反犹冲动。

其次，民族主义者大都对阴谋论有特殊的偏好，这是他们煽动民情的手段。如果族裔多数群体未能占据其“理应拥有”的主导地位，民族主义者便很容易假定，背后必然存在某种险恶的阴谋。这种阴谋论的倾向在这个 MAGA 民族主义的群体中表现得尤为明显。

可是，这带来了问题：

以色列犹太人约拉姆·哈佐尼（Yoram Hazony，“国家保守主义”的推手）是当代民族主义最具影响力的思想辩护者之一。他近日却表示，在右翼民族主义圈子里，过去一年半中网络上针对犹太民族的诋毁之深，令他“感到相当震惊”。他承认：“我原以为这种事情不会发生在右派。我错了。”

连哈佐尼都未曾意识到，民族主义与反犹主义之间那种深刻而由来已久的关联。可见当前意识形态群体的混乱有多严重。

话虽如此，但请不要忘记，MAGA 群体的共同点还是很多的。所以，虽然有理念上的分歧，但是“格罗珀化”的倾向还是很明确的。

保守派政治评论员理查德·哈纳尼亚（Richard Hanania，他自称已脱离白人民族主义）写文《格罗珀者不过是更诚实的 MAGA》强调，公开持反犹立场的格罗珀群体，与 MAGA 运动中更为主流的成员之间，有着大量共同点，二者更

多只是程度上的差异，而非性质上的不同。他指出双方都认同：“政策与文化应当通过美国人与外国人、白人与非白人、基督徒与非基督徒之间的零和竞争来理解”。

MAGA 推手们认为“存在一个‘美国性’的等级体系，人们按照种族、是否信奉基督教，以及其祖先在美国定居时间的长短来被排序”。双方同样都表现出强烈的阴谋论倾向。一旦接受了这些前提，就很难避免将同样的逻辑套用于犹太人身上，把他们与其他少数群体和移民群体同等地对待。这个犹太人的问题就是当前美国 MAGA 运动所处的困境！

对民族主义和反犹主义有解药吗？

笔者个人认为，在川普治下简单的答案就是：除非有外力，对魅力型强人的个人崇拜是没有解药的，我们在近代人类历史上找不到反例。

但是，纵使如此，我们不能放弃理性的声音。而这个理性的声音离我们并不太远。

在辞去传统基金会董事会职务的声明中，罗伯特·乔治呼吁传统基金会以《独立宣言》的原则为指引，尤其是这样一个理念：“人类大家庭中的每一个成员，不论其种族、族裔、宗教或任何其他差异……都是‘生而平等’，并且‘由造物主赋予若干不可剥夺的权利’。”

要知道，近十年来，美国“新右翼”为草根民粹 MAGA 群众提供了重建美国的新理论基础，这批新贵高举反“全球化”的“后自由主义”（帕特里克·德宁，Patrick Deneen）、强调“血与土”的“国家保守主义”（拉姆·哈佐尼）、打击 DEI 的文化战争（克里斯托弗·鲁福，Christopher Rufo），以及柯蒂斯·雅文（Curtis Yarvin）的“大教堂（The Cathedral）”理论（指媒体、高校和官僚体系构成的共谋邪恶联盟）。开国时期的“古典自由主义”老早被抛诸脑后。

所以，退出“传统基金会”的罗伯特·乔治回到“《独立宣言》”的呼吁就特别引人注目！

历史上，讨论美国的"国家身份认同"都会提到"美国信条"（American Creed），这是杰斐逊总统首先提出的，有关美国身份定位的阐述，内容包括个人自由、平等、个人主义和民粹。这才是美国立国的根基。

在威尔逊总统任上，美国众议院于 1918 年 4 月 3 日通过一个《美国信条》的法案：

"我相信美利坚合众国是个民有、民治、民享的政府；其正当权力来自被统治者的同意；它是个共和的民主；由许多有主权的州所组成的主权国家；它是一个完美不可分割的联合；它建立在自由、平等、正义和人道的原则之上，为此，美国的建国者牺牲了生命和财产。因此我相信，我有责任爱国、支持宪法、遵守法律、尊重国旗，抵抗所有敌人。"

斯坦福大学政治学教授法兰西斯·福山（Francis Fukuyama）2018 年在《外交事务》杂志撰文《反对身份政治》，他认为民主国家应当促进"信念式国家认同"（creedal national identities）。国家认同不应当建立在共同的个人特征，生活经历，历史关联或宗教信仰之上，这些东西不过带来部落式思维。

这些声音都在呼应美国开国的历史。保守的卡托研究所（Cato Institute）讲席教授伊利亚·索明（Ilya Somin）去年底在该所发文：《民族主义正推动新右翼走向恶毒的反犹主义》（Nationalism Is Driving the Neo Right's Virulent Antisemitic Turn）。他说：1783 年独立战争结束之际，乔治·华盛顿在颁布给大陆军队的《总命令》中指出，美国建立的原因之一，是要成为"所有国家和宗教中贫穷者与受压迫者的避难所"。其他多位重要的建国先贤——包括詹姆斯·麦迪逊和托马斯·杰斐逊——也表达过类似的理念。

华盛顿在其著名的 1790 年致罗德岛图罗会堂（Touro Synagogue）犹太会众的信中，再次强调了这一主题。他宣称，美国奉行的是"一种开明而自由的政策"，在这一政策之下，"人人同样享有良心自由与公民权利的保障"，而美国政府"不给偏执以任何认可，也不给迫害以任何帮助"。他强调，美国对犹太人的态度已超越了"单纯的宽容"，而是赋予他们完全的平等地位。正是因为美国的国家认同建立在普遍的自由主义原则之上，而非族裔或宗教的特殊性之上，它才能做到这一点。

美国从未完全摆脱过偏见——包括反犹主义——也从未完全活出自身的理想；但它也从未放弃这些理想，正如当今右翼中相当一部分人实际上所希望的那样。正是由于其普遍主义的根基，美国在这些偏见方面相较许多国家更为克制。

他这番话让我想起在 19 世纪的黑暗时刻，弗雷德里克·道格拉斯（Frederick Douglass）所讲的一句名言。这位曾被奴役之人——一个生于奴隶制、被迫逃离马里兰的人——竟能在奴隶制度横行，大法官"德雷德·斯科特案"（Dred Scott v. Sandford）判决（支持奴隶制）的阴影下宣称：

"我个人并不对这个共和国绝望，全能者的诏令'要有光'（注：《创世记》第一章），其力量尚未耗尽。"

在那至暗的时刻，道格拉斯始终坚持对美国开国理念和宪法的信心。他不断强调，最高法院可能偶有谬误。国会可能犯错，总统可能犯错，所有势力都可能联合起来反对正义与那句铭言。但道格拉斯始终坚信真理终将前进。它确实穿越了内战的浩劫。

同样地，在这川普 2.0 的黑暗时刻，我们深信，黑暗总有过去的一天。杰斐逊的理念终将胜利，纵使"世间所有力量"——借用林肯的措辞——都在合谋压迫美国的少数族群。我们能做的就是不断学习道格拉斯，一方面不放弃信念，一方面不断努力争夺话语权。

我们坚信，宪法是"辉煌的自由文书"，人人被造，生而平等。

美国只有在这个共同认同之下，才有未来。就如奥巴马总统曾说：世界上没有蓝色的（左派）美国，没有红色的（右派）美国，只有美利坚合众国（团结、联合的美国）。

习近平已成国家发展的最大负担

新高地

在 2026 年中共中央政治局会议上，习近平再次强调"以经济建设为中心"，试图为"十五五"规划定调良好开局。但现实中，这一转向缺乏说服力。习的前科太多，人心尽失，由他提出回归经济中心，已无公信力可言。如果早在十年前，这或许可行，但如今，中国经济已深陷债务泥潭、外资逃离、民营萎靡的困境。中国有句古话："狗改不了吃屎。"习又拿什么去重拾市场信心呢？举张白纸、甚至说一句犯上的话就要坐牢的国家，能搞好经济吗？按照产业发展理论，产业发展环境（政治、社会、自然、人文、国际、产业配套、法治等）就像是水，若水中有毒（投资环境出了问题），再有生命力的鱼（再大的投资商）一旦进入，都会很快死亡或逃离。

一个国家或地方在产业发展过程中，一把手要么成为产业发展的最大资本，要么就是产业发展的最大成本。

习显然是后者。在产业发展实践中，"一把手"决定资源分配、政策导向和营商氛围，其个人风格、决策偏好直接塑造整个生态。好的领导者无疑是"最大资本"：解放思想、保护产权、简化审批、容忍试错，就能吸引资本、技术和人才，形成正向循环，推动产业腾飞。反之，若一把手成为"最大成本"：高压管控、朝令夕改、优先政治忠诚而非经济理性、频繁整顿和运动式治理，就会制造不确定性、扼杀创新、驱逐活力，让整个体系付出沉重代价。中国过去四十年的高速增长，正是地方一把手敢于"特事特办"、大胆改革的时期；

如今，全国性一把手的集权导向，却让地方官员更注重不出事而非出成绩，民营企业家宁愿躺平或出海也不愿冒险投资。

习近平执政十余年，本应是经济腾飞的黄金期，却因其高压政策和集权导向，将中国推向信任危机边缘。早在 2023 年，就有分析指出，习在经济复苏、民企发展和对外关系上的让步难以奏效，因为其个人信用已严重受损。党内、社会、民企和国际商界，对他的不信任如影随形：政策朝令夕改、反复无常，让民众不再服从；民企宁愿"润"出去也不愿投资；外资视中国为高风险区。X 平台上，类似声音频现，如有用户直言"习近平这 13 年执政，别的不说，彻底把中国经济干趴下了。"这并非孤例，更多帖子讨论其政策如何加重债务负担，推迟经济复苏。

公信力崩塌的根源在于习的"前科"——从反腐演变为清洗异己，到疫情清零的突变，再到对民企的打压。这些"成就"看似稳固政权，却牺牲了经济活力。官方媒体如人民日报试图粉饰太平，宣称经济"韧性增强"，但独立观察显示，青年失业超 20%、生育率跌至 0.9 以下，房价崩盘令房东绝望。习曾提及"塔西佗陷阱"——公权力失信时，一切言论皆负面——却未自省。2023 年评论已警告，习的治理陷入此陷阱，民众对政府的信任几近崩盘。如今，基层干部绝望，地方政府债台高筑，司法成财政工具，每三老板一失信的传闻虽夸张，却映照营商环境的恶化。2025—2026年，这一陷阱全面爆发：政策信号无论多么积极，都被视为"又一轮空谈"或"维稳把戏",官民博弈进入死结,老百姓争相成为"政策红利"的最大受益者,却无人真正相信能兑现。

更讽刺的是,习试图以"稳中求进"重拾信心,却忽略了正是因为环境早已"中毒",而投毒者正是他本人。这就像一边往水里投毒,一边想把鱼养大。产业发展理论中,环境如水:政治高压、社会不稳、法治缺失、国际孤立,让外资如鱼逃离。2025 年以来,外资净流出加速,精英携资外迁,正是"毒水"效应。

产业发展需要好的土壤。在一个举张白纸即罪和言论自由受限的国家,创新和信心从何而来?古话"狗改不了吃屎"虽俗,却道出习的顽固:十几年高压后,国库被他掏空了,如今政府缺钱又想转向经济,这只不过是空谈,公信力尽失的他,早已成国家发展的最大负担。总之,中国政治体制不变革,习近平不死或不下台,中国经济很难回归到正常的发展轨道。

习近平为何始终搞不定军队？

新高地

习近平执掌中央军委已逾 13 年，其"强军梦"下的军队整肃进入极端阶段。根据 CSIS（战略与国际研究中心）2 月 24 日最新报告，自 2022 年以来，PLA 高级军官（上将/中将级）被正式清洗或"失踪/潜在清洗"者已达 101 人，其中官方确认清洗的上将 36 人，另 65 位中上将处于消失或疑似被查状态；PLA 高层 176 个关键岗位中，受影响比例高达 52%（考虑重复清洗岗位）。纽约时报、CNN、Reuters 等主流媒体同步报道：中央军委从 2022 年 7 人缩减至仅剩习近平与纪检系张升民两人，创后毛泽东时代最低纪录；习近平亲手提拔的将领（如何卫东、张又侠）也先后倒台，亲信"自爆"比例极高。

对照三军主帅核心条件（古典"智信仁勇严"五德 + 现代战略统筹、新兴域掌控、危机稳定等），习近平的军改实践暴露的结构性缺陷愈发清晰，直接解释了为何"越反越腐、越抓越乱"成为宿命。

一、智——战略洞察与选人用人判断力系统崩盘

孙子首推"智"。统帅须"知彼知己、多算胜"。习近平敏锐察觉军队腐败（火箭军、装备采购等领域）已成战力毒瘤，但其解决方案高度依赖"个人忠诚筛选"而非制度化、能力导向的甄别机制。结果：2022 年二十大后亲提拔的军委成员中，绝大部分（包括何卫东、张又侠、苗华、李尚福、刘振立）已被拿下；CSIS 数据显示，习近平时代快速提拔的将领（如何卫东）也成清洗重点。用人反复"提一批、倒一批"，证明其战略预见与人才鉴别存在致命盲区。现代战争要求统帅精通天网电认知多域协同，而高层大面积真空导致指挥链断裂、经验传承中断，战备连续性严重受损。

二、信——信誉与全军信任彻底瓦解

"信者，用人不疑"。一支军队若最高统帅亲信都信不过，何谈凝聚？张又侠作为"红二代"世交、长期亲信，却在 2026 年 1 月 24 日与刘振立同时被查，官方定性"严重践踏破坏军委主席负责制""严重危害党对军队绝对领导"。这等于公开宣告：连我最信任的"老大哥"也不可靠。官兵目睹"忠诚标杆"接连变"严重违纪分子"，制度性信任崩塌，人人自危、消极避责。结果不是"铁的纪律"，而是"寒蝉效应"下的集体失语与低效。

三、严——严到极端，异化为恐惧与瘫痪

习近平治军"零容忍"，赏罚极严。但古典"严"要求"赏罚必信、令行禁止"，而非永无止境的运动式清洗。当清洗常态化、连副主席级亲信都难逃时，"严"变质为恐怖平衡：将领不敢决策、不敢担当，只求不犯错。火箭军等战略核心部队领导层几近"团灭"，关键岗位长期空缺，训练、装备验收、联合作战筹划出现系统真空。这不是强军，而是自废武功。

四、现代核心能力全面崩坏

1．联合作战统筹与新兴域掌控：高层经验断层严重，剩下多为缺乏实战履历、靠"忠诚"上位的军官。台湾周边演训、联合指挥连续性被打断。

2．危机心理稳定与感染力：统帅本人持续制造内部危机，如何在真正战争来临时稳住全军？

3．跨域资源整合：军队陷入"人人过关"的政治恐惧，哪有精力整合国家科技、工业、情报为战争服务？

五、最致命的品格缺失

伟大统帅都明白：忠诚靠制度、战绩与公平维系，而非恐惧与个人崇拜。习近平将"绝对忠诚"绝对化到"只忠诚于我一人"，却发现忠诚无法检验、无法量化，最终只能靠无休止清洗"证明"。这恰恰暴露最大短板——缺乏对人性、组织与长效机制的深刻洞察，也缺乏战略耐心。结果：形式上军权空前集中（军委只剩他一人拍板），实质上战斗力、凝聚力、信任度空心化到极致。

总之，习近平对军队的掌控在表面达到了巅峰，却在实质战力与内部生态上陷入前所未有的脆弱。这不是"搞不定军队"的偶然，而是其统帅逻辑的必然结局——当"个人绝对权威"彻底取代"制度化忠诚 ＋ 能力选拔 ＋ 信任机制"时，越反越腐、越抓越空就成了不可逆的循环。

历史已写下注脚：一个执意"强军"的领袖，用 13 年时间把军队高层打成筛子。这不是强军，而是自毁长城。真正统帅三军的领袖，从来不是靠砍头立威，而是让将士心甘情愿为其效死。可习近平永远也做不到。

（转自 X 网站）

习要另立山头，川普杀鸡儆猴

新高地

2026 年开年，美国两记重拳直击全球能源与金融格局：1 月，美军突袭委内瑞拉总统府，抓捕马杜罗夫妇；2 月，美以联合"斩首"伊朗最高领袖哈梅内伊及其核心高层。表面针对反毒、核威胁与恐怖主义，战略本质却一目了然——杀鸡儆猴：通过精准军事打击中国外围关键能源伙伴，震慑并遏制中国推动人民币国际化、试图"另立山头"的进程，捍卫美元在全球结算与资源贸易中的霸主地位。

一开始，特朗普寄望通过高关税捍卫美元霸权：2025 年平均有效关税率从 2.4%飙升至 18.6%（1933 年以来最高水平），2026 年进一步调整为全球 10—15%。意图是通过贸易壁垒迫使各国回归美元体系、遏制去美元化。但效果甚微，甚至适得其反——关税导致美国进口价格上涨 11%以上、消费者与企业承担 94%负担，美元反而贬值；盟友反弹加剧，BRICS 与新兴市场加速非美元结算，人民币在全球贸易中的份额持续上升（2025—2026 年中国货物贸易人民币结算比重接近 30%，跨境收付金额 2026 年 1 月达 1.49 万亿元）。关税未能逆转趋势，反而推动更多国家寻求替代路径。

文的明显行不通，只有武力解决。于是，特朗普转向更激进的军事手段。两起行动直指中国能源命脉：委内瑞拉拥有全球最大石油储备，中国长期进口其原油，过去对华贸易人民币结算占比曾达 60%以上（中国占其出口 50—89%）；伊朗是中国在中东最大原油来源，2025 年上半年日均进口 138 万桶，占伊朗出口 80%以上，人民币结算占比约 80—90%。行动后果立竿见影：美国控制近 200 万桶委内瑞拉石油，伊朗政权陷入真空，

中国在中东与拉美能源通道瞬间承压。特朗普公开宣称"正义示范"，警告别再挑战美国——这已是对去美元化进程的赤裸裸升级威慑。

能源领域推进最猛：中俄贸易本币结算比例高达 90%以上（贸易额约 2450 亿美元，美元几近归零）；巴西对华贸易人民币结算比例升至 41%（大豆、铁矿石、石油加速使用人民币）；沙特对华石油贸易人民币结算比例逐步上升（部分协议已达 18—20%）。特朗普策略分层精准：对俄罗斯倾向拉拢，避免中俄彻底抱团；对沙特持续深化伙伴关系（2025 年数百亿美元国防与投资协议），防止其完全倒向人民币结算。

巴西则面临更大风险：卢拉政府亲中倾向明显，美国国务卿鲁比奥多次公开指责巴西"法治崩溃""政治迫害"（2025 年 9 月 12 日针对博索纳罗被判 27 年监禁事件，称"witch hunt"，承诺美国将"相应回应"，包括关税、签证撤销与潜在制裁）。巴西若不迅速转向（减少对华人民币贸易依赖、亲美站队），经济与政权压力远高于沙特。更可能下一个成为军事或极端经济干预目标。

更危险的是，近期中国与欧盟主流国家（德国、法国）、英国和加拿大接触频繁：英国首相斯塔默 1 月访华，强化伦敦离岸人民币中心地位；加拿大总理卡尼访华，续签货币互换协议并扩展人民币在农业领域的使用；欧盟接受中国车企价格承诺以缓解 EV 关税摩擦。而特朗普却不断得罪这些盟友：威胁 10—25%关税、公开侮辱欧洲领导人、质疑盟友主权。一旦中国与欧盟（英国、法国、德国）和加拿大等国达成大规模非美元交易结算，对美国后果不堪设想——美元在发达经

济体贸易份额大幅压缩，加速多极货币格局；美国出口受阻、通胀加剧、借债成本飙升；北约/五眼联盟裂痕深化，形成"去美元化"示范效应，美国全球领导力加速衰退。

习要另立山头，川普就杀鸡儆猴。特朗普从关税转向军事行动，剪除中国外围支柱，掌控战略资源，维护美元霸权。一旦美元地位动摇，美国"优先"将面临系统性危机。四月访华峰会，已不再是外交拜年，而是带着伊朗、中东血腥乱局的强硬搬上谈判桌。

这场博弈才刚拉开帷幕。资源国与发达盟友们会继续深化非美元合作，还是迫于压力回归美元体系？中国会加速去美元化，还是在外部挤压下妥协？胜负天平已开始倾斜，拭目以待。

强盗居然是被打劫者选出来的？

新高地

你听说过吗？那些强拆你的家园、百般对你压榨、随意剥夺你的权力和人身自由、任意践踏你的尊严、垄断你的一切生存资源的强盗，他居然对你说："我是你选出来的，我所做的一切都是在为你们谋幸福。"

新华社 2026 年 3 月 1 日发布的重磅文章，将"全过程人民民主"包装成植根传统、源于初心、来自实践的伟大创举，宣称它实现了过程与成果、程序与实质、直接与间接的统一，是"最广泛、最真实、最管用的社会主义民主"。文章反复列举"十五五"规划网络建言超 311 万条、基层立法联系点、协商议政、代表履职等"生动实践"，试图证明亿万人民真正当家作主。

然而，这一切不过是强盗的自我标榜与粉饰太平。所谓"全过程人民民主"不是民主，而是高度操控的威权工具，用来给独裁披上合法外衣，掩盖权力垄断、异议镇压和系统性人权侵犯。在习近平治下，选举不是选择，参与只是表演，监督早已灭绝。2025—2026 年，中国人权状况持续恶化，言论、宗教、少数民族权利被前所未有地压缩。他强拆家园（强制拆迁、土地掠夺）、百般压榨（996、强迫劳动）、剥夺自由（任意拘捕、酷刑）、践踏尊严（文化灭绝、思想改造）、垄断资源（经济控制、分配不公），却厚颜无耻地宣称"我是你选出来的""一切权力属于人民"。下面让我们来看看习近平标榜的所谓"全过程民主"。

一、"全过程"选举：没有人民投票的"选举"

文章炫耀习近平亲自投票、10 亿选民参与县乡人大换届，却刻意回避真相：候选人由党预先圈定，独立参选者几乎无门，基层代表选举充斥操纵、恐吓与贿选。"全过程人民民主"自称超越西方"票决民主"的乱象，但普通公民连选票长什么样都不知道，这也叫选举？习近平通过 2018 年修宪废除任期限制，实现终身执政，直接摧毁了邓小平时代防止个人独裁的制度底线。"十五五"规划征求意见？不过是过滤后的表演秀，任何实质批评都被屏蔽。这不是民主参与，而是威权合法化的化妆术。

二、"全覆盖"参与：民众只能被代表

文章描绘基层议事厅、协商会议、"家门口的声音"直达最高立法机关的美好图景。但现实是：言论自由几近灭绝，"防火长城"+实时监控封锁一切异见，批评习近平或党的内容瞬间删除，发布者常被"寻衅滋事"罪名拘押或判刑。白纸运动、防疫抗议被暴力清场，参与者大规模失踪或入狱。维权律师群体自"709 大抓捕"后持续被打压，2025 年仍有律师因代理案件被吊销执照或监禁。所谓"协商民主"，民主党派只是党的花瓶，无法提出真正反对意见。这不是"全覆盖"，而是党对一切异议的零容忍。

三、"最管用"民主：用来灭绝文化的工具

文章吹嘘民主"最管用"，能解决人民实际问题，如甘肃高速公路落地。但对新疆百万维吾尔人及其他穆斯林被关"再教育营"、强制劳动、绝育、文化灭绝，对少数民族自治权的剥夺更是只

字不提。国际社会已认定这是种族灭绝。2025—2026 年，强迫劳动转移仍在继续，藏区寺庙被严密监控，蒙古语教学被大幅压缩。这些政策把"人民"当作需被"改造"的对象，彻底践踏宪法对少数民族权利的承诺。"最管用"的民主，原来是剥夺人权、抹杀多元文化、践踏人类尊严的利器。

四、"人民共享"：不过是"人矿"榨取

文章宣称民主让人民共享发展成果，却对劳动者权益被严重侵蚀视而不见。"996"工作制违法却普遍存在，过劳死频发；年轻人"躺平"被官方斥为耻辱，习近平反复要求"奋斗到底"。疫情"清零"强制封控随意剥夺财产与健康。新疆强迫劳动模式扩展全国，少数民族工人被转移失去家庭与文化根基。这不是共享，而是把民众当作维持经济增长与政权稳定的"人矿"——可消耗、可替换的资源。

习近平的"全过程人民民主"，不过是欺世盗名来为威权续命。他一边强拆家园、压榨生存、剥夺自由、践踏尊严，一边自称"我是你选出来的""一切都是为你们谋幸福"。

那么请问：当你的家园被强拆、自由被剥夺、尊严被践踏、声音被封杀，你还会相信那个强盗真的是"你选出来的"吗？

当他把你折磨得死去活来，却还要你感恩戴德地承认"一切权力属于你们"，你还会觉得这就是"最广泛、最真实、最管用的民主"吗？

真正的民主，是让人活得有尊严，而不是让人活得像奴隶还得感谢主人。

习近平，你既然自认为是人民选择了你，那么，今天人民要你下台，你为何还不下台呢？

中国传统国家的成因及未竟的中国"现代国家"之构建

[法] 杜声锋

"如果国家太强，它一定会碾碎我们的胸膛；如果国家太弱，我们早晚要跟着它一起衰落"。
——（法国诗人）保尔·瓦莱里（Paul Valéry）[1]

引 言

国家是个啥玩意儿？自古以来众说纷纭，它像空气一样，每个人时时刻刻都能感受到它的存在甚至有些压抑，但是说起来又不知从哪儿开始、何处着手、怎么描述和定义它，就像一千个人的眼中有一千个哈姆内特一样。然而，自后现代性（后理性、后结构主义等等）以来，其实也没有必要再老气横秋的像霍布斯或列宁那样一本正经地宣示国家要么是个庞然怪物利维坦，要么是一切统治者的残酷的暴力机器。国家也不是像中国古代的儒家宣扬的那样好似天上宇宙神秘的秩序通过天之子（天子—皇帝）在人间的翻版或灵显、是先天存在的和永恒不变的。现代政治学越来越明确地认为，国家就像一个马球场和足球场一样，牛掰的有实力的玩家都琢磨着掂量着，其中一些有实力且胆大的也会搂起袖子去挥打二杆或卷起裤子踢上几脚，或因获胜而欣喜若狂、或因失败而黯然退场甚至命落黄泉。法国二十世纪末最有影响力的社会学家皮埃尔·布尔迪厄（Pierre Bourdieu, 1930—2002）就既轻松愉快又直截了当

地给"国家"下了一个既松散又贴切的定义，即国家是人们制造出来的一个劳什子（artefact humain），"它是人们可以根据一定的规律即规则进行玩耍的一个场所，当然玩的过程中玩家们也可以改变这些规律或规则"[2]。

既然国家是人造的，而不是天赋的或神造的，那么，除了通用的暴力手段之外，造它的人（群）的认知、信仰、理想、德性、行为和利益等就起着根本的作用。

就目前的考古发现和历史知识来说，世界上最早的文明应该是于公元前 4500 年左右出现在艾拉姆地区（Elam）的苏兹城（Suse）（位于今伊朗西部），那里的人发明了象形文字、铜器、首饰、对外贸易等。大约在公元前 3500—3000 年，美索不达米亚的苏美尔人建立了最早的国家（城邦—国家），如 Uruk, Ur, Lagash 等；后来的埃及、中国也相继建立了自己的国家，埃及始于公元前 3100 年左右，而中国的国家雏形始于夏朝（公元前 2000 年左右，虽然目前还没有发现文字记载可以证实）[3]。

像孩子一样，国家的诞生至少需要二个条件，"其母亲是私有财产，其父亲就是暴力"[4]。这个简单粗暴的描述说明了几乎一切。原始的及远古的国家之后，又有古代的国家，中世纪的国家，

1　引自 Duc de Castries: *Histoire de France, des origines à 1981*, Paris, Robert Laffont, 1983, p.9.（本文作者译）

2　Pierre Bourdieu, *Sur L'État, Cours au Collège de France 1989-1992*, Édition du seuil, 2012, p.156.

3　参见 Will Durant, *Histoire de la civilisation*, 第 1 卷 – *Notre héritage oriental*, Éditions Rencontre, 1966, p.192-200.

4　参见 Will Durant, Histoire de la civilisation, 1, p.51.

近代的国家，直到现代的国家等形态和特质。

在西方，远的不说，十六十七世纪以来，欧洲近、现代国家的形成大致遵循三个模式或路径：强力或暴力模式，它的基本逻辑是夺权者或当权者想方设法地把军队和警察等武装力集中起来并牢牢地掌握在自己手里以进行统治（如俄罗斯，及某种意义上的德、日）；第二种模式是以资本主义和商业的方式进入近现代国家（如威尼斯、热那亚、尼德兰联省共和国等）；第三种模式是前二种方式的综合与平衡，且更加广泛和普遍些，即在资本和强力（或暴力）之间拿捏耍玩并求得大致平衡（典型的如英国，及极大程度和意义上的法国与美国等）[5]。

为了便于我们下面对中国传统国家的形态和成因的阐述，以及对近代以来中国数次（四次）向"现代国家"转型失败的探索，我们这里主要根据皮埃尔·布尔迪厄和米歇尔·福柯（Michel Foucault）的研究和论述，简单梳理一下西方现代国家构建的路径和过程，以及指明什么是最基本的"现代国家"的标志或特点。

福柯指出，进入近代以来，从十五世纪开始，由于城邦国家间的竞争、马基雅维利主义和 Giovanni Botero 理论的兴起等，首先在意大利产生了"国家理性"或"国家利益至上"（Raison d'État）的概念或观念；这一观念十六世纪开始在法国发酵（Jean Bodin, Richelieu, Gabriel Naudé 等）。这样，国家主权、国家利益及后来的民族—国家（État-Nation）及其身份认同等观念与学说逐步深入君主和知识界的人心。从十六世纪开始，为了构建各自的民族—国家，欧洲主要国家大都采取了对外和对内二个方面的努力：对外加强协调处理此前已经出现的"国家理性"或"国家利益"（通过国家之间的协约如 1648 年的《威斯特伐利条约》等处理大国之间的矛盾和关系，尤其是各国的主权关系以及后来发生的对其殖民地之间的矛

盾与冲突的协调等）；对内，欧洲大国们又基本上采取了二大措施，一是十七世纪开始建立"警察国家"（État de police），二是，与此同时，为了加强国家的税收以强化军事力量而普遍采取的"重商主义"的办法和措施以培育和保护国内市场（如路易十四的大臣 Colbert 于十七世纪中叶在法国进行了一系列对工商业的改革措施等）。在这种历史条件下，欧洲国家逐渐打破其国内地区之间的贸易壁垒，实现了国内市场的统一和均质化。在此基础上，加上原材料和技术交换以及殖民地之间互通的客观需要，欧洲人主导的国际大市场也应运而生、得以形成、发展和壮大[6]。

正如孟德斯鸠所指出的那样，权力如果不受到限制它自身就有冲动和能力进行无限的复制、延伸和扩充。然而，在欧洲，当时的历史条件是，各国之间实力虽有差别但是没有一个国家强大到可以随意碾轧另一个国家的程度，加上王朝之间的联姻和血缘关系盘根错节，所以大家不得不学会节制和共生共存；这样就从外部限制了"国家理性"对外扩张的冲动和爪牙。对内，"警察国家"当然也希望自己无限地自我授权和扩权壮大，但是它也遇到了巨大的阻力，主要来自教会和贵族们，也来自法律界；对于法学家们，国王们也不能出尔反尔、翻脸不认人（象某些东方大国一样），因为几个世纪以来，他们曾经与法学家们合作，并利用后者对罗马法关于公共事务及其法律的解释和运用作为武器一起打击和削弱了封建主们的权力，确立了国王和国家的权威。现在，这些法学家们又用自然法、罗马法、尤其是社会契约论等武器反过来限制国王的权力，为它确立边界、戴上套子。所以，进入近代以来，欧洲国家国王们的权力是真正受到外部和内部双重压力和制约的，"国家理性"逐步被国际法所弱化，"警察国家"逐步被"法律公平"所冲淡。近代欧洲的第一批政治家、经济学家和哲学家们大多具有法学背景，

5　参见 Pierre Bourdieu, *Sur L'État, Cours au Collège de France 1989-1992.*, p.215-216.

6　参见 Michel Foucault, *Naissance de la biopolitique, cours au Collège de France. 1978-1979*, Paris, Seuil/Gallimard, 2004, p.5-8.

如格劳修斯、亚当·斯密，吉雷米·边沁、孟德斯鸠等[7]。到了十八十九世纪，经历了启蒙运动、法国大革命、工业革命和民主化的欧洲，"国家埋性"和"警察国家"最终被取缔，代之而起的是能够处理复杂的资本主义经济利益、阶级化的社会关系以及日益增加的公共事务需求与矛盾等的新型治理模式，即"法治国家"（État de droit；Rule of law；Rechtsstaat）。从此以后，欧洲的现代国家较少地介入微观的经济和商业领域，以及以自主自治为主的公民社会领域和私人生活领域，而把主要精力和资源放在对私有财产的保护，对公共设施和公共服务的建设、维护及完善，尤其是对经济、社会、安保领域的立法和执法等方面；社会应该做和能够做的归社会，国家应该做的归国家；对于大众，法无禁止即可为，对于国家，法无授权不可为，已经深入人心。双双发展、良性互动。如此，现代欧洲国家演变成为一种"法律公平、法律服务和法律干预的国家"，而不再是什么都想管和什么都能管的全能的行政性国家，更不可能再是无孔不入的警察国家了。除此之外，唯一应当附加于这个"法治国家"之身的是，由于贫富差别的加大，民主制度的完善和平等意识的提高，从十九世界末开始，欧洲各个国家相继建立和完善的"福利国家"（État de providence）制度。至此，欧洲利用二百多年的时间，基本上完成了"现代国家"即"法治国家"加宪政民主的构建和巩固；从此，"法治国家"成了欧洲文明的基石，它一方面保护民主和自由，没有人再因为言论和信仰自由而担惊受怕和受到惩罚；另一方面它保护合法的私有产权和资本及市场，没有人再担心随时被抄家罚没和随意被判有罪及量刑过重。西方从此进入了一个"法治帝国"[8]，与之对应和相对立的是其以前的或其他地方仍然大量存在的"专制帝国"或"威权—极权国家"、家族王朝和教政合一的国家如伊朗（新加坡虽然不是完全意义上的民主国家，但它是一个现代的法治国家；回归前的香港地区也一样，跟有无主权没有必然联系）。

"福柯·布尔迪厄欧洲近、现代国家演变路径"图（由本文作者综合）：

16、17 世纪	18、19 世纪	19、20 世纪
对外：国家理性；国家利益	国际条约与制衡；国际市场与贸易；民族—国家等。	"现代法律—制度体系"作为民主社会的普遍基石：即资本主义市场经济+法治国家；福利国家等。
对内：警察国家；重商主义	私有产权；法律平等；公民社会；宪政民主等	

通过上述简短的过程描述，我们可以看到，正像布尔迪厄所说的，"国家是由成千上万个细微的具体行动创造出来的产品"；福柯、布尔迪厄与韦伯都明确指出，"法治国家"与现代资本主义经济、与现代民主制度，都是属于现代理性的范畴，它们是共生互存的、缺一不可的[9]。

那么，什么是最基本的、最规范性的现代"法治国家"的特征或描述性的定义呢？

现代"法治国家"至少需要具备如下一些基本因素和组件。一说，"法治国家必须具有如下二个方面。第一，法律需要具有一定的形式，即是说它需要符合公认的现代法学家们给予它的限定性条件；第二，它应该是普遍的和施加于所有人的，包括立法者们自己；它必须事先公开颁布并且必须明确告知被它管辖的所有人；它应该是容易理解的、连贯一致的，并且不能随意被改变"[10]。这个定义强调了任何人不得在法律之上和法律的稳

7　参见 Michel Foucault, *Naissance de la biopolitique, cours au Collège de France. 1978-1979*, p.11,39-40.

8　以上均见 Michel Foucault, *Naissance de la biopolitique, cours au Collège de France. 1978-1979*, p.46-47, 48, 77, 117, 154-155, 155, 165, 172, etc.

9　参见 Pierre Bourdieu, *Sur L'État, Cours au Collège de France 1989-1992*, p.426, 241-242.

10　Philip Pettit, *Républicanisme, une théorie de la liberté et du gouvernement*, Trad. De l'anglais par Patrick Savidan et Jean-Fabien Spitz, Paris, Éditions Gallimard, 2004, p.230.

定性及连续性。

再有，"法治国家的模式体现了当今世界公共机构的组织中最理性和最合理的模式，它能够预防和阻止任何对权力的随意的和不可预测的乱用。它的最基本的特点是把政治的合法性置于法治的合规性原则之下，合规性还包括法律面前人人平等和司法独立。为了达到这一目标，公共机构的权力不仅需要被划分为立法、行政和司法三界，而且它还应该被明确地限定在事先严格规定的分层次的法律秩序之下。这个法律秩序应该被置于司法机构之下而不是附于立法机构之下，以便更好地保护社会不受随意行为的侵犯。对合宪性的检查和控制是完成这个法律秩序的最后一步，它是由立法机构中选出的几个出色的和有威望的大法官组成的。所有这些，是现代国家最起码的法治形式的概念和设置"[11]。这个定义强调的是政治权力的合法性和合规性，三权分立、分工和相互制约，以及司法独立的重要性等。

与西方自古希腊罗马及中世纪及其以后的历史相比较，很早开始（公元前 4—3 世纪）就走向集权和专制的古代中国并没有经历过真正的权力分散和相对制衡的封建体制（féodalité，这一点梁启超最先于 1902 年就注意到了[12]）和强大独立的一神教宗教如基督教；而且，在古代的中华大地上，通过入侵而统治的异族政权（如鲜卑、蒙古和满族等）由于其自身文化和科学技术的相对落后最终也被中国文化所吞噬和同化。再加上语言文字、思维方式、地理环境等的独特性，古代中国的王权和皇权没有足够的外部条件制约和内生的理由和动机在政治上认可异己党争和分权而治，在经济上尊重市场的机制和力量，在法律上尊重自然法则和合同契约，在思想上包容异见和言论自由，在社会治理和社会活动方面包涵和支持多元价值观等等；恰恰相反，而是不断地将权力集中

再集中、将财富攫取再攫取、对民间压制再压制。这与西方自十五十六世纪开始的近代民族—国家和法治国家的构建相比，甚至与中世纪的多重封建分权制（国王、贵族、教会、工商阶层等）相比，都是大相径庭的。正如法国汉学家 Pierre-Etienne Will 所指出的，中国古代早熟的和强大的中央集权专制致使统治者们始终处于"持续的精神分裂"之中、使国家治理成为一种"制度化的和虚伪的骗术"[13]。当下的中国"国家"形态，还远远不是一个真正的和完整意义上的"现代国家"，它最多是处于迈向"现代国家"的大门的门槛之前；它肯定是一个完整的主权国家、一个重商主义的经济大国、一个党与国不分的国体、一个以刑法为主的法"制"国家（rule by Law），而非法"治"国家（rule of law）。

以西方古代和近、现代国家的本质和特征作为参照，我们下面来梳理和归纳一下中国传统国家形态的主要特征及形成的主要原因（本文从集体精神和制度层面，而非物质和实体层面展开）。

一、中国传统中央集权专制国家的主要特征及成因

国家是人类社会或一个民族的最高形式的治理机制或制度；国家是由人们制造出来的并加以维护和完善的。不同的人群（种）会制造出不同性质的国家及其形态。作为两大文明系统，中、西方独立平行地制造和发展了各自的国家形态，直到它们今天呈现出的样子。近现代以来，东方的某些国家如日本和韩国等，通过学习西方的物质文明和政治现代化，已经建立起它们的现代法治国家及宪政体系。印度也通过半个世纪的去殖民化而建立起来了虽然不很富裕但是世界上人口最多的民主和法治国家。而古老的中华帝国对西方政

---

11 Grégor Puppinck, in *La démocratie dans l'adversité, enquête internationale*, Paris, Les Éditions du Cerf, 2019, p.503-504.

12 参见梁启超著，《附论中国封建之与欧洲日本比较》（写于 1902 年），载《饮冰室文集》第四卷，台北，中华书局，p.70-71。

13 参见 Pierre Bourdieu, *Sur L'État, Cours au Collège de France 1989-1992*, p.452.

治制度和宪政体制基本是反应冷淡、刀枪不入[14]。关注这种现象和这个问题的人们不禁要问，这是为什么呢？

1. 中、西方对世界的看法或哲学观念的不同导致其政治和国家观念的不同

一个民族的文化和文明萌生于它对其自身的自我意识和对其所处的环境的认知；这种自我意识或认知经过长期的历史发展和演变逐渐地形成一个民族的集体意识或集体精神；后者又先后朝二个相关的但不完全相同的方向发展，即宗教的方向和哲学的方向。无论是宗教还是哲学，都反过来形塑人们的思维方式和行为方式，因为"人的行为与人的思想密切相连"[15]，反之亦然。即使是语言文字，由于它们被各自的先人们以不同的方式创造出来，反过来又"表达出不同的逻辑和对世界与人类的不同的理解和愿景"[16]。这些从蒙昧时代就已经酝酿尤其是在迈进文明的门槛时期就开始逐步形成和积淀下来的各种集体意识、宗教信仰、哲学观念，以及对世界、自然和人类的看法等等随着时间的推移逐步变得沉重和下压，其结果就是各个民族有意识或无意识地走向了不同的发展道路，从而形成了不同的文明形态和国家形式。

在中国先人们的思想中，从一开始就不仅缺乏亚里士多德式的实证的自然科学，而且更缺乏抽象的逻辑的形而上学；相反地，它倒是在神秘的天文宇宙学和社会伦理道德方面相当发达。最迟从"轴心时代"（大约公元前八世纪至前三世纪）开始，中国人的精神结构和古希腊人的精神结构就产生了本质的差别。自从希腊的城邦制建立起来之时，希腊的哲学思想就宣称人类的理性（及

真理）不存在于自然之中，也不存在于神谕之隙，而是存在于逻辑和语言（logos）之域。希腊哲学认为语言和几何学、数学是人类认识宇宙和自然真理的最好的工具，其达到的真与善是人类理性的最高表现和表达形式。社会秩序和政治治理应该建立在人类牢固的理性基础之上，而不是建立在人们感性世界的模糊的、不确定的、变换无常的非一存在或表象之上。以人的理性为基础，以宇宙的理性结构为蓝本，古希腊哲学家们试图通过对人的行为规范和社会合约约定来定义政治、国家及其建立和治理：其出发点是作为个体的公民的理性行为和自由抉择（虽然仅限于自由民），其支撑点是城邦（polis）的正义和法律，其目的和落脚点是公民的美德和幸福。亚里士多德说，"城邦就是一个共同体"[17]；"人是政治的动物"，"真正意义的政治权力就是由自由的和平等的人们组成的政府"[18]；区分坏的宪法和好的宪法的标准在于它们是为少数人服务还是为绝大多数人服务，在于统治者如何对待其公民的"公共利益"和社会的"多元共存"的态度和行为[19]，如此等等。这些二千多年前发自地中海吕克昂学院林荫小道上的声音，国人今天听起来是否亦然新鲜如处子、振聋而发聩呢？即使与亚里士多德有别的柏拉图，虽然他在《理想国》中强调整体优于部分、集体高于个体、贤明贵族制优于民主制等，但其政治哲学思想的根基仍然建立在理性秩序的范畴之上。在他看来，正义的城邦应该如同正义的灵魂，由理性统御意志和欲望，因此，社会被三分为"士、兵、劳"三界（分别代表理性、意志和欲望），只有他们分工协作，国家和社会才能良性运转、基本和谐。希腊语中城邦组织或政体是 *politéia*，它意指由公民自愿组成的集体（"collectivité des

---

14 John King Fairbank, *La grande révolution chinoise, 1800-1989*, Trad. de l'anglais par Sylvie Dreyfus, Paris, Flammarion, Champs histoire, 1989, p.68.

15 Jacques Gernet, *L'intelligence de la Chine, Le social et le mental*, Éditions Gallimard, 1994, p.12.

16 Jacques Gernet, *Chine et Christianisme, Action et Réaction*, Paris, Gallimard, 1982, p.10.

17 参见 Aristote, *Politique*, Trad. Tricot, Paris, Vrin, 1962, I, 1, 1252, p.13.

18 同上，I, 7, 1255b, p.5.

19 参见 Éric Werner, *Mystique et politique*, Éditions l'Âge d'Homme, Lausanne, 1979, p.8, 16.

citoyens"）。古希腊虽然也经历过专制和寡头政体，更是为人类创造和经历了辉煌的（直接）民主政体，至今还是宪政民主的宝藏。

古代的罗马经历了共和国（公元前 509 —前 27 年）和帝国（西罗马帝国，公元前 27 —476）二个时代；罗马人创造的"共和国"概念与政体也是人类的一大发明：拉丁文"共和国"由二个单词组成，即 *res publica*，*res* 指"事务，或国家事务"，*publica* 指"公共的，或公民的"，加起来就是"公民的或人民的事务"，即共和国；或者说是由公民们集体缔造的用来管理自己的公共事务的一个组织形式即政体。这种基于对人的自由意志及群体的公共属性和需求的深刻洞见和理性析证的政治观念和思想，在中国古代哲学思想和政治学说中鲜有踪迹，更谈不上具体落地和实践了。孟夫子所谓的"民为贵，社稷次之，君为轻"，只不过是一介儒生在昏暗的油灯下的一声叹息；孔夫子的"为政以德，比如北辰，居其所而众星共之"，也不过是赖其如何的弱声劝告，没有提出和阐释任何实际有效的制约和抗衡机制，不然为什么要对国王"众星共之"呢？

直到十六世纪，当西方第一批传教士来到中国时，他们已经觉察到在中国人的思维里，人们并不明确地划分理性的和感性的、精神的和世俗的、本质的和表象的。由此，他们断定，中国人对人、自然和世界的看法，对道德的追求，对政治和国家的观念与西方是很不一样的：中国人对宗教兴趣不浓，对自然和物理世界的本质或真理好奇心不大，而是着迷于极其实用主义的道德说教；中国人如果进入更深一层的思考就轻会易地陷入东方神秘主义或道藏与玄学，而不是通过语言、逻辑和数学等理性的方式方法去探索现象后面的本质和宇宙自然界的真理，以及人的自然自由本性和良好的社会组织即国家和政府的本质和可能的最佳选项。所以中国古代哲学鲜有对真善美的抽象的和本质性的探索与总结，比如研究"美"

时，只注重具体的美的事物或作品，不深究"美的理念"；落实到对自然和事物的认识上则是重技术（巧）而忽略其背后的普遍的科学原理，即知其然不知其所以然居多；在人与自然的关系方面笼统模糊地强调"天人合一"，但对天是什么人是何物缺乏明确的界定或定义，这种认识论的粗浅处理一方面是由于语言和逻辑的局限，更是因为这样的模棱两可有利于大儒们随便插入君权天授的概念：人世间的权力来自于上天的意志即天意，上天委托它的儿子即"天子"也即皇帝来管理其臣民和社会事务；由于天是看得见摸不着的，所以天子就成了地面上的所有臣民的天、就是地上的绝对权威。"天人合一"最后就演绎成为"天帝合一"来统治人民；与天的独一和独大一样，皇帝的权力也只能是唯一的和独断的，其统治手段也只能是专制的和自上而下单向的；同时天界是有层次和高低的（九重天、九宫等），其对应的社会也只能是等级森严的；天大无边，所以普天之下莫非王土，率天之滨莫非王臣。在这样的哲学观念和话语体系中，哪有理性的自由个体和通过理性的集体公约而建立的公民共同体可言？哪有公正的法律和司法可循？哪有独立的多元化的社会可期？古代中国人并不在意真理和正义，只追求变通，所谓的"变则通"，所以《易经》得以广泛流传且长盛不衰[20]，近来辩证法更是泛滥成灾。缺少法治，多有人治，所以关系总是摆在第一，中国人的"关系学"永远世界第一。儒家哲学通篇阐述和宣扬仁义礼智信，但对对于社会生活第一重要的"正义"，和对对于政治生活最为重要的"契约"却毫无关心，更谈不上对其详细论述与大力倡导。还有，儒家大肆宣扬的"修身、齐家、治国、平天下"，也只是由己推人、以小阔大、私域和共域不分的不恰当类比和粗浅的推演而已。法国汉学家谢和耐说，"中国人把宇宙万物只看作是一个演变的过程，他们不去区分其中的现象与本质，他们只求认识能够把握现象的运动性的概念"他们只

---

20 Jacques Gernet, *L'intelligence de la Chine*, p.256.

对社会和历史的"兴盛与衰亡"的现象本身津津乐道，而不去深入探究其深藏的本质和内在的逻辑、以对盛衰的恶性循环进行根本性的改变[21]。或者像黑格尔认为的那样，在古代中国，即使有王朝不断地更迭，但基本只是就地打滚、循环往复，你方唱罢我登场，演着同样的剧本，鲜有真正的改革和提升，因此他说中国人没有真正的历史[22]。

简言之，自古希腊古罗马（共和国）开始，西方政治哲学和国家学说的主流的出发点是人的理性和自由的个体，目的是正义与幸福，方法或途径是自由的个体自愿结成的共同体和法的精神与法治。而中国古代政治哲学和国家学说的主流儒家则是强调天意、道义与集体，目的是秩序与和谐，方法或途径是等级、牺牲与服从；法家则直接提刀下场，与统治者结盟，倡导严刑峻法、君权高于法和国家、剿灭异见和异己（焚书坑儒）、压制社会和商业，其唯一目的是君权专制永续、国强民弱永存。好坏优劣高下立现。

2. 一个权力没有充分分化的和绝对的国家形态

在上述的哲学观念和民族精神的熏陶和培育下，加上人的自私和趋利的本性，能长出什么样的花果呢？在西方，自罗马共和国和帝国以来，最高权力一直有所分化，呈现出二元或三元结构。共和国就不说了，罗马帝国初期至少还有元老院的制衡，帝国中后期有基督教（公元 313 年君士坦丁大帝的"米兰敕令"和 380 年的狄奥多西一世的"撒洛尼卡敕令"而确立）的侵染。中世纪的欧洲政治治理更是形成了权力的三重结构：教权、王权和封建主的权力，群蛇相缠、环环相扣、缺一不可。十二十三世纪开始的新型城市的兴起，自

由市民阶层的诞生，资产阶级的面世，文艺复兴和宗教改革等，客观上导致任何权力都没有极化和独断的可能，在其前后左右上下都有空隙、裂缝、漏洞或突破口。加上欧洲小国林立，互相斗霸，除了罗马帝国，基本上不可能一国独大，查理大帝（公元 800 年）和奥托一世（980 年）建立的"神圣罗马帝国"被伏尔泰讽刺揶揄为"既不神圣、也不罗马，更算不上帝国"。

中华帝国就缺少这些固有的二元、三元或多元权力结构和势均力敌的邻国与之争雄等因素，经过数代的大一统和天下体系思想的灌输尤其是胜利者对异己异见的大清洗（焚书坑儒、罢黜百家、武后清洗、宋代党争、明代蓝玉案、清代文字狱等），当权者始终用强力把持国家，呈现出一人、一家独大独吞独享的局面。古代中国的皇权国家就像一头巨大的蟒蛇，其它的动物要么被它赶走、要么被它吞噬。自古以来，国家的御用文人或国师们极力鼓吹国家是不能分裂的，权力是不能分割和分享的，为了整体利益只能牺牲局部利益，为了中央集权必须削掉地方的权力和自治（削藩）。正像人们头上只有一个天一样，地上只能有一个天之子即皇帝来引领一切；这才是儒家大力提倡"天人合一"的本质所在[23]。皇帝的权力囊括一切，"它管辖社会组织和宇宙组织，它是时间和空间的主宰"，没有什么可以躲避它的制约和不受它的管辖[24]；东西南北中，皇权是灵魂是核心。在这种思想和体制下，分权治理不仅不可能，也是没有必要的，因为皇帝把所有的权力都霸占完了，无权可分了，剩下的只是皇帝凭自己的喜怒好恶把部分具体的事权分发或赏赐给亲信和大臣们。"这种权力边界毫无限制的政治治理体制必然要求人民做出牺牲，并自然滑向绝对专制独裁"[25]。

---

21 Jacques Gernet, *Chine et Christianisme, Action et Réaction*, p.279.

22 Hegel, Leçon sur la philosophie de l'histoire, Paris, Vrin, 1998, p.93-108.

23 参见 Léon Vandermeersch, Le nouveau monde sinisé, Paris, PUF, p.186, 187.

24 Jacques Gernet, Chine et Christianisme, Action et Réaction, p.143.

25 参见 Mona Ozouf, *De Révolution en République, les chemins de la France*, Quarto, Paris, Éditions Gallimard, 2015, p.1289-1290, 1313.

经过如此设计和建构，中国的国家不是由人创造的，而是由天意赋予的；它没有西方意义上的政治属性，因为政治权力是需要有所竞争有所制衡的，而只有处理具体行政事务的性质；它不需要分权因为它本质上无权可分；它不需要被监督因为没有任何力量可以监督它，这是一个纯功能性和行政事务性的政府[26]。有的只是皇帝和大臣们立牌坊装门面的不痛不痒的"奏折"习俗。它是一个"官僚化的封建集团（"féodalité bureaucratisée"）[27]。它也是一个等级森严的国家：在上级与下级、统一与分治、普遍与特殊、中央与地方等的关系上，无论对错，前者总是具有独断的和压倒性的优势和权威。法王路易十四王朝的"绝对"君主制，与东方大国的中央集权专制相比，真是塞纳河的秃头乌龟相比于太平洋的千年龟精，因为前者在国内还有若干贵族环视（Condé、Conti 亲王）、新教徒的反抗、巴黎议会的制衡、知识分子的揶揄（La Fontaine, La Bruyère, Saint-Simon 等），以及荷兰、英国、西班牙等宿敌们的挑逗和僭越。

3. 团体主义（Communautarisme）压倒个人主义和自由精神

儒家伦理倡导的仁义、孝悌、君臣和中庸等说教是中国集体主义或团体主义的根源和理论基础；这种理论试图用集体主义及其权威来为国家提供规范，用以调节中国人个人之间、家庭（族）之内、社会之中甚至政治领域的各种关系和矛盾。

即使在亚洲其他国家的企业里面，集体意识不仅管控着内部关系，也影响着企业之间的复杂关系，例如日本和韩国的大型私有企业集团下面都有数十个甚至上百个小型的分包企业，它们之间利益捆绑、关系稳定、互相保护、俱荣俱损，这

是因为共同体意识和集体主义甚至家族主义起了关键的纽带作用。

在社会生活领域，受到儒家集体主义精神的熏陶和影响，基于个体自由的个人主义思想被排除在群体之外、被扼杀于萌芽之中。在政治生活领域里，个人自由和标新立异更是绝无可能，甚至招来杀身之祸。所以，在传统的中国社会里，模仿总是大于创新、保守一直压抑改革，因为创新和改革是需要个人的自主和自由精神的。第一个把西语中 Liberté 或 Liberty 翻译成中文"自由"一词的是 1822 年来到中国的新教传教士 Robert Morrisson。但是自此以后，"自由"一词在中国一直被贴上负面和贬义的标签[28]。19 世纪末时，留学日本的梁启超曾借用佛学的词语把西语"自由"一词翻译成包罗万象的"真如"（"ainsité"），这也说明中国人一直没有让"自由"摆脱某种决定论的含义，无法赋予它自然自发的和个人主义的原本之意[29]。所以，它也根本不可能与五四运动倡导的"德先生和赛先生"一并出现，虽然它是德赛二位先生父母或老师。直到1980 年代的"反对资产阶级自由化"和今日的抵制西方"自由和民主"等等，表明中国（传统）文化对个体独立和个人自由的排斥之深、之坚。二百年前黑格尔就武断地断言过，在中国人那里，"个人从伦理道德上说是不具备鲜明的和独立的个性与人格的"[30]。看看咱们目前遍布大江南北唯唯诺诺的张公公金公公胡公公和成千上万的鹦鹉学舌的布道师们，以及各级点头哈腰的官员们，黑格尔的描述并没有过时。

4. "外儒内法"——国家治理的"精神分裂症"

许多国家的治理都存在表里不一、说一套做一套得毛病。但是像中国（古代）的国家治理那样

---

26 Léon Vandermeersch, *Le nouveau monde sinisé*, p.188.

27 Joseph Needham, *Les sciences chinoises et l'Occident*, Paris, Seuil, 1973.

28 Léon Vandermeersch, *Le nouveau monde sinisé*, p.185.

29 参见 Joël Thoraval, *Écrits sur la Chine*, CNRS Éditions, Paris, 2021, p.235-239.

30 Hegel, *La raison dans l'histoire*, Éditions C. Bourgeois, 《10-18 》, 1979, p.284.

明目张胆地"高举儒家大旗、横行法家之道"的政治精神分裂情况还是少见的。作为王国和帝国，秦的统治虽然残酷，但是基本做到了表里如一，宣传的是商鞅和韩非子的法家思想，实际实施的也是他们的那一套，用的人基本上都是的法家的人，著名的如商鞅、李斯等，我是法家我怕谁？但是到了汉代（公元前 202 至公元后 220），情况发生了巨大的变化，国家治理方式以二个面孔出现，一个是明的，是官方大力宣传和提倡的，即以董仲舒为代表的儒家的"天人合一""以天为纲，以仁为文本，以君为体，以礼为用"的三纲五常的学说；它强调仁义、教化、礼仪与和谐，排斥法家的严刑酷法。但是另一方面，朝廷实际实行的仍然是法家的对社会严加监督和管控的那一套，例如，西汉国家在对富人和普通民众实施重税的情况下，号召人民邻里之间互相举报，并给举报者以重奖[31]。就这样，汉初才兴起并形成的"中产阶级"被毁于一旦。今后的王朝基本上是在秦朝和汉朝的治理框架之间游摆，比如，蒙元对人民尤其是对汉人的奴役，明代的东厂西厂，清代的文字狱，袁世凯的暗杀，1957 年的反右，等等。这不是法家的手段又是什么？这种表里不一的统治术或手段，被历史学家恰当地概括为"外儒内法"[32]。为什么说它是国家政治治理方式的"精神分裂症"呢？因为这些高调宣称以儒家学说柔性治国的儒生和皇帝们，他们实际运用的统治手法恰恰是与儒家截然对立的法家治术，而后者还绝不买前者的帐[33]。

美国汉学家费正清完整准确地总结了这一奇特的统治和国家治理怪相，他说，"多个世纪之中，中华帝国专制的统治具有三个鲜明的特色：第一个是统治者总是把自身置于法律之上，只要自己高兴和觉得有必要，他便为所欲为；为了保住自己的权力，他可以随意处决他的敌人。同时，儒家学士们大力宣扬君主应该以仁慈、文明、礼仪和得体的方式进行统治，这往往是试图掩盖君主们主要依靠恐怖和威胁的手段进行统治的事实。第二个特色是，中国一直缺乏一个明文的宪法程序限制君主的权力和行为。第三个特色是，无论是在王朝时期还是在政党共和时代，掌权者们只对王朝或政党表示效忠，而对人民的疾苦弃之不理。当权者总是吓唬人民说，如果你们使我们失去了对国家的控制，你们就会处于混乱和内战之中；这样他们就冠名堂皇地宣称自己是不可替代的，保持他们的权力不倒就成了他们唯一的和最终的目的，这个目的高于其他一切应该做出的努力和让步。我们由此可以总结道，在长达千年的中国历史中，没有一个政权的更迭不是血流成河；最终总是靠实力和刀枪，而不是靠孔老夫子教导的仁慈，来解决权力的终极归属问题"[34]。毛主席说的"枪杆子里面出政权"可能是对此最直接、最明白无误的表述了。

说到法律，还有一个显著的现象，中国古代除了有些行政性的法律法规之外，盛行的只有刑法了。谢和耐指出，"在西方，从古代以来，法律一直是社会和国家组织和治理的普遍工具，法律也一直深入运用到私法领域；而在中国，所谓的法律只是一大堆刑律的汇编，虽然它们是不可或缺的，但是光靠它们，不足以实施依法治国的目标"[35]。中国法律立法的目的也是目标，就是为了满足统治者维护其统治、保持其特权的需要。邓小平曾经说过，"中国古代给我们留传下来的，更多的是封建专制的传统，极少有民主和法制的思想"[36]。

---

31 参见余鑫炎著，《简明中国商业史》，北京，中国人民大学出版社，2021，p.72-73.
32 参见瞿同祖，中国法律与中国社会，北京，商务印书馆。
33 Joseph. R. Levenson, *Confucian China and its modern fate： A trilogy.*
34 Fairbank, *La grande révolution chinoise, 1800-1989*, p. iii-v.
35 Jacque Gernet, *L'intélligence de la Chine, le social et le mental*, p.41. Et aussi, Etienne Balazs, La Bureaucratie céleste, Recherche sur l'économie et la société de la Chine traditionnelle, Paris, Gallimard, 1968. p.218, etc.
36 邓小平文选，第二卷，人民出版社，p.332.

法律不畅严重影响了中国经济尤其是私有经济的发展。无明法则无恒产，无恒产者无恒心，无恒心则无恒荣。中国历史上几乎所有的大富豪们，从商业上赚了大钱以后不敢再扩大经营规模和进行长期的投资和经营，而是大量购置土地和房地产，短期收取租金，极尽挥霍，过着纸醉金迷的生活；剩下的留给后代继续挥霍，且往往富不过三代。而西方的大富豪们许多能够固守家业，甚至做大做强，连续经营数个世纪，如罗斯查尔德家族（自 18 世纪），意大利马里内利铸钟厂（自 1040 年），法国的 Château de Goulaine 酒庄（公元 1000 年）等等，更不用提后来的新教伦理（清教徒和加尔文宗的勤劳、节俭、积累以成就自己、感恩上帝）和资本主义的进取与扩展精神了。

5. 一个既强大又弱小的"国家"

这个标题看起来有些怪，明显是个悖论，但它确是个（历史的）事实（和现实）。如上多处所述，传统的中国国家是强大的，它无处无时不在、无所不能，它是天地间大写的"一"，它是至高无上的"全"。它超越一切社会和政治力量，消除一切可能威胁它的政治和思想上的异己；它垄断一切意识形态的宣教；它掌握全部军事组装和武装力量；它压制和窒息公民社会以及私有经济；它拼命榨取玩命收税，它挥霍无度，它豢养了一大批官僚和军队为它服务为它保驾；它是绝对的、独断的；它像一棵参天大树，不允许它身边再有任何大树和中树的存在，只允许有小树小草和韭菜冒芽给它提供营养和水分；它是天它是地它是宇宙，它是一切的一切、中心的中心；如此等等[37]。这样如此强大和强势的国家，自秦汉以来，一旦确立，除了被推翻，它就从来没有改变过，连想改变的念头都没有过。

但是同时，中国的"国家"又是一个弱小甚

至可怜的国家。此话怎讲？中国传统国家的羸弱体现在以下几个方面，第一，它对民众的保护不够，对社会公平公正的建设和维护不够；"国家之所以成立，首要任务是为了保护人民的安全，其次是为了保护人民的财产"[38]。令人震惊和不解的是，在二千年数十个王朝的专制统治中，只有二个非汉人统治的政权对因饥荒造成的民间疾苦有过正式的救助机制，一个是信仰佛教的北魏政权于公元 488 年在中国历史上第一次把饥荒救济列入国家预算（占总预算的 11%），和满清政府"致力于通过饥荒救济和防洪等措施提升民众的生活"[39]；第二，它对基础设施的投入远远不足，对地区性和国际性的市场和网络的建立、维护和保护远远不够（比如西域的远程贸易、东南亚及印太的海上贸易等）；第三，它对经济秩序和运行机制的认识不足，对私有经济过度压制和敌意，更谈不上保护和鼓励，这样做明显使百姓受贫、使国家溺弱。19 世纪开始面对列强时一筹莫展，甲午被打败、庚子被割地赔款，更是一目了然地暴露了其虚弱和无能；最后，也是最主要的，作为"国家"，一个全体人民的组织，一个全体中国人民的"生活场""娱乐场"或政治"竞技场"，这个"国家"的法人资格应该是独立的，在其之上既不应该再有天的存在，更不应该有帝王有宗教有政党，后者都应该在它之下而且为它服务，最多也只能处于它的侧旁。现代政治学的基本共识已经明白无误地指出，国家绝对不等（混）同于一个家族、一个集团、一个政党、一个神、一个人（《左专》早已经不经意地说到"国君无以国为家"），不然，它就不是一个真正意义的"国家"，不是所有人的国家，不是现代意义上的国家。国家也不等（混）同于政府，政府可以被推翻、被更替、被轮流，但是全体人民的"国家"是永远存在的，除非被外来人群毁灭（如玛雅、阿兹特克等）或由自己

---

37 参见 Richard Von Glahn，《剑桥中国经济史：古代到 19 世纪 》，北京，中国人民大学出版社，2018, p.73, 105, etc.

38 Will Durant, Histoire de la civilisation, 1, p.60.

39 参见 Richard Von Glahn，《剑桥中国经济史：古代到 19 世纪 》，p.157, 269.

的公民或其合法代表决定撤藩（如 1707 年苏格兰议会通过《联合法案》同意并入英格兰等）。"国破山河在"的诗句从政治学上说是不对的，应该是"朝破国家在"；"天下为公"也是不对的，应该是"国家为公"（大家记得上面提到过的，拉丁语"共和国"*res publica* 的原意就是指"公民的或人民的事务"组织）；国家是"公器"这个说法是恰当的（梁启超在《新民说》和《论君权神授之说破》中说，"国家者，公器也，非一人之私"）。但是，在中国的历史上，国家从其诞生之日起就被一个人、一小撮人、一个家族、一个集团（后来的政党）所劫持、所绑架、所独占、所凌辱、所利用、所耗尽。

进入现代社会，在严格定义的关于国家性质或属性的意义上，一切与一个人、一个家族、一个集团、一个政党或宗教紧密捆绑在一起的国家都不是真正意义上的国家，更不是"现代国家"；它们只能被称作"党—国"（Party-state）、"国—党"（State-party）、"苏丹国"（Sultanat）、"哈里发国"或"伊斯兰国"（Califat）、"金家国或王朝"（Kim dynasty），等等。在这些地方，国家的现代化还是一个"未完成时"，甚至是未启动时。我们在下面的一章将检视中国近、现代国家的转型和建设的困境与问题。

那么我们究竟需要一个什么样国家呢？法国诗人保尔·瓦莱里曾经俏皮而恰当地写道："如果国家太强，它一定会碾碎我们的胸膛；如果国家太弱，我们早晚要跟着它一起衰落"。

二、中国近、现代的四次国家转型尝试的失败及原因（1898—1976）

与中国古代儒家法家们宣扬的完全不同，正如我们在文章开头引用布尔迪厄的话所说的那样，国家既不是先验（天）的，也不是一成不变的；它是人（再）造的，什么样的人就会（再）造

出什么样的国家。美国独立宣言的主要起草人托马斯·杰佛逊曾经断言，在国家建设和道路选择方面，"从长远来看，人民比任何单独的个人都更加有智慧"[40]；当然，另外的一面也是存在的，即当权者尤其是独裁者可以利用民众的无知或信息不对称给民众洗脑、塑造民众的情绪和价值观（如纳粹和苏俄），卢梭当年早已指出了这种可能性，他说，"从长远来看，民众会变成政府竭力想把他们塑造的那个样子"（1735 年）[41]。所以，启蒙和多渠道获取信息十分重要，尤其是在某些当权者有意封闭和屏蔽信息、压制言论并人为制造信息茧房的地方。

近代中国，一些仁人志士和先行者们，在及其艰难的条件下，也竭尽努力尝试改造中国这个古老的、落后的和背负沉重传统包袱的以及主权还不完整的"国家"，他们之中许多人的努力值得称颂，他们的失败应该总结和避免再次发生。

笔者认为，我们上面第一章提到的关于"现代国家"的二个定义基本涵盖和明确了"现代国家"或"法治国家"的基本原理、要素、特征、机制和运行方式。作为学科规范和理论基础，它们对于我们下面对问题理解和展开讨论已经足够了。

中国近、现代政治思想关于"国家"的三大片面执念

自 19 世纪初开始到 20 世纪初的这一个世纪里，面对中国政治上和国家治理上上千年的停滞不前和治乱循环，以及社会与经济的发展同政治固化之间的极大矛盾等现象，加上中国人开始了解和认识外部世界等因素，不少有识之士开始了对中国国家和政治的重新构建的思考，其中直接或间接地涉及到了"现代国家"的问题。他们之中最为著名有魏源（1794—1857）和梁启超（1873—1929）等人。魏源明白，对国家的改造必然会导致

---

40 引自 Joseph Schumpeter, *Capitalisme, socialisme et démocratie*, trad. de l'anglais, Paris, Éditions Payot, 1990, p.349.

41 Rousseau, Article 《*économie politique*》, in Encyclopédie, 1735.

民众的政治意见的分歧和利益的冲突。梁启超认为，地方性群体的自治释放出来的解放力量或许可以解决中华帝国千年停滞不前的窘境。但是他们二人都不厌其烦地强调，改革或改良的过程中不能有党派利益或集团利益来影响公共利益或全体利益。这样的见解和信念严重地影响了基于不同的政治主张和利益分野相基础之上的现代意义的政党的诞生，而这一点恰恰是根据公认的游戏规则进行公开公平竞争的现代民主国家和民主政治的基石，以及与之相匹配的宪法和法治的主要内容。

美国汉学家 Philip A. Kuhn 发现并总结出中国近、现代政治思想中的三人明显的和持续不断的特征：（a）坚持维护一个强大的国家，认为它可以使中华民族的科技、经济和军事变得强大；（b）坚信公共利益即公器是不可分割的和分裂的；（c）反对和抵制党派或政治团体自身的或其代表的利益和多元化的政治主张。概括起来就是"三个执念"，即强国、一利、一党一声。也可以称为"一体化国家"形态[42]，它与普遍意义上的"现代国家"是迥然不同的，后者允许不同利益和不同主张的政党或政治团体在宪制的前提下公开公平地竞争，并最终达成妥协和平衡。但在儒家传统的家国不分、天下为公、利出一孔、君权天授、皇权至上的思想的侵泡和劫持下，如上的"三个执念"束缚了几乎所有的中国近、现代思想家对国家和政权的思考，同时也陆续不断地被满清、袁世凯和北洋政府、国民党和其他政党的所有政治野心家、蛊惑家和当政者发挥到极致和充分地利用。大家轻扫一眼看看一百多年来有无大的变化？Philip A. Kuhn 说，除了其他多重内部的和外部的原因，这三个执念或三个坚持极大地阻碍和抑制了中国人对"现代国家"本质的理解和对"现代国家"转

型的努力与实践[43]。甚至到了孙中山那里这些观念仍然根深蒂固，他 1922 年时说："法：共和国皆为旧式的，今日惟俄国为新式的。吾人今日当造成一个最新式的共和国。新式者何？即化国为家是也。人人当去其自私自利之心，同心协力，共同缔造。吾人今日由旧国家变为新国家，当铲除旧思想，发达新思想。新思想者何？即公共心"[44]。然而，现代政治学认为，宪政政治的本质在于权力的分割与制衡、各种不同利益的竞争、协调与妥协。一个宪政纲领应该既承认社会利益的冲突是不可避免的，同时又努力寻求方法和手段将它们妥善解决。中国现代的政治设计和政治生活必须首先以宪政民主的方式解决其自古以来悬而未解的根本矛盾，即民众广泛的政治参与同专制政府或政党之间的矛盾，各派政治竞争和维护公共利益之间的矛盾，地方或群体利益与集权国家的强性要求之间的矛盾，如此等等[45]。

由于上述的三大执念或隅于陈见的观念或理念的束缚，更由于利益和各种内外部因素的制约，中国近代以来的数（四）次向"现代国家"的转型均以失败而告终（为了节省篇幅，我们不做详细的展开讨论）。

第一次尝试："君主立宪制"及夭折（1898—1911）

秦汉以后，中国就是一个高度中央集权的国家，官僚体制与社会、统制经济与市场、中央集权与地方自治之间积累了大量的矛盾和紧张关系。直到 18 世纪末和 19 世纪初，这个国家体系还能勉强维持。但是从 18 世纪末期开始的几次经济大萧条（乾隆—嘉庆大萧条：1770—1820）、道光大萧条：1830—1850 等）、二次鸦片战争、太平天国运动、尤其是 1895 年的中日甲午战争之中强大的

---

42 毕竟悦著，《社会视觉下的民初政治转型，1912-1928》，北京，华夏出版社，2020，p.159.

43 Philip A. Kuhn, *Les origines de l'État chinois moderne*, traduit et présenté par Pierre-Étienne Will, Éditions de L'EHSS, Paris, 1999, p.62-63.

44 引自潘朝阳主编，《儒家道统与民主共和》，台北，国立台湾师范大学出版中心，2017 年，p.24.

45 同上，p.168-169.

大清惨败于日本这个昔日的学生和蕞尔邦国，旧的国家和政治制度开始受到怀疑，儒家伦理和国家学说开始遭到质疑和动摇，这标志着只注重于器物层面即技术与制造的"洋务运动"这条路是走不通的，制度层面和精神即意识形态层面的引进和改良也势在必行。

因此，西方近代的或同时代的关于国家与权力来源及合法性等的政治理念开始（主要由日本）传入中国。当时最流行的和被认为最适合中国国情的是英国式的"君主立宪制"。康有为、梁启超、谭嗣同等是这一观念的主要倡导者和推动者。但是，为了稳妥和不引起大的抵触和不造成大的紊乱，康梁也只是通过《公车上书》提出了较为温和的"维新"计划，并于 1898 年 4 月 23 日开始协助光绪皇帝加以推进；其中最重要的二条是：第一，废除八股文，今后朝廷组织的考试都用政治经济的策论，就是说必须靠真才实学；第二，调整行政机构：康有为裁淘了许多无用的衙门和官职，如詹事府、通政司、光禄寺、鸿胪寺、太仆寺、大理寺，以及与总督同城的巡抚，还有不治河的河督、不运量的粮道、不管盐的盐道，同时取而代之地设立了一个农工商总局，类似于现在的经济部或商务部，以便推行国家的经济建设和行政效率。这些所谓的"新政"，在当时不仅是急需的，也是相当温和的，但还是受到了大多数官僚和卫道士们的强烈反对，因为这些新的措施将砸烂他们中许多人的饭碗，挡住了他们继续升官发财的道路，也让全国成千上万的秀才童生们好多年甚至数十年的努力前功尽弃。这些人污蔑康有为是洋奴汉奸，并不断上书慈禧，求"西太后保全，收回成命"；加之慈禧和光绪皇帝之间因为权力问题的不和，慈禧索性借机废除了光绪帝。由于关键时刻袁世凯不与维新派合作甚至告密，慈禧进而囚禁了光绪，自己亲自临朝训政。康有为出逃、六君子被杀，进行了仅一百天的戊戌变法或百日维新运

动就这样被团灭了[46]。

但是慈禧掌权后满清政府的日子并不好过，甚至更糟。义和团天洋运动失败后，清政府于 1901 年被迫签订了真正意义上丧权辱国的《辛丑条约》。

甲午战争和义和团运动之后，中国和东、西方列强们之间的矛盾没有得到根本解决，又加上了满汉之间的矛盾，许多汉人认为愚昧落后的满清政府是中国走向独立和现代化的绊脚石。这个时候梁启超的立宪思想继康有为之后产生了较大的影响力。且形势比人强，1900 年，即戊戌变法被绞杀后的第二年，仍然在逃避列强追逼的慈禧在西安下诏变法。这样，戊戌年（1898 年）康有为辅助光绪要推行的所谓新政，在 1901 年之后的几年间都已一一实行了，而且还有不少超过的地方，例如，1905 年废除了科举制、兴办现代性大学；在张謇和沈家本等人的协助下，清廷颁布了《商律草案》《公司法》《破产律草案》《地方自治章程》《大清刑律》《大清民律草案》等重要的现代经济商务的法律法规[47]。至于君主立宪制，慈禧这时也不那么极力反对了。1905 年夏天，他派了载泽等五位大臣出洋考察各国宪法，表示要预备立宪。1906 年朝廷下令改革了清政府原来的内阁、六部九卿制，但保留了军机处，新设十一个部，每个部的尚书为最高行政长官。1907 年，清廷决定在北京设立资政院，作为中央的民意机构；在各省设立咨议局，作为地方的民意机关。1908 年在清廷的催督下（真是太阳西出）全国二十一个省进行了咨议局的选举，共选出一千六百多名地方议员。虽然对选民的资格做出了拥有五千元资产的限制，这样大大降低了其普遍代表性，但是"这是中国第一次现代意义上的选举"，被选中的议员大部分是传统上大大和受过西式教育的拥护"君主立宪"的进步人士，或称为"进步的保守分子"，因为他们赞同渐进的改革，以促使中国社会和国

---

46 参见蒋廷黻著《近代中国史》，北京，民治与建设出版社，2023 年版，p. 99-103.

47 参见 Jacques Gernet, *le monde chinois*, 4ᵉ édition, Paris, Armand Colin, 2003, p.541.

家政治的现代化，并要求给民众和地方一定的权力，但绝没有更换或推翻清廷的意图。他们曾三次向慈禧和朝廷请愿早日召开国会，但每次都被清廷拒绝。这导致他们大失所望，便开始对清廷离心离德，后来他们中的不少人加入了革命派或与后者合作，在后来促使帝制的崩溃中，他们起了重要的作用[48]。

1908 年，清廷姗姗来迟地颁布了宪法大纲，以确立了君主立宪政体，明确了国民的一些基本权利，同时也对君权进行了一些限制，并规定了九年的预备立宪期。同年，慈禧老太也耗尽了她的生命。这时清廷已经失去了国内外尤其是大部分汉人官员和知识分子们的信任，多数人认为清廷不过是假借预备立宪之名而行搁置立宪之实，也就是说清廷陷入了所谓的塔西佗陷阱。

清廷的阳奉阴违和一再拖延，加之 1909 年宣布年仅三岁的宣统继位并由他的父亲载沣做摄政王，以及清廷明显地压制汉人高层官僚（十一名尚书中汉人只占五名；载沣的第一条命令就是罢免既有能力又效忠清廷的袁世凯等），再加上国内外的其它复杂局势，1911 年 10 月 10 日终于爆发了辛亥革命，一举推翻了愚昧腐败的清王朝，并从名义上结束了中国两千年的专制帝制[49]。

从 1898 年的戊戌变法到清廷于 1906 年颁布《预备立宪谕旨》，在内外交困的情况下，一些仁人志士们如康有为梁启超谭嗣同等为了救亡图存，加上清廷的小部分统治者为了换一种方式继续维持自己的权力，他们一起试图对已经病入膏肓的清王朝进行"现代国家"的改造，但是由于主要统治者如慈禧等的愚昧和贪权，这两次小的尝试都以失败而告终，清王朝也因此葬送了自己的性命。

尽管如此，由于立宪运动基本上是"自下而上"和"由外向里"推动的，并且在当时困难和复杂的环境下取得了一些开创性的成果如省咨议局的选举和逼迫清廷给予民众和地方一些合法的权力并对自己的权力设定了一些制约，我们还是赞同把它看做近代中国第一次"现代国家"建设的努力和尝试[50]。

这次尝试失败的主要教训是：以慈禧为首的清廷顽固的当权者们当断不断，坐失其改造国家的良好的也是最后的一次机会，不仅把自己送入了历史的坟墓，也把中国这艘大船扔进了大半个世纪的浊泥与污水之中。（这一点跟同时代的沙皇尼古拉二世的拒不改革其政体极为相似：近二十年时间里沙皇也是延缓和阻止政治改革而导致后来的 1905 年"血腥星期日"和 1917 年的十月革命，把自己玩进了历史的坟墓[51]）

第二次尝试：有限的"议会民主"与曲折（1912—1927）

1911 年 11 月，武昌起义后的一个月时间之后，十三个宣布独立的省份选派代表，制定临时约法，并公举孙中山为临时总统，孙于 1912 年 1 月 1 日宣誓就任。中国这个古老的帝国，忽然变成了"共和国"。可以说，辛亥革命的唯一成就就是打倒了清廷，其他的要么没有大的变化，要么处于探索之中。1912 年 3 月 10 日，孙中山被迫辞去总统职务，让位于袁世凯。1912 年 12 月和 1913 年 1 月，政府组织了全国性的议会选举，国民党得了多数票，但是由于其推举的总理候选人宋教仁被暗杀，实际权力最后又落到袁世凯的手中。期间政府设计、组织和选举了民国"首届国会"，它于 1913 年 4 月 8 日正式开幕运作（但后被袁世凯解散；1917 年又重新召开）。首届国会根据 1912 年 8 月 10 日公布的《中华民国国会组织

48　参见张朋园著《立宪派与辛亥革命》，上海三联出版社，2013 年版，p. 2-34.

49　参见蒋廷黻著《近代中国史》，p. 117-121.

50　Prasenjit Duara（杜赞奇）著《从民族国家拯救历史：民族主义话语与中国现代史研究》，北京，社会科学文献出版社，2003 年，p.152.

51　参见 Hélène Carrère d'Encausse, *La Russie inachevée*, Paris, Fayard, 2000, chapitre IX：Les chemins de la modernité.

法》，组成了参议院和众议院。根据规定，参议院议员的名额采取定额，而众议院则以地方人民选举的议员构成，议员名额以各地方人口之多寡而定。在民国首届国会选举之时，中国已经出现了现代意义上的政党，并在选举中发挥了重要作用。在众议院的 596 个议席中，国民党获得 269 个，占 45.1%；共和、统一、民主三党为 154 个，占 25.7%。在参议院的 274 个席位中，国民党获得 123 个，占 44.9%，共和、统一、民主三党为 69 个，占 25.2%。国民党成为首届国会中的第一大党，其它三个党后来合并为"进步党"[52]。中国政治生活有史以来步入了选举和政党博弈时代，真不愧为是个翻天覆地的变化。

由于此前宋教仁的被暗杀及时局的复杂性以及袁世凯巨大的实际影响力和操控力，1913 年 10 月至 1915 年 12 月，袁世凯仍然担任大总统。占议会多数的国民党和担任总统的袁世凯之间实际上形成了分权的格局，但是这一权力局面却没有在宪制上进行明确的规定和安排，因而双方或多方进入了无休止的空洞的党派之争；党派之争又主要表现在对人事安排和集团利益的激烈争论，与完善宪制和理顺分权与制衡、分权与效率等关键议题渐行渐远。1915 年 12 月 12 日，袁世凯冒天下之大不韪宣布自己为皇帝，但是仅八十三天之后由于袁的暴毙而结束了这场倒行逆施的闹剧。这充分说明了辛亥革命"无法落实它对中国民主化的承诺，它只不过是对各种势力进行了与过去一样的重新划分；……它不仅没有消灭专制，反而加强它"[53]。

袁世凯死后，首届国会得以恢复；后又经历了 12 天的张勋复辟及取消国会的闹剧（1917 年），国会共和体制又得到了恢复。

虽然由于军阀们的纷争导致国家内乱，但是民国首届国会在中国民主化进程和现代国家建设方面还是做了一些有益的尝试。1918 年 2 月，政府公布了《修正中华民国国会组织法》《修正参议院议员选举法》《修正众议院议员选举法》等法案。随后进行了第二届国会选举。各省据以办理具体的选举事宜。8 月 12 日，"二届国会"会议召开。关于选举权的资格，这次的标准比首届的还有提高，表现了明显的精英政治方向，比如财产纳税方面，凡参加参议员地方选举会的，必须得达到年纳税百元以上或不动产价值五万元以上；参加中央选举会的，直接纳税需有一千元以上，或有一百万元以上财产；等等。三大系统的候选人参加了选举，"安福系"（由遗老们和保守的当权者组成）、"交通系"（以梁士饴为首的工商金融界组成的"旧交通系"和以曹汝霖为首的"新交通系"）和"研究系"（主要以梁启超为首的此前的立宪派分子组成也即知识分子系）。由于安福系控制着选举办法和规则的制定权（比如研究系主张的参议员按以前省议会间接选举办法产生的议案被否决，而安福系主张的由地方团体选举议员的办法被确认），安福系大获胜利，在 117 名参议员中，安福系占 81 人，交通系 4 人，研究系仅 1 人（其他 31 人）；在 155 名众议员中，安福系占 108 人，交通系 1 人，研究系 12 人（其他 34 人），几乎形成一边倒的格局，致使常规性的政党竞争和对宪法及国家走向等重大问题的讨论无法正常展开和进行；议员们之间一味地权衡利益交易，国会的立法和监督作用极大地失去了它应有的意义[54]。这是令人十分遗憾的。

从清末的资政院，到民国的二届双院，时代的进步者们做了大量的探索性工作，但最终都以失败而告终。这其中固然有许多其他原因，但有个根本的问题始终没有被明确下来、更没能得以

52　参见毕竟悦著《社会视觉下的民初政治转型，1912-1928》，北京，华夏出版社，2020，p.12-13.

53　参见 Sebastian Veg, *Fictions du pouvoir chinois, littérature, modernisme et démocratie au début du XXᵉ siècle*, Paris, Éditions EHESS, 2009, p.73, 214；和 Marie-Claire Bergère, Lucian Bianco et Jürgen Domes, *Histoire de la Chine au XXᵉ siècle*, Paris, Fayard, 1989, Vol 1, p. 118-121.

54　参见毕竟悦著《社会视觉下的民初政治转型，1912-1928》，p.27-35.

解决，即权力的终极来源和合法性问题。召开民国首届国会的直接法律依据是《中华民国临时约法》，它确认了"主权在民"的原则，即"现代国家"的代议制"议会主权"的原则；但是《临时约法》对国会在国家政体中的地位及主要功能（如立法、制宪）并未有所表述，只是规定了国会的一些具体职能，而这些具体职能经常随着政治局势的变化而变化。没有确立国会在政体中的地位，实际上使得人民主权无所依托，成了空气。国会在那个时期的主要功能应该是承担制宪会议功能。而且，最为主要的，对于人民主权，由于设计者和决策者们把选举人门槛设定的过高，没有也不可能有人民的广泛参与，人民主权本身也就失去了意义。1909年的省咨议局选举，有选举权的人数只占全国总人数的0.42%[55]。其他二次选举投票人数在总人数中的占比也在2—3.5%之间。

后来，孙中山在反思代议政治在中国政治运行中的挫败的基础上，提出了"全民政治"的主张，但他把国民大会当作行使直接民权的机关，也就是一个直接的民主结构，而非代议民主机构了，这在代议制议会民主和公民直接民主之间造成了（不必要的）混乱，因为它既非此也非彼。1920年8月，吴佩孚通电全国推出了《国民大会大纲》，提倡"国民自决主义"，由"国民公决"制宪。1925年3月，"国民会议促成会"全国代表大会在北京举行，但后来的结果是，国民大会未能成功召开；国民大会的思潮也未能推动和实现中国迈向"现代国家"的转型。当时北洋政府仍然是形式上的合法政府，国民大会运动意在否认其合法性，这样就讲入了一个僵局或死局，混乱不可避免，全国上下出现了十几个大大小小的袁世凯。

加上期间的五四运动（1919）、中国共产党的成立（1921）、知识分子的左右分野、军阀的地方割据；国际方面，日本的二十一条、第一次世界大战、俄国的十月革命、国联的设立等等，中国的政治生态和版图已经发生了裂变式的变化，旧的制度回不去了，新的政治秩序的建立又很难形成共识，混乱和无序就成为必然。

在本世纪初的二三十年里，旧秩序的坍塌，高层少数精英们的觉醒，自下而上的改革势力和地方利益的兴起，国内外各种情势的犬牙交错，使得中国的社会和政治经历了一个"千年未有之大变局"（李鸿章语[56]）。但是，与政治方面的混乱形成强烈反差的是，从经济方面看，1911至1927是中国资本主义的"黄金时代"：1912至1920，中国的国内生产总值每年平均增长16.5%；同期中国民族资本年增长率为13.8%，高于外国资本的13.1%[57]。

二十世纪的前二十多年，中国政治经历了王朝的消亡和共和国（名义上的）的诞生，经历了君主立宪的失败和议会制的尝试未果。虽然它们都有许多大的瑕疵，但是与之前和此后相比，还是取得了较大的成就（1913和1918的二次议会选举，是中国大地上有史以来唯二的较公开公平公正的选举）和宝贵的经验（试错的经验），如果没有外力的影响（苏俄）和内部较大的压力与冲突（激进与保守，中央与地方包括军阀割据等），中国是有希望由此逐步进入"现代国家"之行列的。然而，历史永远是不尽人意的；中国这个国家和人民永远是不幸的。后面出现的革命、征伐、混战、人民贫穷的加剧等乱象也恰恰是当时"中国政治现代化失败的反射或倒立影像"[58]。这也恰恰说明中国无论何时何地何人何党都应该认真地、深入地、完整地兼顾私利公利，走向现代化和普世价值。不应该裹足不前，也不能因噎废食，更不能半途而废；不然正如我们所看到的：（每次）后果真的很严重。

---

55 参见张朋园著《立宪派与辛亥革命》，p.14-15.

56 蒋廷黻著《近代中国史》，p.130.

57 毕竟悦著《社会视觉下的民初政治转型，1912-1928》，p.5

58 参见 Claude Aubert et Yves Chevrier, *La société chinoise après Mao*, Paris, Fayard, 1986，p.258-259.

第三次尝试：国民党三步走的宪政承诺及落空（1927—1948）

目睹了君主立宪的失败，二次议会民主的名不副实，以及军阀的霸道和地方上各自为政等现象，"革命先行者"孙中山把目光投向了北边的苏俄。1914 年，他在为国民党制定党章的时候，把一党专政和服从党魁的精神大大地加强了。1918 年，孙中山考察了苏共革命党的组织后发现其根本纲领竟然与他多年来所提倡的大同小异。孙中山早就称列宁是他的"同志"了。1923 年夏，孙中山派蒋介石带队去苏联考察红军和共产党的组织；是年冬，苏俄便派鲍罗廷来华做国民党的顾问，并协助其创办了黄埔军校。1924 年，国民党之父孙中山发表了《国民政府建国大纲》，比较系统地提出三民主义思想，及实施这一目标的路径，确立了"三个阶段论"，即军政、训政和宪政。但是他对每个阶段没有给出明确的日程表和具体的考核标准。

为什么在军政即实现了中国统一以后不立即进入宪政阶段，而必须要经过训政阶段呢？孙中山说道："由军政时期一蹴而至宪政时期，绝不予革命政府以训练人民之时期，又绝不予人民以养成自治能力之时间，于是第一流弊在旧污未由涤荡，新治未有进行；第二流弊在粉饰旧污以为新治；第三流弊在发扬旧民，压抑新治。更端言之，即第一，民治不能实现；第二，为假民治之名行专制之实；第三，则并民治之名而去矣。此所谓事有比至，理有固然也"[59]；又说，"所谓训政者，即训练清明之遗民，而成为民国之主人翁，以行此直接民权也"[60]。孙中山的"训政"考量主要是要提高民众的现代政治知识和智慧以及民众的自觉自主自立自治的能力，说白了就是对民众进行现代政治启蒙，出发点的确是好的，但是他没有给

出具体的路径和时间表，而且他说的"逮乎事定，解兵权以受民权，天下晏如矣"[61]，也未免有些太天真；自古以来，除了华盛顿，手握军权的人哪个不是独裁者，又有哪个自动放弃兵权予政权的？其弟子蒋介石即是很好的例子。孙更无法亲自带领他的同志们去实施其三步走的宪政方案，因为1925 年三月，他逝世了。

国民革命军总司令蒋介石通过二次北伐战争击败了吴佩孚、孙传芳和张作霖等军阀，实现了形式上的中国统一。其后他担任国民党中央执行委员会常务委员会主席，国民政府军事委员会委员长，民国政府主席，中国国民党总裁等职务，一致对国民党进行着实际的控制，通过国民党管控政府和国家事务，向下管控社会和人民，并由此确立和加强了中国历史上第一个"党—国"（Party-state）或"国—党"（State-Party）联体孪生、不分不离的国家体制。

蒋介石领导下的"党—国"国家体制，基本上实现了在共和国名头下的党国一体的威权专政与统治，但还没有达到像当时的德国纳粹和苏俄那样的极权主义的程度。不知他有没有对极权主义的强烈渴望，但是当时中国的国际国内环境不允许他达到此目的。

一旦蒋介石和国民党稳固了政权，从 1928—1930 年开始，他们便大肆地开始实施一系列的收缩权力、国有垄断经济和金融、严格管控社会的措施和行动。在经济方面，国民党实施了大幅度的国有化，如 1935 年 3 月，国民政府突然宣布政府必须接管中国银行和交通银行，并且使用以新关税的收入做抵押而发行的公债独家购买这两家银行的增资股份，等于空手套白狼。增资前，国家在中国银行中的股份为 20%，强行增资扩股后国家占到 60%。交通银行的情况变化也一模一样。"1935 年 3 月的银行事变给上海资本家的仅存力

---

59 转引自蒋廷黻著《近代中国史》，p.114.
60 转引自潘朝阳主编《儒家道统与民主共和》，台北，国立台湾师范大学出版中心，2017 年，p.55.
61 同上，p.54

量以致命打击"[62]。到 1936 年，通过中央政府直接控制的四大银行，加上其持有的省级银行，以及中央政府主管的六个附属银行，国家控制了银行总资产的 72.8%，而二年前这一比例仅为 18.2%[63]；由此可见国民党政府实施国有化和巧取豪夺手段的雷厉和毒辣。在其他工商业方面，国民党及其大官僚们也大规模地实施了国有化，对市场的严格控制与对主要战略物资资源的垄断经营。1934 年开始的经济大萧条及之后，政府一方面通过控制发放贷款和资金调节来迫使私营工商业就范，另一方面通过自己的"全国经济委员会"和已经国有化的中国银行、中央银行和由宋子文家族控制的投资控股公司"中国建设银公司"大肆收购、参股或新设立工商业和保险公司，如渤海化工公司、中国棉业公司、南洋兄弟烟草公司、川滇铁路特许公司、华南米业公司等等。还有蒋介石亲自指挥和控制的"全国资源委员会"，1936 和 1937 二年间先后没收、收购或成立了湘潭煤矿公司、中央机械制造厂、萍乡煤矿局、安庆电厂、钨业管理处等 20—30 家能源、有色金属、制造业方面和战略行业的关键企业（其中部分由于 1937 年日本发动的侵华战争而没有实施）[64]。官僚们代表政府直接插手经济、金融、工商业与实业，自然从中捞取极大好处和肥块；由此，他们把传统长期以来形成的官僚资本主义发挥到了极致。官僚资本主义像蟒蛇一样，既侵吞国家财产，也反过来压制和排挤私人资本，包括曾经支持蒋介石上台的江浙财阀们。清末民初以来民间自发的和逐渐成长起来的中国私有资本主义之苗就这样被国民党及其贪腐的官僚们给踩在脚下，压制的奄奄一息了。

国民党对社会组织的控制方面下手更早，

1929 年时南京政府就下达命令，旧的商会停止运作，新的商会必须"服从当地国民党的指示和命令，并受当地行政机构管辖"。中央执行委员会、上海国民党党部、上海警备司令部、社会局、工商局都派代表参与对上海工商总会的改造。1930 年 6 月，改造完毕，新的上海市商会成立，原商会代表不足三分之一，工商界失去了自晚清成立以来的自主性和独立性。1929 年 5 月，成立于 1919 年的曾经领导过各种罢市运动的公共租界和法租界的各路商会总联合会也被取消了[65]。国民党统治的严冬提前到来。

不少学者认为，国民党政府主要是一种依靠武力支撑的"为我"的自主政治力量。"它只给它的组织者们服务，按照有利于自己的成员的标准而行使统治权力"。它不考虑政府以外的任何阶级；这个政权"对政府以外的各种政治集团和机构，既不负任何义务，也不回答任何要求"[66]；如此等等，匪夷所思。

在国民党的治下，法治建设和现代国家的建立不仅没有进步，反而有明显的大倒退。蒋介石只记住了孙中山的"军政"一项，把"训政"晾在一旁，"宪政"更是被抛到九霄云外了。加上 1937 年以后中国进入抗日的战争特殊状态，不仅训政宪政没有进展，民生和经济也严重倒退；通货膨胀肆虐，民不聊生，哀鸿遍野。这些虽然不都是国民党的过错，但是国民党的几大官僚家族疯狂地攫取民脂民膏，大发战争横财，尤其是宋子文家族与孔祥熙家族，这直接导致人为地加剧了贫富不均和底层人民的痛苦。宋子文被当时的华尔街日报评价为 20 世纪 40 年代全球最富有的人，以及截止到那时为止人类历史上曾经出现过的最富有的 50 人之一[67]，仅他在一家投资公司（"中国建

---

62 帕克斯·M. 小科布尔著，《上海资本家与民国政府，1927-1937》，北京，世界图书出版公司，2015 年版，p.143.

63 同上，p. 154.

64 参见帕克斯·M. 小科布尔著，《上海资本家与民国政府，1927-1937》，p.168-170、185-186 等.

65 参见帕克斯·M. 小科布尔著《上海资本家与民国政府，1927-1937》，p.44-45

66 同上，p.208

67 参见吴晓波著《跌荡一百年，中国企业.1870 — 1977 》，下，中信出版社，北京，p.101.

设银公司"）的股份就值 1400 亿元，他及其家族还控制着其他十几个大型公司。

在对外方面，国民党取得一定的成果。1928—1930 年始，南京政府就向英美等国提出了废除其在中国享有的治外法权（extraterritoriality）的要求。1930—1933 又与英美进行了多次谈判。抗日战争爆发后的 1943 年，双方通过签订新的条约，英美分别放弃了其在中国的治外法权。随后，加拿大、荷兰、比利时和法国等也全部废除了持续近一百年之久的治外法权。其他外交成就是加入了反法西斯联盟，这样使得中国于二战后在国际上获得了声誉，也收回了对台湾的主权，等等。这些也是十分重要的，因为国家主权和领土完整是建立民族—国家和现代国家的基本元素和必要条件。

在基础工业方面，虽然饱受战乱，国民党政府也做了大量的工作，为 1949 后的工业进一步发展奠定了相当的基础。

作者是否可以用一下四个字来概括国民党在大陆执政的二十年建立的"党—国国家体系"对中国"现代国家"建设的作为和不作为呢：即"外秀内腐"？

第四次尝试："新民主主义"的承诺及变质（1949—1976）

从历史学家的角度看，中国国内外的一切因素和条件的演变和积累到二十世纪四十年代末期时，国民党的垮台和共产党的上台有一定的历史必然性。

在获取政权以前，早在 1940 年，毛泽东发表了《新民主主义论》一文，他和共产党把他们进行的革命称为"新民主主义革命"，以区别于旧民主主义革命即他们认为的资产阶级革命。这套新民主主义革命理论经过后来的发展与完善，逐渐形成了一个比较完整的体系。毛泽东和中国共产党

试图在中国建立一个既不同于资本主义民主也不同于苏俄的人民民主即集权专制的国家和政权类型，即第三条道路。

1949 年 9 月 29 日，中华人民共和国建国筹备委员会拟定了《中国人民政治协商会议共同纲领》即临时宪法，并由同期举行的第一届全国政治协商会议通过。其核心内容基本援引了毛以前的"新民主主义"学说的主要内容，加上了一些新的提法和予以了细化。国家性质：新民主主义国家，人民当家做主、工人阶级领导和以工农联盟为基础，各民主阶级、民主党派及无党派人士联合执政；它不同于苏维埃制，也不同于旧式的共和国。《共同纲领》决定成立中央人民政府领导国家事务，成立全国人民代表大会及其他主要行政机构如政务院、最高法院和最高检察院、军事委员会等。军队：全国武装力量属于人民、军队为人民服务、实行对军队的统一领导和指挥（由中国人民革命军事委员会领导）。经济：四种经济并存（国有、合作、私营、个体农业和手工业）。如此等等。但是《共同纲领》第一章第一条提到要实施"人民民主专政"，这可是一个杀手锏式的概念和武器；以后的许多限制、压制、打击和专制等都可以从这里找到源头和依据。

1950 年初，毛当时即宣称，我们的宪法比他们的（指西方资本主义民主国家的宪法）要先进得多，比他们的要好得多[68]。

此后，新民主主义和《共同纲领》的实际实施情况大致如下：

经济方面。国家实施了对原国民党政府资产的接管和对原官僚资本和资产的没收工作、对商业领域的批发和主要零售渠道的集中控制和对私营工商业的改造工作（1949—1956）[69]。与《共同纲领》承诺的四种经济制度共存大异其趣的是，六年之后，即到 1955 年底，所有的私有资本、私有资本家和工商业者，都被以"公私合营"的方式

68　转引自《习近平法制思想学习纲要》，中共中央宣传部、中央全面依法治国委员会办公室，人民出版社，北京，p.51.

69　参见赵德馨著《中国近现代经济史，1949-1991》，厦门大学出版社，2017 p.12, 25。

没收或收购，他们像恐龙一样突然从中华大地上消失了，总共 114 万私人业主和资本家，其中包括总资产只有 410 元人民币（按当时的汇率等值 166.5 美元）的几十万个小型个体工商户[70]。这在中国二千年的历史中是绝无仅有的。

国家计划委员会成立于 1952 年。之后，党和国家逐步建立和实施了计划经济体系，并一致严格实施到文革结束的 1977—1978 年。

社会控制方面。1958 年 1 月国家颁布了《中华人民共和国户籍登记条例》，开始正式严格地实施了户口制，它的目的是分离管理城乡人口，控制人口流动、就业和粮食分配、工资收入、退休养老等各项待遇。国家直到今天对农民和农民工的歧视性措施仍未取消。

政治方面。国家于 1954 年颁布了第一部正式宪法，其与《共同纲领》大同小异。但 1954 宪法突出了共产党的领导地位，其序言部分指出，"我国人民在建立中华人民共和国的伟大斗争中已经结成以中国共产党为领导的各民主阶级、各民主党派、各人民团体的广泛的人民民主统一战线"。党的领导和党高于一切在此已基本端倪明现。

法国汉学家谢和耐说，"新中国所有的制度和机制基本上是从苏联那里照搬和复制过来的"；"中国共产党是苏联苏维埃党的忠实的传声筒（这一点与国民党是一致的）；新体制建立之初苏共的影响是极其深刻的"[71]。

毛于 1957 发动了反右运动，55 万人被打为右派，其中大多数是知识分子和参加联合政府的民主党派人士。从此以后，"新民主主义"的联合政府基本名存实亡；再以后连"联合政府"的名称也不存在了，民主党派只存在于更加广泛的"统一战线"里面，而与执政的中央政府基本无缘。之后的大跃进、文革、上山下乡运动等等，使党的领

导人基本上没有了宪法和法律的约束。代表宪法尊严的国家主席也随意地被抓出来戴上高帽子、五花大绑地批斗游行；有一次红卫兵要把他带出去批斗游行时，他从口袋里拿出了一本《中华人民共和国宪法》，说道，"我是中华人民共和国的主席，你们不能随便这样对待我"，红袖章们根本不理会他这一套[72]。他后来在河南开封的监狱里得了重病但得不到治疗，匿名死亡。但是，六十年代初，当他如日中天时，他毫不犹豫地说：宪法这玩意嘛，是针对阶级敌人和落后分子的，不是针对"我们"自己的。对宪法的无知和无敬畏者，终究要使自己和国家付出巨大的代价。如此等等。对于建设法治国家和现代国家来说，这是最大的讽刺和悲哀。

文革开始时，中国的经济情况基本上是这样的：1956 年中国的国内生产总值（GDP）占世界的比重为 7.5%，1966 年下降到 6.6%；1950 年中国的人均 GDP 占世界平均水平的 34%，1966 年下降到 30%。文革结束时，1978 年中国每个工人创造的 GDP 为 632 美元，相当于世界平均值的 10%，和发展中国家平均值的 34%。从 1966 到 1976，中国农民的人均收入每年增加了 0.99 元（但现金分配同期下降了 17.2%）；同期工人的工资收入下降了 4.5%，这些都没有考虑通货膨胀因素。如果考虑到通货膨胀，1978 年工人的实际工资与 1957 年相比下降了 14.8%，如此等等[73]。

邓小平于 1978 说："不改革就没有出路，旧的那一套经过几十年的实践证明是不成功的，过去我们搬用别国的模式，结果阻碍了生产力的发展。在思想上导致僵化，妨碍了人民和基层积极性的发挥。中国社会从一九五八年到一九七八年二十年的时间，实际上处于停滞和徘徊的状态，国家的经济和人们的生活没有得到多大的发展和

70　参见赵德馨著《中国近现代经济史，1949-1991》，p.92.

71　Jacques Gernet, *Le monde chinois*, op.cit., p.568-569.

72　参见唐德刚（Tong Tekong）: *The wisdome and bravery of modern transformation in China*, Taiwan, China Literature and History Press, 2020.

73　参见赵德馨著，《中国近现代经济史，1949-1991》，p.36, 37；389,256, 269, 273 etc.

提高。这种情况不改革行吗？"[74]。因此，可以肯定地说，在毛泽东的领导下，中国的"现代国家"转型和创建又一次（即第四次）以整体的失败而告终。

福柯认为，与二十世纪之前的独裁或专制政体相比，二十世纪的极权主义政治的出现和强大除了有其他原因之外，现代政党尤其是列宁式的和法西斯式的或"国家社会主义"式的政党的出现，其强行的灌输、深植深扎和无死角的推动与泛滥起了关键性的作用，比如纳粹主义和斯大林主义等[75]。奥威尔更是调侃道，"这样的集权主义思想是一个令人白日都做噩梦的世界，在这个世界里领袖及其一小撮人的集团不仅控制现在与未来，也控制过去。如果领袖说某个历史事件没有发生过，那它就是从来没有发生过；如果他说二加二等于五，那它们相加就是等于五"[76]。这是对集权主义最形象的描述。极权主义国家的治理模式就是一个政党、一个领袖、一个国家；党在国之上、领袖在党之上、它们都在人民和法律之上；党一国控制思想、资本、人力和强力。一句话，"极权主义是对现代国家体系最直接、最公开和最系统的否认"[77]。最典型的是 1933 至 1945 年的德国和 1930 年代至 1950 年代的苏联，等等。奥威尔在其幻想政治小说《1984》中对极权国家曾经做过二个预言，一个是极权专制的政党将把国家全部吞噬和吸收掉、由此接管国家的一切职能，即国家不复存在；二是把国家吞噬以后，极权政党将把自己一分为二，一个是内核部分，由极为少数的几个人组成，它是大脑和灵魂，负责决策和发号施令；另外一个是外围部分，由众多的公务员和官僚组成，它负责执行和落实前者的决定和指令。与奥威尔的预测不同的是，在极权专制的体系下，国家并没有被吞噬或被消失，而是被放置在政党的铁蹄之下，协助政党运营社会、一起监督和管理人民。从功能的意义上也可以说这样的半拉子国家就是奥威尔所遇见的政党的外围部分。更为糟糕的是，在极权体制下，政党把自己高高地置于国家和法律之上；政党充斥在国家体系的每个角落；而且政党的管辖范围远远大于国家的范围，比如军事、外交、反腐等权力或职能极权政党宣布属于它自己而非属于国家，如此等等[78]。

与福山的"历史的终结"论截然不同，法国哲学家克劳德·勒弗尔（Claude Lefort）1990 年代断言，民主与极权主义的对立和斗争并不会因为苏东共产主义的解体而消失；这个对立将在很长时间里持续下去[79]。在数字化科技空前发展、人工智能及其运用于控制如火如荼的时代，勒弗尔预言的情况在某些威权和极权国家正在或已经变得更加复杂与莫测。乐观乎？悲观乎？

中国最近四十年的改革开放，在实用主义的高强度的"新威权主义"的引领下经济和科技方面取得了举世瞩目的成就；"现代国家"与法制建设也取得了一些进步。然而，"四项基本原则"一直在坚定不移地坚持着；2016 年以来又确立了"四个自信"。在全国上下大张旗鼓、全面发力进行"中国式现代化"建设和"法制中国"建设的同时，整体的和多维度的"现代国家"和"法治国家"的建设和转型不仅已经完全具备了条件，而且应该刻不容缓地纳入议事日程并予以实施，以使改革能够继续进行和深入，使经济释放潜力、重回正常的发展轨道，以真正实现中国人民二百年来不断追求的自由、宪政和法治的"现代国家"与社会。

---

74 《邓小平文选 》 第三卷、北京、人民出版社，1994, p.237。

75 Michel Foucault, *Naissance de la biopolitique, cours au Collège de France. 1978-1979*, op.cit, p.197.

76 引自比利时汉学家 Simon Leys, *Essais sur la Chine*, Paris, Éditions Robert Laffont, 1998, p.341.

77 Bernard Bruneteau, Le *totalitarisme, Origine d'un concept, genèse d'un débat, 1930-1942*, Pris, Les Éditions du cerf, 2010, p.60.

78 参见 Jean-Jacques Rosat, *L'esprit du totalitarisme, Georges Orwell et 1984 face au XXᵉ siècle*, Marseille, Hors d'atteinte, 2025, p.177-1981.

79 Jean-Claude Monod, in 《Esprit 》，《*L'inquiétude démocratique : Claude Lefort au présent* 》，No. 451, janvier-février 2019.

（作者为法国政治学博士，旅法独立学者；2026 年 1 月 18 日于巴黎）

引用文献：

[1]： Pierre Bourdieu, Sur L'État, Cours au Collège de France 1989—1992, Paris, Édition du seuil, 2012；

[2]： John King Fairbank, La grande révolution chinoise, 1800—1989, Trad. de l'anglais par Sylvie Dreyfus, Paris, Flammarion, Champs histoire, 1989；

[3]： Jacques Gernet, L'intelligence de la Chine, Le social et le mental, Éditions Gallimard, 1994；

[4]： Jacques Gernet, Chine et Christianisme, Action et Réaction, Paris, Gallimard, 1982；

[5]： Aristote, Politique, Trad. Tricot, Paris, Vrin, 1962；

[6]： Éric Werner, Mystique et politique, Éditions l'Âge d'Homme, Lausanne, 1979；

[7]： Will Durant, Histoire de la civilisation, 1 – Notre héritage oriental, Éditions Rencontre, 1966；

[8]： Philip A. Kuhn, Les origines de l'État chinois moderne, traduit et présenté par Pierre-Étienne Will, Éditions de L'EHSS, Paris, 1999；

[9]： 蒋廷黻著，《近代中国史》, 北京，民治与建设出版社，2023 年；

[10]： 张朋园著，《立宪派与辛亥革命》，上海三联出版社，2013 年；

[11]： 毕竟悦著，社会视觉下的民初政治转型，1912—1928》，北京，华夏出版社，2020；

[12]： 潘朝阳主编，《儒家道统与民主共和》，台北，国立台湾师范大学出版中心，2017 年；

[13]： 帕克斯·M. 小科布尔著，《上海资本家与民国政府，1927—1937》，北京，世界图书出版公司，2015 年；

[14]： Michel Foucault, Naissance de la biopolitique, cours au Collège de France. 1978—1979, Paris, Seuil/Gallimard, 2004；

[15]： Joël Thoraval, Écrits sur la Chine, Paris, CNRS Éditions, 2021；

[16]： 余鑫炎著，《简明中国商业史》，北京，中国人民大学出版社, 2021；

[17]： 瞿同祖著，《中国法律与中国社会》，北京，商务印书馆, 2012；

[18]： Von Glahn, Richard,《剑桥中国经济史：古代到 19 世纪 》，北京，中国人民大学出版社，2018；

[19]： Jacques Gernet, Le monde chinois, 4e édition, Paris, Armand Colin, 2003；

[20]： Prasenjit Duara（杜赞奇）著，《从民族国家拯救历史：民族主义话语与中国现代史研究》，北京，社会科学文献出版社, 2003 年；

[21]： Marie-Claire Bergère, Lucian Bianco et Jürgen Domes, Histoire de la Chine au XXe siècle, Paris, Fayard, 1989, Vol 1；

[22]： Claude Aubert et Yves Chevrier, La société chinoise après Mao, Entre autorité et modernité, Paris, Fayard, 1986；

[23]： 吴晓波著，《跌荡一百年，中国企业，1870 — 1977 》，下，中信出版社，北京；

[24]： 赵德馨，中国近现代经济史，1949—1991，厦门大学出版社, 2017；

[25]： Léon Vandermeersch, Le nouveau monde sinisé, Paris, PUF, 1986。

张君劢与魏玛宪法

荣　剑

提要：中国宪法之父张君劢所处的北洋时代，可以称之为中国的"魏玛时刻"，张君劢对魏玛宪法高度重视，正是基于北洋共和与魏玛共和具有相似的政治转型逻辑，魏玛宪法为他后来制定中华民国宪法草案提供了直接参考，也为我们当下重新认识和评价魏玛宪法创造了一个中国的认识维度。

许多魏玛史研究者都有一个共同的看法：虽然魏玛共和国失败了，但以魏玛宪法为核心的"魏玛时刻"所创造的伟大成就——民主制度、文化创新、现代艺术、社会改革、女权主义包括性开放，在其后的近百年时间里，依然在政治和文化的各个领域持续回响。魏玛宪法举世公认的价值，如其主要起草者胡戈·普罗伊斯所说："法律机制、政治自由和社会正义一直是魏玛宪法的主导思想"。或者如埃里克·韦茨所说："这部宪法为德国人创造了对当时而言最民主的条件，将自美国、法国和拉美革命以来所有奉入建国宪法的政治权利都写入其中，如言论、集会和出版自由，人身和财产安全，法律面前人人平等。宪法规定了普选权，承认工会组织，工人有权参与制定与工资和劳动条件相关的规定。"魏玛宪法在世界宪法史上具有无可置疑的先进性地位，它不仅对于魏玛共和国具有奠基性意义，而且对于一位来自中国的观察者——张君劢——产生了重要启示。张君劢正是基于北洋共和与魏玛共和相似的政治转型逻辑，对魏玛宪法进行了详细的解读，他的阅读经验既为他后来制定中华民国宪法草案提供了直接参考，也为我们当下重新认识和评价魏玛宪法创造了一个中国的认识维度。

1918 年 12 月 28 日，张君劢与梁启超一行七人自上海坐船启程赴欧洲考察，于次年 2 月 18 日经由伦敦到达法国首都巴黎，他们是以个人身份为出席巴黎和会的中国代表团出谋献策。巴黎和会结束后，他们一行抱着一种因中国外交失败而产生的学习欧洲先进思想的愿望，开始周游欧洲列国，足迹西至英国，北及比利时、荷兰，东到意大利、瑞士，于 12 月上旬到达德国。此时正是德国从革命转向建国阶段，一方面是左翼的斯巴达克派和独立社会民主党人继续用革命的方式，试图在德国建立一个俄国式苏维埃政权，屡屡在中心城市发动工人和士兵举行罢工、游行示威甚至武装起义。另一方面，多数派社会民主党在艾伯特和谢德曼的领导下，坚定地选择走议会道路，通过召开国民议会、制定宪法、选举产生共和国总统的方式，和平完成德国的宪政转型。德国的"左翼之争"所涉及到的政权之争——宪政还是专政？对于张君劢来说，意味着是两种根本不同的制度和道路之争。如本章引言所述，张君劢从德国当时面临的"苏维埃时刻"和"魏玛时刻"的两种抉择中，迅速作出了判断，认为中国的前途在于学习德国而不是俄国，主张中国只能走德国社会民主党的道路，而不能走俄国布尔什维克的道路。正是基于对德国社会民主党主导的德国从帝国向共和国转型经验的充分认可，张君劢认真研究魏玛宪法，于 1922 年全文翻译了这部宪法，并撰写长文对宪法文本进行了详细分析。他认为诞生于 1787 年的美国宪法代表着 18 世纪盎格鲁撒克逊民族之个人主义，诞生于 1789 年法国大革命的法国宪法代表着 19 世纪民权自由之精神，而"今之德宪法"则代表着 20 世纪社会革命之潮流。为此，他从六个方面展开论证，探讨魏玛宪法之得失。

（一）"德国建国基础之改造"，其核心要义是实现"单一国制"与"联邦制"的调和。经新宪法规定，原来的各邦改名为州，各州可自行决定合并分立事宜。各州原来拥有的陆军权、邮政权均移交中央政府；各州所恃为大财源之铁道及水利，尽由中央行政管理；各州税源可由中央任意（但以顾全各州生存能力为限）指定为中央财源。中央立法权扩大，从原来旧宪法的 16 项增加到 39 项；中央独有之立法权，各州不得行使，中央尚未行使其立法权时，各州可行使之；各州之立法，由中央规定其大原则。陆军、交通、财政由各邦（州）次第移归中央，扩大和加强了中央权力，从而为德国统一奠定了基础，张君劢认为这是"德新宪法所表现之最著者。""德意志民族之华离破碎，垂数百年之久，至十九世纪而统一之业，始告成功。"但是，德国的统一以及地方权力上移于中央，并非是中国人传统理解的中央集权，而是中央政治与地方自治相得益彰。调和单一国制与联邦制的宪政方案，对于中国的制度转型和国土统一有直接的借鉴意义。

（二）"中央行政立法机关及政治枢纽"，其核心要义是"总统制"与"责任内阁制"的调和。张君劢比较了英、法、美政治制度的差异：英国实行内阁制，由议会多数党组织内阁，故议会政治是英国政治之枢纽。法国总统居于"高拱无为之地"，政治实权决于内阁与议会，故"小党联合以兴扑内阁"是法国政治之枢纽。美国实行三权分立之制，立法权决于国会，执行权由民选之总统主持之，故"行政立法之对抗"是美国政治之枢纽。除此之外，还有日本的元老政治和中国的军阀政治是中日两国政治之枢纽。德国新宪法设计的政治制度由总统、内阁、议会和联邦参议院共同组成，核心是调和总统制与内阁制，也就是调

和法美二制。总统由全体国民选举产生，总统任命内阁，总统统帅陆海军，总统有解散国会的权力。同时，实行责任内阁，大政方针由内阁决定，总统核准。议会由国民普选产生，议会拥有控告总统阁员于国务法庭的权力，拥有对内阁投不信任票的权力。联邦参议院对国会所议决之法律拥有"诘难权"。对于德国调和总统制和内阁制的制度安排，张君劢持怀疑态度，在他看来，要么是总统负责，要么是内阁负责，"今欲使内阁和总统同时负责，而各以发挥其所长，吾恐利未呈而害先见。"他预言，宪法发生危机必在于，总统拥有否决议会法案而提交国民公决之权利，危险在所不免。

（三）"直接民主政治"，其核心要义是"直接民主制"与"代表民主制"的调和。新宪法赋予总统以国民公决为反对议会之具，国民公决是直接民主制的形式。举凡议会议决之一切法律，法律案经议会少数派要求延期公布，而有选举权的人民之二十分之一要求提交国民公决时，总统应提交之。涉及财政法预算案，议会议决之法律遭联邦参议院诘难时，总统应提交国民公决。有选举权人民十分之一发动，提出某项法案，如在议会被否决，总统可以提交国民公决。有选举权人民发动，提出宪法变更问题，总统可以诉诸国民公决，以有选举权人民多数之同意为条件。宪法变更在国民公决期间，总统不得将此项宪法公布。直接民主制一般在小国如瑞士易于实行，而大国虽明知直接民主政治之良，咸有所惮而不敢行，普遍实行代议民主制。德国人口七千万，选民四千万，实行直接民主制的范围之大，在世界各国居于前列。张君劢认为，政党政治和议会政治如果不与直接民主政治相结合，必大乱，直接民主是各国政治发展大势。他为此要求中国向德国学习，"步德国宪法之后，实行直接民主政治，为吾绝乱源，为世界开新局面也。"

（四）"社会主义及苏维埃"，其核心要义是实现个人自由主义与社会主义的调和。魏玛宪法

由社会民主党政府主持制定，宪法条文自然充满着社会民主党的政治主张。张君劢对新宪法之社会主义精神的理解是："社会主义之精神安在乎？吾以一言以蔽之，则尊社会公益，而抑个人私利是矣。惟其然也，故重社会公道，而限制个人之自由；故废私有财产，而代以社会所有（Sozialisierung），故去财产继承而以遗产归之国有；故欲化私人营业而归诸国有。"他以此认识，将宪法第五章关于"生计生活"视为社会主义精神之所寄，即实行个人自由主义与社会主义之兼容并包，生计生活之秩序以公道为原则，同时用法律保证工商自由，承认私有财产，亦容许在为公共利益时可以没收之。对于列宁开创的由一个阶级独占政权的苏维埃制度，张君劢认为"不能久存"，原因就在于苏维埃不过就是"贫民独裁"之统治机关，德国已进入立宪政治之常规，如欲实行苏维埃制度，必将遭遇无数难关。

（五）"宗教及教育制度之大原则"，其核心要义是实行政教分离和在德国全境实行一般义务教育制。新宪法规定，德意志全国之内不得立国教；教会组织独立于国家，教会组织为宗教团体；其他人生观之修养团体亦享有宗教团体之权利；教会官职之任命不须国家预闻；基于法律契约的国家对教会的补助费，一概停止；学校内之宗教科目，由教习及学生家族自行决定。对于新宪法关于德国实行义务教育制度的规定，张君劢尤其赞赏，他把实行义务教育制度视为"副思想界革命之名，而奠人类平等之基础者也。"

（六）"军制"，其核心要义是实行军队国家化。新宪法规定，总统统帅全国陆海军，国防事务归中央政府，当兵义务由兵役法规定之。按照张君劢的期待，德国新的国防军体制，应当清楚地划分出军权与政权之界限，使军人不得干预对内对外之政治，但新宪法关于"军制"的条款过于简单，"仅聊聊三四行"。张君劢为此提醒德国社会民主党——实际上说是给中国人听的，改革军制的目标应当是："改此奴隶军队而为国民军队，改

此军阀政治而为国民政治，改此军阀外交而为国民外交，夫而后此民主政治，此社会革命，乃能久存。"

张君劢对于魏玛宪法的上述分析，或许是当时来自于他国对德国这部宪法所作出的最全面系统的反应。这无疑是因为中国自辛亥革命以来正处于立宪的关键时刻，魏玛宪法如同一面镜子，让中国的各类政治人物和宪法学家们从中得以观察到从帝制走向共和的可能宪政路径。5 张君劢并非一味称赞魏玛宪法，他对总统制和内阁制的二元权力结构持怀疑态度，对直接民主制和代议民主制的关系持更激进的立场，对军队国家化有更高的政治要求，但是，从总体而言，他高度认可魏玛宪法以一种"和衷共济之精神"对国家权力架构所做出的基本规划，把总统制和内阁制、议会立法和国民投票、分权和集权、资本家和劳动家、苏维埃和非苏维埃、私人企业和社会所有、宗教和非宗教等，"一一兼容并包"，同时，让它们"各得分愿，而限之以相当之范围"。他对"社会主义之精神"的理解，亦没有超出德国社会民主党的纲领，把 20 世纪的社会主义运动视为"社会民主主义革命潮流"。1923 年 1 月，张君劢再次撰文评价德国宪法在世界法制史上的新贡献，明确认为这部宪法是自 1789 年法国人权宣言以来"世界一种最有价值之文字"，寄望中国人能够以德为鉴而倍加策励者也。

正是基于对魏玛宪法的充分认可，张君劢对"魏玛宪法之父"普罗伊斯的理论贡献和无畏的精神给予了很高评价。他在 1930 年撰写了题为《德国新宪法柏吕斯之国家观念及其在德国政治学说史上的地位》一文，对柏吕斯（普罗伊斯）数十年来在政治上立于反对党地位而持续研究国家和宪法问题的精神大表赞赏，指出普罗伊斯是属于自由的与民主的反对党，深信自由与法治之学说，思想与宪法主权论相近，主张法治国和宪法国之说。张君劢特别提到普罗伊斯在 1918 年 11 月 14 日发表于《柏林日报》上的一篇文章，题目

是《民主国或倒退之专制国》，称赞这篇文章产生了极大影响，"乃宪法史上至重要之文字也"。此时，普罗伊斯已开始着手起草共和国宪法草案，他的宪政理念，如法治国的中立性——坚持国家的中立性以保证各政治党派在国会中具有同等机会，国家失去中立性意味着宪法趋于灭亡；民主政治的根本原则不是平等——因为法律不能衡量不平等而得其标准，而是在权利平等的基础上，通过自由竞争实现个人之种种不同之政治价值；实现各个人之自由组织与领袖之选择，是民主政治的根本要点。普罗伊斯的宪政理念对于魏玛宪法的最后成型具有决定性作用。在张君劢看来，在阶级斗争和党派纷争的情势下，普罗伊斯真正体现出一种居党派之外而能以独立言论和勇气与国民相见的政治理智，实在是难能可贵。张君劢从普罗伊斯的独立精神中看到了德国知识界之命运和魏玛宪法之命运已经高度关联在一起，实际上，他也是从普罗伊斯的身上看到了自己超越政治党派为中国制宪的历史使命。

张君劢对魏玛宪法的解读，基本掌握了魏玛宪法的共和精神和制宪原则，这为他后来起草中华民国宪法提供了重要而直接的启示；他对魏玛宪法关于总统制和内阁制等制度设计问题的看法，无疑是点出了魏玛宪法的一个"死穴"，这是他观察深刻之所在。但是，由于没有完全置身于德国的政治文化环境和历史传统中，张君劢显然并不清楚魏玛宪法这一"死穴"何以会形成，他对社会主义的同情式理解也多少妨碍了对这部宪法的全面理解。因此，解读魏玛宪法，还是必须回到德国的思想现场，根据德国的历史和现实逻辑，考察魏玛宪法产生的思想之源和思想之争。

《帝国转型中的"魏玛"问题》荣剑著 博登书屋 2025 年出版，亚马逊有售

毛主席用兵真如神？（二）

戴　晴

十一、红军的番号编制

在军阀跟军政府大打之际——特别是"第二次直奉战争"和"蒋冯阎大战"——红军和它的根据地，一个个冒出来。

到 1930 年初，共产党手里已经有好几万人，"统一全国红军的番号和编制"，提上日程："几部较大的红军编为一至八军"，即我们比较熟悉的徐向前的红一军、贺龙的红二军、黄公略的红三军、朱德的红四军、彭德怀的红五军等等。20 出头的林彪，那时节还是朱德下边的纵队长。

待到春风初拂，八个军之外又新冒出了几个——那就"按地域组成军团"吧。于是，在"五月的鲜花开遍了原野"之时，"14 个红军军团派出代表参加"的"全国红军代表会议"召开了，由十几个军组成的"全国红军共四个军团"，遂成决议。"军团"的番号有了，要不要"一省数省"先暴动起来？派驻上海的"毛子"们坚决不同意。中共军委主席周恩来赶往莫斯科，向国际报告"中共与'远东局'的争论"。

"四个军团"！按照基本陆军建制，至少也得 20 万人吧？红军那时节，连"手拿长梭镖、臂戴红袖章"的半大小子都算上，也不过七万。蹊跷的是，紧接着军、军团之后，"方面军"也出现了。怎么回事？

在细述军头们——不管什么颜色：红的，白的，五色的，杂色的——如何玩弄编制、序列等等虚招，拔高自己、扩大实力之前，有关"方面军"，

先讲一个我们几代中国人怎么懵头懵脑地"上了老师的当"的故事——也就是说，咱们问史人，须把目光先投向"方面军"三字怎么在红军里出现；接着五年之后，到长征接近尾声的 1935 年底，乃至 1936 年中，不管还剩下几个人，"方面军"之冠，是不能丢掉的。

据《毛泽东年谱》，过了岷山之后，润之先生"心情豁然开朗"，写下了几代中国人倒背如流的豪迈诗句：

更喜岷山千里雪，三军过后尽开颜！

"三军"，有人问，"陆海空，那时候？"查人民教育出版社的小学语文课本，方知诗人所指，是"红一、红二和红四"三个"方面军"。

三个方面军过岷山？那时候，中央红军出发时候的八万健儿，不是大部分战死、饿死、溜回家，剩下不足 8000 了么？到"99 电报出贵夜出逃"，打的不是"工农红军陕甘支队"而非"红一方面军"名号么？况且，诗人挥毫之时，应属"红四方面军"的张国焘、朱德他们还在千里之外的川西丹巴县；而从湖北那边的红二、六军团，要到第二年的 7 月，才"遵照中央指示合编为红二方面军"。

这可是教科书啊！或许只能解释为：领袖写诗，"诗可诗，非常诗"，不必理会《词源》关于"三军"古义所指，只能看作是天才的战略预言。但"方面军"，特别是"红一、红四"两家，确曾频频出现在"为红色中国而战"的历史叙述中。无奈自建立初始，就有史官们碍于"组织纪律"不愿

（不敢）深究的故事，更何况涉及到怎么把"党指挥枪"这原则中的原则必须说圆了这类头等大事。

君不见，1959 年在庐山，毛泽东觉出"党"的会议不那么顺溜的时候，脱口而出的，就是"上井冈山"。而靠山最硬、张嘴闭嘴"你老豆（头）""我老豆"的军干子弟，私下里夸口时候，说的往往是："什么党指挥枪？从来都是枪指挥党。"

十二、红一和红四方面军

红一方面军之创建，就"党指挥枪"而言，所具有的"合法性"，请以共军鼻祖朱、毛为例。1928 年 5 月，两彪人马会师井冈山。里边有毛泽东秋收暴动带来的，叫工农革命军，登井冈山时人数不足 1000；朱德、陈毅那支，是南昌起义"遭受很大损失"之后，一路打了跑、跑了打，经江西、福建、广东，最后绕道千里，由湖南过来的数千人。

我们知道，1924 北伐期间，李济深、张发奎的"国民革命军第四军"里边，有相当一批共产党员骨干。到了"4·12"镇压之后的 1927 年 8 月 1 日，在他们按照上级党的指示"拉出队伍另干"的时候，原来的番号、军旗照用不误。红旗，是在后来、直到九月中旬才换上的。而在标榜党军光辉的《南昌起义》油画里，就算改成一面面飘扬的红旗，作为身份标识的数字、符号都巧妙地被风卷到折子里了。

接到"党中央"发来的《51 号通令》之后，这两拨人，加上一支湘南起义的"农军"，顺着原先"四军"番号，改称"红四军"——并不管有没有第一、二、三军。后来，"红四军"依照命令改称"红四军团"（注意，到这时候，还没有什么"方面军"）。

再后来，彭德怀"红三军团"二次攻打长沙不成，从湘鄂赣过到江西。两个军团会师，毛泽东当然高兴，问题是，听谁的？据史载，"为指挥一、三两个军团起见"，他们先"组织"起一个"总前委"，把刚刚从"军"升到"军团"的原班，再升一格："方面军"——毛泽东任书记。对外，则称"红军第一方面军总司令部"，总司令朱德，毛泽东为总政委。"方面军"建制，就这么在三数人商量之下诞生了。

"方面军"的"书记"＋"总政委"，是这名"资质俊秀"（杨昌济教授评语）的师范文科生的第一个军职，如果润之同学在校军训时候担任的"直属连部上士"不算的话——秋收起义的时候，他的身份仅限于党的领导：中央特派员。

彭德怀谨守职业军人本色，依旧当他的隶属于"红一方面军"之三军团的总指挥。

对这个"红一方面军"，当时的党中央不予承认。到了 1931 年 11 月，人家"沟马（山沟里之马列主义）"好汉干脆籍着成立"统一领导和指挥全国红军"的"中革军委"——望读者诸君记住这几个字，我们在以后讲长征故事的时候将多次遇到。毛朱均列位头领——之际，将"红一方面军总部"撤销。但很快，不过半年，七颠八倒的博弈间，"红一方面军总部建制"又恢复了，只是毛的"总政委"被拿掉，发到一边，戴着"苏维埃共和国临时中央主席"的帽子，随红一方面军总部行动——憋屈啊！

至于发轫于鄂豫皖的"红四方面军"，大致也如一方面军那样：先机聚义的一拨英雄，本有自己的这师那军，对城里那帮书生开口闭口"阶级""主义""苏维埃"等等隔膜得很。待到书生们拿到大令箭，大敌当前，加上枪饷有点吃紧，只有按下心气儿接受整编了。这就是为什么 1931 年 11 月，中革委发出"取消第一方面军总司令、总政委的名义及其组织"，令"所有中华苏维埃全国红色海陆空军完全集中统一在中央革命军事委员会指挥统辖"的时候，当时正忙着扩大地盘、反围剿、包括"清肃"的这帮子人，本该编为"第二方面军"，但对此类属于书生空头命令相当敷衍，觉得自己一直是"红四军"，接着称"红四方面军"不就得了？

查张国焘《我的回忆》，在第十六章结尾处说到的"第四军"，到第十七章开头，就那么硬生生地变成了"第四方面军"，一个字的解释都没有。

不知是根本不在意，还是分外在意。

十三、毛委员的军职

在前边，为把"真如神"的故事讲好，我们一直在常识恶补，因为不少非军人出身或者非军网潜水灌水"大虾"，就算对长征和解构造神十分有兴趣，也往往给一大堆生僻地名外加变幻不定的建制、番号搅得眼花缭乱，几乎无法拨开浓抹艳涂的宣传，切中肯綮就史论史。当然，如果问史诸君有时间而且有耐性，细究这些东突西撞、飘忽不定"战斗序列"，倒也不难窥见，在特定的政治格局下，按照苏联规矩而组建起的、属于党的军队，如何"成长壮大"；以及，"枪杆子里边"，怎么就"出了政权（政要、贪官）"。

为了讲"真如神"，叨絮到这里，真该说句"闲话少叙书归正传"啦。好，最后一段——只为下边叙述方便——咱们说说令人钦敬地睥睨"大元帅"衔的毛委员，在"夺取政权"的年代里担任过的军职，权当讨论而今中国到底是"党指挥枪"，还是"枪指挥党"的一个小引。

1927 年 9 月秋收起义，毛的身份是党中央派到工农革命军里边的特派员，算不上军职。失败，一路逃到江西、将王袁二草莽忽悠到手下、与朱德会师，从而立住脚之后，他出任合编的"工农革命军第四军"党代表、前敌委员会书记。后来，彭德怀也过来了。哥儿几个一商量，成立了"红军第一方面军"，毛任总政委。

后来，鉴于国府中统（CC）里边的二陈，对散布于各角落的共党们开展了一场恩威并施、卓有成效的清肃，外加自己这边李立三等人中气不足的横风激雨，党中央无法在上海立足，搬到了江西朱毛开辟出来的根据地。

南下的六届四中全会中央，挟国际之威，开过两个修理毛的会（赣南会议、宁都会议）之后，毛"总政委"的军职遭撤销，但党系统的"候补政治局委员"和政府系统"中华苏维埃共和国主席"没动。这当口，作为根据地创始人，更兼"成功指挥了三次反围剿"的毛，照他自己说，是落到"鬼都不上门"的局面，躲一边养病去了。

政府方面围剿愈加严苛。1934 年 10 月，已经改称"中央红军"的红一方面军，带着"党中央"还有"政府部门"，开始从江西向西蹿逃命（"长征"）。在两个月之后的所谓"挽救了革命挽救了党"的遵义会议上，毛的党内位置从政治局委员升到常委；在对军队的统领上，升到"军事指挥上下最后决心的负责者周恩来的帮助者"——一种可用、却不可全信的地位。

会议之后，"帮助者"走上指挥一线：土城大败但娄山关大捷，接着扑簌迷离地来回渡赤水。当时已不足四万、一路逃命的"长征"者，希图过长江开进富庶的四川不得，转口改为"打它几个胜仗，赤化全贵州"。朱德提议为此设立前敌司令部，自己兼任司令员，毛为前敌政委。

到了此刻，他又有了军职，虽属临时的、具体的战役指挥。有趣的是，不过一周之后，在一个史称"苟坝会议"的场合，因为与所有将领判断相左，毛同志的这一军职说撤就撤了。更有意思的是，经他"夜提马灯造访"周恩来，"中央"不但采纳了他的意见，还做出成立最高决策"新三人团"决定——这或许不算正宗军职，但在长征那种境况下，应该算是党指挥军队的组织保证了。

后来，数千人的中央红军同数万人的红四方面军在懋功会师。座次怎么排？张国焘担任最高的"中革军委主席"似乎顺理成章。但是呢……轮番较劲之后，周恩来将"红军总政委"一职让给了"很有想法"的国焘同志。

直到今天，张国焘令陈昌浩"立即南下"的"99密电"一案，依旧没有确解。已知的事实是，"风紧扯呼"，处于弱势的毛泽东当机立断，率领"党中央班底"和中央红军（即红一、三军团）黢夜北上——他们没有用"一方面军"番号，而是打起一面"中国工农红军陕甘支队"新旗。彭德怀、林彪分别为正副司令。毛同志，任政委。

抵达陕北，与刘志丹、徐海东的人马会师。因为（35/6懋功会师后的）"中革军委"事实上还在（朱德、张国焘那时在川北），北窜的一拨子成立了一个临时性的"西北革命军事委员会"，毛泽东主席，周恩来副之。"洋房子先生"张闻天没有沾手军职，职位："党的总负责"。

后来，手持令箭的国际代表张浩现身。"国际"，不错，的确莫斯科派过来；"代表"资格？手持的，是否"令箭"？至今仍是谜案。这里权且按照官话这么说。张浩开始相当客气地"转达"国际精神，张国焘气势渐馁。转年（1936）10月，四方面军人马终于北上，红军"三大主力胜利会师"。

这时候，"中革军委主席"，已经非毛泽东莫属（周恩来、张国焘副）。

1937年，西安兵变之后，全国统一抗战局面终于形成，红军改编为"国民革命军第八路军"。将领们纷纷摘下军帽上的五角星。但是，且慢，八路军这三个师，难道还像十多年前那样，归到蒋某人麾下？"抗日新形势下必须确保党对人民军队的绝对领导"！"中共中央革命军事委员会"成立。主席——毛泽东。虽说不过几杆枪，也必须在共党的指挥下："绝对不到前线去当抗日英雄"（洛川会议决议）。

以后，我们知道，通过整风与抢救，特别第三国际解散，中共党内已经无人得以挑战毛泽东。

1945年，日本投降在即。抗战结束，"天下"在谁手呢？军队呢，只属于国家么？在至关重要的中共"七大"上，"毛泽东思想"定为中共指导思想。该思想之肉身载体、52岁的毛同志，"党、军两副担子一肩挑"——除中共中央主席之外，兼任"中革军委"主席。

红旗飘上了天安门。

执政党主席之外，润之先生还是中央政府的"人民革命军事委员会"主席、中华人民共和国主席和国防委员会主席——只要跟"枪"沾边，一个位子不落。还好那年头，大部分民众都乐呵呵地拥戴他："解放"啦，国家军队"为主义而战"的使命到此完成。百姓勒紧裤带养兵，也就为一个国防啦。

在1950年代初的一小段时间，协商治国旗帜高悬，大家遵奉《共同纲领》，CP党里边的"军事委员会"曾一度撤销；特别是，在1954第一届人大一次会议通过的《中华人民共和国宪法》里，已经出现"调整国防领导体制，设立国防委员会和国防部，取代中央人民政府人民革命军事委员会，并撤销中国人民解放军总司令的职务"这样的字样。

政府里边都无需再设什么临时性的"革命军事委员会"了。军队国家化，似乎近在咫尺？

多少人的期待啊！然而，就在人大闭幕的第二天，高瞻远瞩的毛泽东一分钟都没耽误，中共中央政治局通过了《关于成立党的军事委员会的决议》，强调"必须同过去一样，在中央政治局和书记处之下成立党的军事委员会，领导全部军事工作"——新的中共中央军委主席，毛泽东。

自此以后，"中共中央军委主席"成了专制权力（执政党对国家、魁首对全党）之保障。毛泽东攥着此徽号直到他生命最后一刻。他指定的华国锋立即"临时担任中共中央军委主席"。将这老实头子挤掉之后，邓小平立即接任该职，直到人神共愤的连砍左膀右臂并血洗长街之后，不知出于做秀还是自咎，邓辞去该职，江泽民继任。到02

年，江泽民总书记都交出去了，军委主席这香饽饽依旧手里攥着。到任总书记后两年，胡哥儿才得到这位子，大知道到他卸任的时候，是不是依旧舍不得这维稳第一阿物儿——枪指挥党。

【2020 年补记】

没有人忘记 2012 胡锦涛在十八届一中全会上主动卸任中央军委主席的场面。可惜这是他个人品质的表现，尚未达成制度共识——谁知道接下来的二十大之后，会是咋样呢？

【2024 年补记】

没有人忘记 2022 在二十届一中全会的安排中，已经坐了两届的总书记习近平，获得了毛泽东之后中共最高领导人第三任期的首次全面连任。连任带来的，又一个毛泽东时代？

【2025 年补记】

……

十四、长征出发

1934 年 10 月中，中央红军匆匆上路。

其缘由，到 1990 年代，业内外基本有了共识，那就是由《山路漫漫：项与年的革命生涯》《莫雄回忆录》《英雄无语》所揭示出的一位 "五色"（或称 "红白两道"）好汉的故事：1934 年秋，蒋介石 "彻底剿灭江西红军" 意图一锤砸下，绝密的 "铁桶合围计划"，关键时刻落入红军之手。八万赤匪，带着火炮、电台、印刷机，外加爱妻、伤病要人，赶在合围完成之前，悄没声儿地从围剿悍将手指间溜了！

于是乎，时至今日，再把长征强说成 "为抗日而做出伟大的战略转移"1，怕是太为难中小学历史老师了。但是，这位红白两道好汉何许人？他为什么如此做？做了之后怎么几十年不为人所知？

故事要从时任江西德安赣北第四区行政公署

督察专员、兼该区剿共保安司令、"追随国父奔走革命、宋子文以下均称 '莫大哥'" 的莫雄（承主席毛最后认作 "我们党的老朋友老同志"）说起。

莫雄和他一小批 CP 挚友的故事，自从《潜伏》等一批惊险谍战片的浪漫述说横空出世，已经弄得几与包公、雍正、纪晓岚诸位比肩——看片人众娱乐之余，对 "历史" 也恍惚知道了个七七八八，却无人确晓真假。去其 "主旋律+市场" 之美味多汁的宣教，我们今日稍稍可以厘清的是：1891 年出生身于贫苦之家的广东英德人莫雄（字志昂）：第一资格老：作为清末新军里边的革命党，在他眼里，孙中山是 "老豆"；张民达、陈炯明为 "大佬"；余下的，"契弟" 而已。第二，他不屑钻营：从根儿上看不起蒋介石这个 "装可人儿"、培植自己势力的阴谋家。第三，文字虽属粗通但能拼善打，对学识渊博的理想主义文人（也即那批生死置之度外的早期 CP）怀有某种朴实的敬重。第四，莫大英雄重情义、有决断、不爱钱、不恋官位，其个性与唐生智之老弟唐生明有几分相像："什么样的朋友都交。不管什么主义不主义，只要是认为可交，就是掉脑袋也不在乎。"（沈醉语）。当然也不排除 "希望中华强大" 之类的情愫垫底。

然而，以他这么一个非浙籍、非黄埔、非当地强豪，还曾随张发奎、宋子文、陈铭枢列位俊杰公开反蒋之 "铜豌豆"，到了剿共成为蒋总裁第一要务的 1930 年代，事实上已经落到 "闲居上海"、在故旧处做寓公的过气前辈，怎么有机会与闻绝顶机密？

这又要说到蒋介石的独裁之路了。

十五、蒋介石的 "卧龙先生"

"一朝权在手，便把令来行"。个人纲乾独断，不单中华男儿，古今中外枭强，哪个不为之心荡神驰？关键在手段与机遇。

对 36 岁还踟蹰在大本营参谋长位置上的蒋中正而言，与前盟友共产党翻脸，无疑是窜升第一步；而联姻孔宋，立地信主，从此搭上美国政界财界，可算第二大步。接着，操作 KMT 二届四中全会，不但在自家党里边同时担任政治与军事委员会主席，大面上搞掂各路军阀之后，更兼任国民政府主席和陆海空军总司令。

党国总裁啊！二十世纪过半啦——这镶嵌在千年专制古国之上的共和体制，走过了"军政"，怎敢不以"训政"（即"以党治国"）一步接一步地，再接着往下走？

红色这边呢？从北边接过来的"主义"（十月革命一声炮响云云）再锃亮晃眼，除了成吨的废话套话，千年专制古国，也就动了动皮毛。造神毛泽东，自然是红色中华帝国精彩第一炮。

不知问史诸君注意到没有，对这位"二十八画生"而言，在家乡争取公民基本权利、呼吁联省自治、赴北京走串学界、转上海出席中共一大……接着担任国民党中央宣传部代部长……都不算什么大亮点。人么，在届时的政商学三界，也没有怎么显眼。唯独到了 1930 年代，到国民政府对由他创建的江西苏维埃发动五次围剿——依照红色宣传家说辞，有他就赢、没他就败——特别是没他根本就走不出那两万五千里，这造神的第一大基石，才算夯下。

五次反围剿，共军这边四胜一败，怎么回事？

不说前三次正值"九一八"、淞沪抗战和 19 路军揭竿等等令围剿当局一次次分心，随即将军力调往对日作战前线；不分析红军最玩得转的"打得赢就打，打不赢就跑""军政合一"（也就是以单命大义筹粮挖浮财）；不细说当时怎么开始截收敌方作战命令，即钱壮飞他们盗取的徐恩曾密电码；不说第四次反围剿的指挥实际上是朱德、周恩来；更不提到了 1933、1934 年间，瑞金苏区这块地方，历时五年，已经被劫夺得气息奄奄——就算没有顾祝同、陈继棠步步为营地压过来，10 万人的军队加政府，不走也得走……更不说到了 1934 年

秋，无论谁当政——博古李德周恩来的三人团也好，毛泽东也好，蒋介石全力投入的"第五次围剿"，绝没有了再度"粉碎"的可能。

何谓全力投入？调用军力 150 万、步步为营地向瑞金推进的"规模巨大、部署周密"之"铁桶合围"计划是也。用蒋中正自己的话："毕其功于一役"，"剿共大业胜券在握"。

说到这个计划，不能不说说大陆宣教书上几乎没有出现过的人物——报人出身、曾为政学系台柱的茅庐政客、从来不曾带兵、时任江西剿共行营秘书长的杨永泰。蒋中正蹿红之后，正是他，以上《万言书》的方式，提出"削藩论"、提出"攘外必先安内"。"略输文采"的蒋中正，只觉眼前一亮。

杨畅卿被后世称做"总裁身边的卧龙先生"。这也是我们接着要说的、破"铁桶合围"的硬核人物——莫大英雄的故事了。

十六、百花洲巧遇

在他的《万言书》里，杨永泰对"安内"，即"剿灭赤匪"，有自己独特的方略。他认为，有主义、有根据地的赤色"党军"，与冯玉祥张学良辈不同。对付他们，须"三分军事，七分政治"，并且随后在总裁首肯下发起"政治改革"和"新生活运动"。

就在这前后，不知是天公作美还是不作美，时任江西剿共行营秘书长的杨永泰，碰到正在闲溜达于南昌百花洲公园里的故人莫大哥。

莫雄的经历跌宕起伏，我们这里只说 1930 年。那时，他随张发奎反蒋失败，介入的宋子文/张学良联合"反蒋抗日"又失败，正流落上海。时任财长的宋子文说，"一时没有合适职位，就在我部里挂个名吧"。

在税警局长这个看着不起眼的要职上，莫大哥不意间遇见了国共翻脸之前曾在他的国民革命军 11 师任政治部主任、"头脑清醒、爽朗结实"

的共产党员刘哑佛（即我们语文教科书里鲁迅笔下刘和珍君的兄长）。"故友重逢、不胜欢喜"。这一欢喜不要紧，军委上海特科的严希纯、卢志英、项与年等，经哑佛同学引荐，逐一成了与他亲密往来的朋友。李克农顺势也搭上了线。

与杨永泰不期而遇时，他已是介入闽变又失败，沦落为时任江西剿共第二路军总指挥薛岳（他的故事我们后边还要细说）的"食客"。对这位广东大同乡、茂名杨永泰的"变革思想和魄力"，莫大哥激赏；杨则爱他"军人见得多了，你这样不糜烂地方反而获百姓好感的，有几个？"

基于此，杨秘书长表示：愿意为莫大哥与蒋介石"驳线"，由他率先实施一项"剿共新政"，其要点，是汲取前几次失败的教训：共产党不是一个接一个圈"根据地"么？好，国府这边也不再剿了就撤，而是军政联手，针锋相对地也来一套"专员/司令制度"。

据杨永泰对莫雄解释："行政督察专员是文官，等于道台衔；又兼保安司令，是武官，等于镇台衔。一文一武，一手抓两印，几好玩的。"

莫雄上任。在 CP 小友严希纯的具体策划下，他的道台/镇台衙门几成上海中央特科分部：

第四行政公署

督察专员：莫雄

专署主任秘书：刘哑佛（CP）

情报股长、文教科长等皆为 CP；

……

第四剿共保安司令部

司令：莫雄

副司令：陈修爵（CP）

主任参谋兼清乡委员长：卢志英（其妻张育民，在南昌开设"女医生张育民珍所"，实则负责联络和交通）

情报参谋：项与年（即项南的爹）

……

情报源源不断送到上海，德安的"剿共保安"也连连得手——当地红军投桃报李，佯攻佯撤，能不捷报频传么？

直到 1934 年。

（未完待续）

戴晴 中国著名调查记者 著有《邓小平在 1989》博登书屋 2024 年出版 亚马逊有售

伟岸的纳粹头目与悲催的马杜罗总统

郝　建

一、1945 年，纳粹振振有词，审判无法可依

2025 年奥斯卡提名马上要揭晓，一部聚焦纳粹核心人物的作品《纽伦堡》肯定会得到几个提名——它以颠覆性的视角塑造了纳粹二把手戈林（罗素·克劳饰），让这个邪恶阵营的核心人物呈现出"高大伟岸"的复杂质感。1945 年，纽伦堡国际军事法庭上，面对多国法官的质询与绞刑架的威胁，戈林毫无惧色，始终保持着自信、从容与坚定的姿态。最终，他以一粒氰化钾结束生命，逃脱了绞刑的裁决，完成了一场属于"失败者"的、极具挑衅性的"胜利"谢幕。

这个身形肥胖的纳粹头目，留给后世的不仅是暴行的印记，更抛出了两个直击法理与人性的终极难题：执行邪恶的上级命令，是否构成犯罪？更深一层的追问是，作恶者是否知晓自己行为的邪恶本质？这并非空穴来风的思辨，1961 年的影片《纽伦堡的审判》中，纳粹的著名法学家恩斯特·扬宁便精准复刻了这一辩护逻辑——他以"遵从国家法律、服从上级命令"为由，试图为自己参与推行纳粹种族法的行为脱罪，将个体责任消解在"制度与命令的裹挟"之中。

二、2026 年，舆论场的狂欢与马杜罗的绝境

历史喜爱重复，相似的"审判图景"再度上演，搅动全球舆论风云。2026 年 1 月 3 日，委内瑞拉总统马杜罗被美国政府抓捕带至本土；1 月 5 日，他在纽约联邦法院首次出庭受审。这一跨越国界的抓捕与审判，迅速成为全球焦点。在中国网络空间，话语喧嚣尤其热烈——一众网络大咖借此事迅速抢占智力高地，勇攀道德巅峰；或痛骂美国的霸权行径摧毁国际法，或点评马杜罗的执政举措。吵嚷喧嚣中，真相与理性在辩驳中打磨得更加闪亮。

纽伦堡的绞刑架与纽约的法庭，看似相隔数十年、横跨两大洲，却暗藏着法理与政治哲学层面的同构性。两场审判都引发了全球性的法学辩驳与思想争论，从战犯、政客、法官到普通平民、学者，不同身份的群体纷纷发声，形成了一场跨越时空的"隔空对话"。而马杜罗的遭遇，更以具象化的场景，向所有关注此事的知识人、芸芸众生乃至"吃瓜群众"抛出了两个极具现实意义的诘问：当邻居家中发生致命家暴、甚至恶性伤人事件时，外人是否有权冲入户内阻止暴行？若未涉及直接人身伤害，而是以排放有毒"饮料"等方式向邻居家祸水北调，受害者又是否有权跨越边界"上门止损"？这两个生活化的隐喻，恰恰戳中了跨国审判最核心的争议焦点——主权边界与正义诉求的冲突。

三、戈林：影像叙事中的"伟岸"形象与宿命反噬

要理解纽伦堡审判的复杂张力，不妨先审视这部热门影片怎样把戈林塑造成"伟岸"形象，再对照纽约监狱中马杜罗的窘迫境遇——两者看似境遇悬殊，却都深陷"正义与邪恶""服从与反抗"等终极命题。影片精心设定了三个核心角色，构建起审判中的三角博弈：美国最高法院大法官罗

伯特·杰克逊担任美方首席检察官。面对无法律先例可循的困境，他以"反人类罪"建立了全新的法理依据，成功对纳粹战犯进行追责；精神病学家道格拉斯·凯利（拉米·马雷克饰）担负特殊使命，负责评估戈林（罗素·克劳饰）等战犯的心理状况，防止他们自杀，以确保审判与刑罚的完整执行；而戈林本人，则是这场博弈中最具颠覆性的"变量"。从审判结果来看，不同角色的"正义诉求"呈现出截然不同的结局：杰克逊大法官成功推动"反人类罪"等全新罪名纳入审判体系，为后续国际刑事审判奠定了法理基础，实现了"制度层面的正义"；但在个体层面，正义却双双遭遇挫败。影片对戈林的塑造极具视觉冲击力——导演多次运用仰角镜头刻画他的形象：被捕时，他从车里走出、缓缓戴上军帽，法庭上从容答辩、直面质询，仰角镜头让这个纳粹头目显得高大、沉稳、不怒自威，彻底打破了我们对所谓"反派"的刻板认知。

整个审判过程中，戈林始终气定神闲，甚至在与凯利医生的接触中展现出"掌控力"——他不仅精准预判了自己的结局，还当面责骂凯利医生"利用了两人的友谊"。最终，他用两颗提前藏匿的氰化钾锁定了"邪恶的胜利"：正如他此前对凯利医生所言，"我会从绞架上脱身"。在执行绞刑的前一刻，他吞下氰化钾身亡，当美军军官看到他的尸体时，气得当场骂娘。从被告席到氰化钾，戈林用一场精心策划的死亡，完成了自己人生的"完美谢幕"，也向世人抛出了一个冰冷的隐喻："很多时候，也许在多数时候，坏蛋睡得最香。"（我用这个句子与黑泽明《坏蛋睡得最香》的片名形成互文，强化了邪恶与惩罚的荒诞关联）。

另一边，凯利医生的命运则走向了另一种悲剧：他因未能压制住戈林被军方赶出了审判工作。回到美国后，他长期被焦虑症折磨。1958 年，他选择自杀，使用的工具同样是氰化钾。凯利的悲剧仿佛一种"宿命的反噬"——当一个人直面极致的暴力与邪恶，试图解构其心理逻辑时，自身

也难免被这股黑暗力量吞噬？这也引发了深层思考：审视邪恶是否本身就是一种危险的"精神冒险"？直面黑暗的人，如何避免被黑暗同化？

四、无法可依的审判：国际法与国内法的博弈，及政治哲学的深层探险

1945 年的纽伦堡审判与 2026 年的纽约审判，看似是两场独立的司法事件，实则深陷同一个法理困境，更构成了两次极具价值的政治哲学探险。两者的同构性清晰可见：法理层面，两场审判自启动之初就面临"无法可依"的担忧与"非法审判"的指责；审判对象层面，戈林代表的纳粹核心层与马杜罗政权，都被指控对本国及他国人民造成了严重的生命与利益损害；法律实践层面，两场审判都精准踩在了国际法与国内法的交叉地带，管辖权的归属与法律依据的选择，成为争议的核心焦点。而这一系列争议的本质，正是国际法与国内法的剧烈冲突，以及背后政治哲学层面的深层博弈。

首先，从国际法与国内法的核心冲突来看，两场审判都触及了"主权至上"与"人权高于主权"的经典辩题。在"正统"国际法框架下，"国家主权平等""不干涉内政"被奉为基本原则，很多时候，这种"原则"其实非常无力。在所谓"主权"至上的叙事中，一国的内政事务（包括对本国公民的管辖、本国官员的追责）理应由该国国内法规范，他国无权干涉。纽伦堡审判启动时，这一争议尤为激烈，纳粹战犯的行为，大多是在纳粹德国的"国内法"框架下实施的，例如种族清洗、强制绝育等政策，都有当时德国的法律作为"依据"。辩方因此提出，审判是"事后立法"，违背了"法不溯及既往"的基本法理，很容易被指责为战胜国对战败国的"报复性审判"，而非真正的司法正义。同样，今日美国以"反人类罪""腐败罪"等罪名对其起诉，所依据的多是美国国内法或其主导的区域性国际规则，这就引一些深沉的思考

与辩驳：国内法的"长臂"何时可以伸出？REN 木又与主木又的激烈争议，究竟有无坚实的基点？

其次，两场审判都暴露了国际法的"先天缺陷"，国际法缺乏统一的强制实施机制，其效力往往依赖于大国的认可与推行，这就导致国际法在实践中容易沦为"政治工具"。纽伦堡审判的发起者是美、苏、英、法四大战胜国，审判规则与罪名设定（如"反人类罪""破坏和平罪"）均由四大国主导制定，它实现了"超越性的、自然法意义上的正义"；恰恰是这种被挑剔的正义，具有历史的必然与合法性，遏制了法西斯势力的复活。我的许多国内外朋友都提出高声警告：对马杜罗的审判，凸显了重大缺陷：美国作为全球超级大国，凭借自身的军事与政治影响力，将本国司法权延伸至他国主权范围。他们忧心忡忡，如此这般，长此以往，国际法的神圣性将荡然无存。而另一个朋友却坚定认为，国际法需要去魅，它应该以人为本。

从政治哲学的深层维度来看，两场审判的核心争议实则是"集体责任与个体责任的边界""程序正义与实质正义的取舍"这两个终极命题的具象化。关于"集体责任与个体责任"，纽伦堡审判首次确立了"个人对国家罪行负有责任"的原则——即便行为符合当时的国内法，只要违反了国际法的基本准则与人类良知，个体就必须承担责任。这一原则打破了"个人只是国家机器的螺丝钉"的免责逻辑，将道德责任重新放置在个体的肩头；但在实践中，这一原则又面临着"责任边界模糊"的难题：如何区分"主动作恶"与"被动服从"？普通官员与核心决策者的责任如何界定？马杜罗案中，这一争议同样存在：美方指控马杜罗对国内的政治压迫、经济危机负有主要责任，将其视为"个体独裁者"；而马杜罗的支持者却认为，委内瑞拉的困境是多种因素共同作用的结果，将所有责任归咎于个人，是极大的不公平。

关于"程序正义与实质正义的取舍"，两场审判都陷入了"两难困境"：纽伦堡审判在程序上存在"先天不足"（事后立法、战胜国主导），但在实

质上遏制了法西斯暴行，维护了人类的基本良知；对马杜罗的审判，若严格遵循国际法程序，美国的抓捕与审判行并无明文依据。但从实质正义的角度来看，且不说他的贪腐和贩毒，马杜罗政权的许多政策确实对本国人民的利益造成了损害。联合国宪章第九章把"对国际和平与安全的威胁"列为需要干预的条款。近年来"难民外溢"一般也被解释为威胁和平与安全。这就引发了政治哲学层面的深层思辨：当程序正义与实质正义发生冲突时，人类社会应当如何取舍？是坚守程序正义，哪怕可能放任实质邪恶；还是追求实质正义？

综上，1945 年的纽伦堡与 2026 年的纽约，并非简单"同一个泥坑"的重复，而是两场具有递进关系的政治哲学探险。纽伦堡审判首次尝试构建"跨国正义"框架，为国际法的发展迈出了关键一步；而马杜罗案迫使人们重新审视国际法与某一国国内法的关系、正义的本质与边界。这两场审判留下的不仅是司法实践的经验与教训，更是对人类政治文明的永恒追问。

五、我们，普通看客的政治责任

在两场跨越时空的审判中，我们这些"吃瓜群众""韭菜"并非置身事外的旁观者。德国哲学家雅思贝尔斯在《德国罪责问题》中，曾将罪责分为四种类型：刑事罪责、政治罪责、道德罪责、形而上学罪责。他认为，即便是普通民众，也可能因"沉默的纵容"而对集体罪行负有道德责任。正如笔者在微信文章《韭菜也有罪责》中所指出的，在重大的历史事件与政治议题中，普通个体的"围观"与"沉默"并非无关紧要——当邪恶发生时，沉默就是对邪恶的纵容；当正义被扭曲时，围观而不发声，就是对正义的漠视。

对于纽伦堡审判与马杜罗案，普通看客的也肩负政治责任，其实我们都懂，个体的认知与选择，最终会汇聚成影响历史走向的集体力量。在这个意义上，每一棵韭菜的思考与发声，都是维护正义、推动文明进步的重要力量。

吞噬"娜拉"的利维坦：女性主义与中国女性之路

——外文增订版自序

秦　晖

不许骂的禁书

我的这本书 2025 年 2 月在海外出版了简体中文初版，之所以在海外，原因不言自明。但是在今天这个网络时代，它还是很快传到墙内，并在中国最著名的书评网站"豆瓣"和时政—文化论坛"知乎"上都引发了热议。有趣的是与我的其他著作不同，这本书在这两个平台上用一位朋友的说法是："恶评如潮"。除了几篇成文的书评基本是正面评价外，跟帖中大都是许多来自中国"主旋律女权"和西方后现代女权阵营（两者在很多方面不同）的朋友一片口诛笔伐。

这些朋友其实绝大多数并未看过书——在国内读到这本书并不容易——有的仅仅听过我在新书介绍会上的一个演讲，很多人连演讲也不知道，"书都没读，看个简介就给 0 星了"。有的批评所指几乎与我书中内容截然相反——比如有人批评我把"女权"和"男权"对举，有挑起性别对立之嫌。其实本书主要论点恰恰就是强调中国女性权利缺失的根源在极权而非"男权"，书中批判"泛性对立"，还专门提到大陆中译者把 feminism 译成"女权主义"之不当。还有人说这个秦晖真是老冬烘，现在还在炒五四妇女解放的冷饭，就不能谈谈女性的现实吗？其实只要读过这个初版，都知道从第一页讲"铁链女"开始，全书主要篇幅恰恰就是谈现实的女性问题，五四论说只是个引子，而且是被当做反思对象的。倒是现在这个增订版添加了不少改革前的内容，因为当前迫害的源远流长也是我要追溯的——否则就是新闻报道

而已，不能说是学术研究了。而近年从国外引进的西方"后现代女权视角"恰恰是对这些最严重的时弊极少提及、甚至根本不提的。

但我还是很高兴，在当今中国思想界万马齐喑、可以讨论的空间非常有限的状况下，这些批评仍然是我非常乐见的。思想者怕的就是对牛弹琴毫无回应，乐的则是真理越辩越明。何况在禁区遍地的当下，任何一点讨论的空隙都有可能越挤越大，延伸出牵一发而动全身的效果。所以我笑对朋友说："恶评如潮"好啊，就怕波澜不惊呢。

但是没高兴几天，正当"豆瓣""知乎"对本书的批评热潮方兴未艾之际，不知何处一道禁令，这两个网站的《娜拉出走以后》讨论版面就全部被"404"了。这倒是有意思：发表或者宣传"禁书"被删可以理解，批判"禁书"难道不应该是当道乐见的吗？2020 年疫情以来，在文网日密的墙内关于女权的书，包括引进的西方女权著述如果不是一枝独秀，也是大热门之一了，为什么这本书不但出不了，提都不能提，连骂这本书也不许？看来今天毕竟还是不同于文革时期了，对"大毒草"发动全民开展"大批判"的"自信"已消失无踪。如今最好是大家都闭目塞听，全当没这回事。

这倒使我觉得：这场讨论还真是太有必要了——于是就有了这个增订的新版。

"娜拉出走以后"与"革命以后"

"娜拉出走以后"这个话题，在鲁迅以后到 1949 年前流行的答案是：妇女解放需要一场社会

大革命才能真正实现。1949 年这一革命终于完成，人们却发现了其越来越出乎预料的后果——正如本书所言，这类后果其实在 1949 年前的革命者控制区已经滥觞，但尚未全国化——于是出现了另一个方向的反思。无疑，这种反思中"娜拉出走以后"与"革命以后"其实是互为表里的。但是，人们认识到这一点有个过程。

改革初的 1980 年代，文革中的顾准遗文被发掘并成为重要的"新启蒙"文献，其中一篇的标题就是"娜拉走后怎样"，当即就轰动一时。[1]顾准反思的正是革命后建立的体制，尤其是苏联式的政治专制。但他只是高度宏观地把"娜拉走后"作为"革命之后"的隐喻，并未具体讨论女性问题。[2]

2011 年，网络女作家那云千在网上发表小说《娜拉出走以后》[3]，讲述了一个"民国新女性在追求独立过程中遭遇的职场歧视、经济困境与社会压力"的故事，实际上是对当年鲁迅的话题做了进一步的文学发挥，并加了些当代女权的词语。但它对顾准的反思并不接茬，也完全回避了革命后女性遭遇的问题。

直到 2013 年，中国现代史学者黄文治发表论文《"娜拉走后怎样"：妇女解放、婚姻自由及阶级革命》，[4]才第一次把顾准的反思连接到了女性问题上。但是该文只涉及鄂豫皖苏维埃革命一个局部。大约在此前后，网上还流传有单世联的长文《在"革命"的名义之下：娜拉们的婚姻与生活》[5]与袁凌的《无家可归的"娜拉"》等著述，[6]也谈到了中国"革命"对妇女地位的负面影响。但是它们都还只是"历史"话题，而且基本上只限于情感与婚姻—家庭领域。

与此同时，改革时期中国的舆论场不时出现与女性有关的时政热点，从 1980 年代的"严打女流氓"、跨世纪的"拐卖妇女"到反思计划生育中的女性悲剧，尤其是 2022 年的"铁链女"事件不仅性质恶劣，而且同时与拐卖和计划生育两大时政相关，一时引起了海内外的高度关注。但是在时紧时松的言论空间下这些讨论很难深入，要么就事论事，要么就会扯到久远的"传统"去，并没有与"娜拉出走"联系起来。

"西方女权话语"的双重作用

而这似乎并不仅仅是中国国内的条件所限。因为从"娜拉出走"的五四时代直到当下，一个多世纪以来中国的女权叙事和解释模式一直都受西方引导。这种状况的好处是人的解放、个性解放这种"普世价值"，无论在自由主义还是社会主义角度上，都确实推动了中国人的思想解放和时代的进步——在这方面我是普世主义、人道主义者，而绝非"中国特殊论"、更非"反西化的中国文化本位论"者。但坏处则是我经常提醒的"问题误置"：束缚西方女性的羁绊，过去就极大不同于束缚中国女性的桎梏，现在更是不同于束缚中国女性的"铁链"。而哪怕同样需要解放的女性，她们面临的"问题"也可能截然不同。即便在中国，祥林嫂也不同于铁链女，更不用说中国的"祥林嫂""铁链女"都完全不同于西方的"娜拉"。鲁迅提出的"娜拉出走后怎样"之问，人们都说易卜生没有回答，其实与其说是没有回答，毋宁说是无需回答：北欧 19 世纪末的娜拉根本就无需面对祥林嫂的问题，更无需面对铁链女的问题。鲁迅其实应该问的是"祥林嫂出走后怎样"，而历史的答案

1　《顾准文集》，贵州人民出版社 1994 年，361-363 页。

2　参见龚刃韧：《"娜拉走后怎样"：顾准文集阅读札记》，《中国法律评论》2016 年第 3 期

3　连载于网站《晋江文学城》https://www.jjwxc.net/onebook.php？novelid=1259235，该作品并未连载完，但百度百科和"知乎"已有介绍。

4　黄文治：《"娜拉走后怎样"：妇女解放、婚姻自由及阶级革命》，载《开放时代》2013 年第 4 期

5　单世联：《在"革命"的名义之下：娜拉们的婚姻与生活》，"往日风"微信公众号，2025 年 08 月 28 日，https://mp.weixin.qq.com/s/2sjWQaJdcDnbvgAQcjTutA

6　袁凌：《无家可归的娜拉》，文革与当代史研究网，https://difangwenge.org/forum.php?mod=viewthread&tid=17495

则是："祥林嫂"从"旧家庭"出走后可能既没有"回家"，也没有"堕落"，而是在毫无保护的状态下被极权支持（庇护）的强奸犯捕获，成了"铁链女"！

换句话说，真正的问题并非"娜拉出走后怎样"，而是"祥林嫂出走前怎样"——祥林嫂如何才能变成可以自由选择出走或留下的娜拉，而不至于被抓走变成铁链女？——甚至于即便她本人没被抓，她会不会因丈夫被抓走而变成家破人亡无家可出走的孟姜女？更有甚者，如果说孟姜女留在家里还不够"解放"，她会不会自己也被征发成"急赴河阳役"的石壕妪？

而这样的问题，西方的女权主义是不会为我们解答的。

应该说近几十年来，西方学界（含在西方工作、并以西方问题意识从事研究的华人学者）对中国女性问题和女性史的研究，无论在"中国学"角度、现当代史角度或"女性学"角度都十分活跃，并对中国知识界产生了很大影响。他们的成果百花齐放，启示和洞见良多。但在我看来局限也很大。这基本可以归为两方面：一方面是与中国的"主旋律女权叙事"基本重叠，即便对中国的其他方面甚有微词，对中国革命中的妇女解放还是赞口不绝。而对改革时期暴露出来的大量女性灾难，则往往被归之于"资本主义"在中国复辟后"革命成果的丧失"。[7]但多亏了"社会主义国家女权主义在资本主义中国的遗产"，所以还不那么糟糕。[8] 至于对革命本身的保留，则主要认为它从女权主义角度讲还不够纯粹：妇女解放只是服务于阶级斗争，"没有单独的女性革命"。另一方面在更为宏观的理论层面，当代西方女权主义又极度关注"父权制与资本主义"对女性的伤害（这种伤害无疑存在），而对那种似乎来自相反方向的、即极端反父权、非资本主义力量对女性的伤害，却几乎无感。[9]

其实如果从"西方女权主义语境"的问题意识看，她们的这些看法完全可以理解。典型的如密歇根大学的王政教授。据她自述，[10]她自小在中国一帆风顺地成长，即便在文革时期也没感到什么不好。1985 年到美国后仍然认为中国的妇女地位比美国高，可以"居高临下"俯视美国。但是接受了美国女权主义史的教育后，她在话语上忽然自卑起来，觉得原先在中国习惯的那套意识形态叙事太不时髦，便在学术上服膺了西方那一套理论范式和叙事风格，却没有改变她对中国女权遥遥领先的看法。[11]实际上她的著作就是把中国的社会主义优越性用西方女权主义的话语表达出来，而且取得很大成功。因为本来美国主流女权主义者用那套范式、用自己的"问题意识"看中国，感觉也是差不多的。其实，笔者也认为她说的不为无据：毛泽东时代的中国如果不谈官民、城乡、工农、"红五类"与"黑五类""自来红"与"狗崽子"……的天壤之差，而按纯粹的女权主义视角只谈"男性"与"女性"，确实差别也不大——别说服劳役"男女平等"，甚至连服饰都是不分男女"一片蓝"。只是，如果不从废奴主义而只从女权主义角度看内战前美国南方黑奴，其中的女性与男性不也是很平等的吗？女性黑奴几乎个个都是

7 　贺萧：《中国农村妇女经历过革命吗？今天还剩下什么？》，《近代中国妇女史研究》26 期（2015），台北：中研院近代史研究所，193-210 页。

8 　Zheng Wang, Finding Women in the State：A Socialist Feminist Revolution in the People's Republic of China, 1949-1964. University of California Press, 2016. Pp.242-264

9 　上野千鹤子：《父权制与资本主义》，邹韵、薛梅译，浙江大学出版社 2020 年版，文如其题，其他主流西方女权主义著述即便不属于"马克思主义女权派"的，也基本都有这种色彩，这是由他们生存于"资本主义"的社会土壤限定的。

10 　《中国的发展离不开社会主义女权运动——王政教授口述史》（访谈人：陈雁），台湾大学妇女研究室《妇研纵横》2022 年第 117 期，第 84-97 页

11 　Zheng Wang，Finding Women in the State：A Socialist Feminist Revolution in the People's Republic of China，1949-1964. University of California Press，2016。

五大三粗的"铁姑娘"——正如本书证明的：就参加劳动而言，黑奴中的男女平等比白人高太多了！[12]

至于说"社会主义女权"的缺点，在西方女权视角下似乎就是讲"阶级"多了点，没有突出男性 vs 女性的矛盾，因而只把"妇女解放"从属于阶级斗争，未能出现"自主的女权革命"。这当然也是事实。不过在欧美民主社会，这似乎并不影响社会主义思潮推动女权进步——正如本书指出：尽管民主社会主义者在欧美并未实现公有制等设想，但西方近现代的女权进步，从女性投票权、婚恋生育堕胎自由直到消除职业限制性别歧视等等，主要都是他们在推动，而且取得了巨大成功。

但是在极权制度下，何止"妇女解放"只是工具，工人解放、农民解放难道就不是？女性诉求固然必须从属于党的领导，难道阶级的诉求就可以不从属？领导一切的党虽然整天把"阶级"挂在嘴边，但是工人不能有工会（官办的假工会不算），农民不能有农会，资本家也不能有商会，没有阶级组织哪有阶级的博弈？在那种无需阶级授权，我说"代表"谁就代表谁的体制下，我说你是什么阶级你就是什么"阶级"，你竟敢不愿"被代表"？那就是"阶级敌人"，严惩不贷。这"阶级代表"无异于皇帝宝座，这哪是什么"阶级斗争"，只是打着"阶级"旗号的皇权争夺好不好？说什么阶级斗争一定你死我活，历史上工会与商会谈判几乎都可以讨价还价达成妥协，流血概率极小（至少远比身份政治小），只有"天无二日"的皇权争夺才会流血成河积尸成山，不是吗？

所以说在这种"革命"中女性的问题只能居

从属或工具地位，这是大实话，却也是毫无意义的话。女性问题是从属，阶级问题就不是？只有皇权的夺取与巩固唯此为大，其他问题哪个不是工具而已？最近王政教授提到了本书，她建议笔者看看她的大著中那些五四女权主义者是怎么说的。[13] 我感谢她，也很愿意拜读，并且也建议她看看本书中列举的五四以来中国女性受难的大量事实。

无疑，客观上"是什么"远比谁"说什么"重要。其实同样来自中国的王教授，这些事实我不相信她完全不知，只不过"西方女权"的问题意识使她选择回避就是了。尽管她口口声声把我称为"精英男性"，我并不觉得我们的分歧是性别引起的，因为同意她观点的男性和同意我观点的女性都比比皆是。我也不认为我们的分歧是"左右"之别，看看这本书就知道，我对西方社会主义者为他们那边的男女平等所做贡献评价绝不比她低。

其实尽管并不完全，但的确在很大程度上，我们的区别仅在于她的英文书面对的是"资本主义社会"的读者，而我的书，面对的是另一种"问题"场景下的本土读者而已。

更明显的例子是本书也有介绍的金一虹教授的"铁姑娘"研究，当年亲身做过"铁姑娘"的金教授其实讲了大量"负面"的真实故事：成为"铁姑娘"并非她们主动、也没有得到应有待遇、而且承受了很大的、有时是终身的伤害（当然，没有悲惨到我书中提到的"铁姑娘"自杀事例的程度，我以为她的描述是更普遍的，正如传统礼教下，乃至奴隶制下被逼死的女性也是极少数一样）。这幅图景与王政笔下的"铁姑娘"[14]相去甚远，但金一虹却明显矛盾地仍然在"但书"[15]形式下承认"铁

12　有人也许反感我拿奴隶制做比较，其实正如本书所说，当年托洛茨基就是这样比较的。而且我当然知道、奴隶制、农奴制和其他体制尽管千差万别，但是人拥有权利越多地位就越高，人承担的义务（不是"自律"的道德义务，而是他律的要求）越多地位就越低，这种基本逻辑是不会错的。现体制既然明言是用"劳动义务制"否定劳动自由，当然适用这一逻辑。

13　毛升访谈王政：《五四运动史中被缺席的女性》，《明报·世纪》（香港）2025 年 8 月 18 日、8 月 25 日、9 月 1 日

14　Zheng Wang, Finding Women in the State: A Socialist Feminist Revolution in the People's Republic of China, 1949-1964. University of California Press, 2016, pp.221-41

15　金文称"既有正面的意义，也有负面的影响"。

姑娘”运动是女权提升的一大成就。此文发表于中国言论最宽松的那几年，我也不觉得她是囿于国内禁忌。那么为什么要这样写？看看标题卜的注：“本文为中美学者合作‘20 世纪中国妇女的劳动’课题的一部分，课题主持人为（美国学者）贺萧（Gail Heshart）博士”，原来如此！无论如何，女性参加劳动就是好，而且越不受限制（越劳累？）越好，连联合国“性别平等指数”的统计不都是以此为标准吗？只是按这样的统计，最先进的应该就是奴隶制时代的美国南方黑人了。不过现在奴隶制早已消失 160 多年，研究性别平等的美国教授可以不考虑这种“问题”了。

但我们能不考虑吗？！

“国族主义”，还是秦制 2.0 版

无疑，中国体制下的女性行为经常伴有高强度的“国家动员”，王政教授高度赞扬“社会主义国家女权主义”，肯定“国家权力奋力推进男女平等”，她认为在中国“女权主义是搭载着国族主义这辆车进入主流社会”的。[16] 事实上，女性摆脱父权束缚而成为现代国家的全权公民，的确是普世意义上女权落实的主要内容。我相信无论中西都应该朝这个方向走。然而我国女性真的从传统的臣民变成现代国家的全权公民了吗？如果摆脱父权后不是成为现代公民，而是像北齐文宣帝那样把“孟姜女”也抓去修长城，那也是“妇女解放”？[17] 人们可以从本书给出的大量事实中获取答案。这里还可以补充一个典型：

女权革命在中国，最有名的艺术象征莫过于曾经的“八个革命样板戏”之一《红色娘子军》。这部作品从中国第一批彩色电影到芭蕾舞剧都妇孺皆知，其主题歌词“战士的责任重，妇女的冤仇深”脍炙人口。这《红色娘子军》的生活原型是共产革命中琼崖红军的一支女子部队。现在知道当时在琼崖参加中共军队的女性，历经多年动员最后多达 2300 多人，她们中不少人确实是“反抗封建压迫”“不满丈夫欺压”而响应动员投奔沙场的，这应该是典型的中国式“娜拉出走”了。但是这些“妇女解放”先锋在革命胜利后的结局如何？直到 1986 年，原琼崖纵队领导人在生命临终时才道出这个令他遗憾终身的内幕：中共接管琼崖后很快于 1952 年开展“反地方主义”运动，琼崖纵队因并非中共嫡系而被怀疑为“土匪”，男兵解除武装变为进深山服劳役的“林业师”，其 2300 名女兵被全部强行遣散，“赶回老家，分文不给”，连一纸复员证书都没有领到。她们很多人已“出走”多年，“无家可归，不少人流浪街头当乞丐”，甚至有 40 多人因走投无路先后自杀，10 多名沦落为妓女[18]。当西方女权学者津津乐道于中共把“旧社会”的妓女全部抓起来强制改造的巨大成功时，她们想到过革命女性又沦落风尘的这一幕吗？

除了事实外，理论上这种所谓的“国族主义女权”其实也有问题误置。“国族主义”（Nationalism，又称民族主义）在西方起源于“民族国家建构”，而“民族国家”作为近代概念，不同于自古就有的抵抗外敌或帝国统一。民族国家本质上应该是公民国家，即便在西方 17 世纪前后它形成时还经历过一个“绝对主义君主制”阶段，但与“秦制”的不同就在于按马克思的话说，它是“市民与王权的（临时）联盟”，其历史合理性在于对内消除领主权（在没有秦制的欧洲，它是当时人权进步的首要障碍），对外排除罗马教廷的跨国神权（当时是欧洲思想解放的首要对象），从而

---

16 毛升访谈王政：《五四运动史中被缺席的女性》，《明报：世纪》（香港）2025 年 8 月 18 日、8 月 25 日、9 月 1 日,亦见 Zheng Wang，Finding Women in the State：A Socialist Feminist Revolution in the People's Republic of China，1949-1964. University of California Press, 2016

17 据说现在已经有人为了歌颂秦始皇，把孟姜女创作成了一部“正能量”作品，称她丈夫修长城光荣牺牲后，孟姜女也继承丈夫遗志来到工地努力搬砖报效朝廷，终于胜利建成了长城云云。

18 原琼崖纵队副政委黄康回忆录，见广州叶剑英研究会、《叶剑英丛书编委会》编印：《广东省土地改革运动和所谓反地方主义问题》（续卷），2014 年内部印发，114 页。

为下一步"市民战胜王权"（其在欧洲的思想基础就是洛克、卢梭式的"王权坏，父权好"）铺平道路。

但令人深思的是：普世价值的实现并没有普世的路径，在早就大一统、内无领主制、外无罗马中世纪神权的近代中国，人权（包括女权）进步的首要障碍不就是皇权吗？此时复兴秦制，不是"市民与王权的联盟"而是王权消灭市民，甚至父权也铲除干净，只有王权独大永垂不朽，这还是所谓西方问题意识中的"国族主义"吗？搭载这辆车能否富国强兵倒不好说，但它能通向人权（包括作为人权重要部分的女权）吗？

也许我们不必讲那么多理论，就用最通俗的语言说吧，摆脱爹妈而投奔官府（不是西方娜拉那样追求自立），最好的结果就是也能混个官当（那也与"女权"无关），假如混不到——绝大多数人不可能混到，作为草民能指望官府比爹妈对你更好？这本书或可提一个供参考。

难以摆脱的"问题误置"：评"公共领域的父权"

问题误置不仅发生在不同的社会背景下，而且发生在历史的不同时段。比如当代西方女权叙事中最大的敌人"父权"，原来人们理解为就是家庭或家族中的男性家长统治。后来发现当代西方女权叙事中的"父权"含义要广得多，通常理解的父亲对家人权力，只是"家内父权"，而社会上一切压迫，包括皇权专制在内，则都被归入"公共领域的父权"。据说如今所有流派的女性主义理论，都把"公共领域的父权"视为基本概念。感谢拨冗给拙著赐序的聂莉莉教授，她也对我提出了这个质疑。

而据英国女权思想家安吉拉•塞尼（Angela Saini）的追溯，"公共父权"这一概念来自菲尔麦。

其实"公共领域的父权"造成专制的说法，本来是一种源远流长的"君父一体"理论，无论在中国还是西方，它曾经都是一种为专制皇权辩护的说词。中国自古就有"移孝作忠"之说，西方亦然。1680年，英国皇权理论家罗伯特•菲尔麦发表了影响很大的《父权论》，认为国家犹如一个家庭，国王就是父亲，臣民就是子女，臣民必须服从国王，就像子女服从父亲一样。这个说法在后来宪政取代专制、民权推翻王权的历史变革中受到洛克、卢梭等启蒙大家的严厉批判，如本书提到，他们当时认为父权与王权根本是两回事，父权是"合乎自然"的，应该尊重；而王权则"最不自然"，应该推翻。无疑，这种说法对英法乃至欧美摆脱专制王权走向宪政民主的进程起了很大作用。

但是在王权烟消云散两百年后，洛克、卢梭的主张就被抛弃了。如安吉拉•塞尼所说，菲尔麦关于王权父权同构的解释在后来又有了强大的"吸引力"。[19] 很多激进女性学家如凯特•米利特（Kate Millett）等，都与菲尔麦一样，认为专制就是由家庭扩展到社会，父权就是"一切不平等的起源"。[20]

当然在三百多年后的西方，王权已被彻底否定，"菲尔麦解释"的功能就被倒了过来：当年皇权卫道士是用父权的合理来推论王权的合理，而今天的西方已经没有人要匪夷所思地去捍卫王权，他们是反过来，用王权的不合理来追责父权的悖理。如此一来洛克、卢梭的主张自然不再时髦。而王权就是"公共领域的父权"之说，也就与时俱进而来。

确实，经过 300 年进步，今天我们的价值观已经超越卢梭，不会接受父权"合乎自然"之说了。父权（除对未成年子女的监护权外）应该摆脱，是大家包括笔者都认可的。一些所谓的"大陆新儒家"主张人为地让已不存在的父权"复辟"，甚至主张以现行的国家权力推行这种复辟。这种

---

19 安吉拉•萨伊尼：《父权：男性统治的伊始与终结》，方宇译，浙江人民出版社 2025 年版，7-8 页
20 参见 Kate Millett，Sexual Politics, University of Ilinois Press, 2000

主张说实在的，就是在古代的秦制中也没有实现过，[21] 更不用说盛行为皇上坑亲杀熟的现代极权了。

但是，价值观的超越不等于事实的否认。就事实判断而言，洛克、卢梭当年论证父权与王权是两回事，今天难道能够否认？即便就价值判断而言，父权与王权今天都已不合时宜，属于人权伸张过程中应该冲破的"共同体躯壳"（马克思语），但这并不等于两者是一回事。就像西方近代化过程中先后被冲破的领主权、王权与教权不是一回事——而且，古今中外没有一个民族，是可以同时冲破这一切而一劳永逸地跳到"现代"的。这就有了一个路径选择，即冲破这些"躯壳"的先后顺序、乃至冲破 A 时能否引 B 为暂时助力的问题。对于已经置身"现代"的人而言，把这些东西混为一谈并没有什么害处。但是仍处于前近代压力下的人们如果被"误置"了这种时髦观点，就很有可能对他们的路径选择产生非常不利的影响。

因此在"绝对主义"王权下的洛克、卢梭等启蒙者批驳菲尔麦、严格区分王权与父权，决不能简单被视为落后。事实上，晚于洛克、卢梭一个多世纪的马克思，尽管早已不像前两人那样同情父权，而且对"温情脉脉的小共同体"也持强烈的批判态度，但也仍然在事实层面严格区分"自然形成的"共同体（即家长制）和"政治性的"共同体（专制国家）。[22] 其实指出父权与王权的区别并不困难：且不说无论中西，父权制的历史都与王权并不同步，在个体家庭仍然存在的今天，父母对子女仍有养育之恩，而子女有赡养回报父母的责任，即便不是作为美德而是作为契约，连激进

女权主义者上野千鹤子似乎也是承认的。[23] 而君主完全相反，他们不仅没有"养育"臣民，反倒是靠纳税人臣民养活的。也不说家庭关系有天然的亲情，而草民与皇帝从未谋面，与皇权爪牙更是天然对立，尽管后者像菲尔麦一样自称"君父""父母官"，但"天高皇帝远，民少相公多，一日三遍打，不反待如何"，这古谣说的就是皇帝（及其爪牙）与爹妈的不同啊。连古人都知道"虎毒不食子"，而"臣之于君，无骨肉之亲也"，今人反倒会把官府和爹妈看成一回事？

纵然就功能而言，王权、父权都有束缚自由、压抑个性的作用，自古王权在这方面当然也支持父权，而且中西皆然。但另一方面，正如中世纪王权与神权的不同一样，王权与父权（或者用我的说法：大共同体与小共同体）两者的矛盾与冲突也是一脉相承：从古儒"为父绝君，不为君绝父"，到法家的"父之孝子，君之背臣""君父不并隆，隆君不隆父"，直到清末帝制派的"孝子太多，忠臣太少"和文革中的"爹亲娘亲不如毛主席亲"，不都明摆着的嘛。

西方过去王权与神权的合作与冲突引人注目，但他们没有经历秦制，他们中世纪的传统是"主人的主人不是我的主人"，对"大共同体"和"小共同体"的冲突不那么在乎，而现代已经没有王权，他们就更无所谓了。但我们也跟着他们无所谓，这不是典型的问题误置吗？即便西方，在中世纪以后，近代以前为时不长的"绝对主义"君主专制时代，洛克、卢梭也都强调王权比父权坏。如果他们那个时候就忠君反爹坑亲杀熟，西方能有近代化？到了现代，西方人已经无君可反，

21　秦制的本质恰恰是"独尊皇权—抑制父权"，尽管"儒表法里"之下它很少明说。但是以暴力把"娜拉"从家里抓出来这种事，在中国绝不仅仅见之于现代。本书就给出了很多事例。

22　《马克思恩格斯全集》中文第一版第 46 卷上册，人民出版社 1979 年，104-105 页。

23　上野教授以揭破"家庭之爱"的神话著称，她认为所谓家内异性之爱和代际之爱，其实都是一种"资本主义"性质的契约。现代福利国家承担养老义务后子女就不那么关心父母，她认为这不是子女变坏了，而恰恰是代际关系本来的契约性质由于国家接管而消失，从而暴露了"亲情"本来的虚幻。这种完全否认亲情的看法也许过于极端，但至少在福利国家出现之前，子女撕毁契约抛弃父母，按上野的逻辑也是不合理的——但皇帝和草民间显然不存在这种逻辑。参见氏著《近代家庭的形成和终结》，商务印书馆 2004 年（日文原版 1998 年），《一个人的老后》，广西科技出版社 2011 年（日文原版 2007 年），《一个人最后的旅程》，浙江大学出版社 2021 年（日文原版 2015）等。

于是回到"菲尔麦解释"反其意而用之，揪住父权不放，把它说成万恶之源，据说过去王权就是跟它学坏的。其激进者甚至把父权扩大为"男权"，说天下就是男人给弄坏的。这在他们那里也算是其命维新，与时俱进，"不断革命"，其来有自，结果如何，且观后效。但我们两千多年从秦制到极权，反倒认识还不如古人，拿"菲尔麦解释"来否定洛克卢梭，那就不是反其意而用之，而是真像菲尔麦那样，至少在客观上起保皇之效了。至于在不谈皇权极权而只讲"公领域父权"的同时，又强调以"国家主义解放妇女"，那就更是忠君反爹比菲尔麦更甚，难怪把要"娜拉"解放成"铁链女"了。

权利与义务岂能倒置

而问题误置的核心，就是"权利—义务的倒置"。西方的社会批判者往往把他们那边争取的"权利"与这边被强加的"义务"混为一谈，从而产生惊人误解。其实看似相像的东西作为权利还是作为义务，意义往往截然相反。就如歌颂"劳动"，从权利角度讲"劳工神圣"，意味着他们拒绝强制以维护劳动者的自由和尊严，意味着劳动者可以维权博弈，追求有利于自己的短工时、高工资。但从义务角度讲"劳动光荣"，却意味着打工者不得讨价还价，必须"一不怕苦二不怕死""先生产，后生活""活着干，死了算""小车不倒只管推"。当年包括奥斯维辛在内的德国所有集中营大门上都有的醒目横额"劳动使人解放"（Arbeit macht frei），不就是这个意思吗？

当代西方的激进女权思想，在把"劳动"视为权利而非义务方面走得更远——延伸到了"家务劳动"领域，这无疑是一大创新。上野千鹤子教授在中国影响巨大的一个典型观点，就是极度强调女性的家务维权，她痛斥现代家庭（自由婚恋的"资本主义"家庭，亦即类似易卜生描述的娜拉式家庭[24]）是"爱的共同体"、女性是为爱而自愿操持家务的"神话"，强调女性做家务绝不是"劳动光荣"，而是受剥削被压迫，并大声疾呼女性起来抗争。尽管她并未给出可行的解决办法（她明确指出英国等地讨论颇多的"家务劳动工资化"是"不现实"的）[25]，但如果了解当代日本女性家务负担确实严重影响其职业发展这一现实，就会为她如此执着的劳动维权观念而感动。

然而奇怪的是，一旦涉及明目张胆禁止劳动者维权而主张"劳动义务制"的那些国家，一些"西方激进女权"论者马上放弃劳动权利立场，转而狂热地赞美起强制性的"劳动解放人"来——尽管比起自由婚恋家庭中女性为爱自愿做家务的"虚伪神话"，那些国家"劳动"的强制性更加赤裸裸——这是他（她）们自己的研究证明了的。以美国贺萧（Gail Hershatter）教授和她的一些学生（多数是华人）为代表的一个学派，对改革前中国的女性劳动给予了高度评价——从革命年代强制改造"不劳动的女二流子"，集体化时代劳动纪律约束下的女社员、到文革中强制动员下的"铁姑娘"。本书对此多有介绍。这些人不相信女性会"为了爱"而自愿干家务，却似乎相信她们"为解放全人类"而超负荷地做苦力是多么浪漫美好，尽管他们其实也不回避当时体制的强制性。尤其对于所谓"性产业"——对于被迫的、具有人身依附性质的"卖淫"，如传统时代的青楼卖身和老鸨对妓女的人身控制，现代文明无疑是必须禁止的，无论女权主义还是一般的人道主义都不会有异议。但是对于个人自主的"性工作者"，今天的女权主义中就颇有争议，有人主张性工作合法化，支持"性工作者维权"，有人认为这是"资本主义的女性物化"而应该反对。但是即便持后一立场

---

24 上野明确指出封建的或"前近代"的大家庭只是"经营体"，而作为共同体的家庭只是近代或"资本主义"的产物。见氏著：《父权制与资本主义》，邹韵、薛梅译，浙江大学出版社 2020 年版，52-53 页。

25 见氏著：《父权制与资本主义》，邹韵、薛梅译，浙江大学出版社 2020 年版，40 页，似乎除了彻底推翻"资本主义"也没有别的办法。

者，在尊重人权的社会也极少有人主张滥用强制把她们抓起来"劳动改造"的。然而贺萧教授对中国 1950 年代的这种做法就颇为赞赏。[26]确实，这种办法能够立竿见影地在社会表层消除娼妓，就像 17 世纪英国抓捕"盲流"（马克思抨击为"血腥立法"，而毛泽东大赞为"孥贫怠以绝消耗"）能有效消除流浪汉、对"低端人口"犁庭扫穴能一举消除"贫民窟"一样。但是这样做能持久吗？她的书也提到了改革开放后娼妓行业的大规模卷土重来，这就是她质疑的革命成果"今天还剩下什么"吧。然而，真正最可怕的性奴役却不是什么"性工作"，更不是卷土重来的问题，它恰恰就隐藏在"革命成果"中，我这样说有没有道理？请读本书吧。

令人感叹的是：一种事情是权利还是义务意义相反，弄懂这个常识竟然如此之难：那边的女性争取（或维护）堕胎权，有人就对这边的女性有"堕胎义务"赞不绝口。那边的女性争取无行业限制的劳动权，有人就对这边的女性被无限制役使表示羡慕。那边的"娜拉"几经周折行使了出走的权利，有人就对这边把"围着锅台转"的女性一举赶出家门感到兴奋。那边的女性花了好长时间争取与男性平等的投票权，有人就对这边女性早就必须与男人一样鼓掌和山呼万岁（其实更早时还必须"平等地"向皇上磕头）赞叹不已。

……其实这种倒置远不止在女性问题上。比如"五一节"，在那边本是劳动者维权的纪念日，过节为的是争取工时更短、报酬更高，到了这边却变成了鼓吹劳动义务制的宣传日，过节为的是动员"劳动竞赛"。比如那边在贫民已经拥有不可剥夺居住权的底线上批判"贫民窟"，是要求贫民有权在城里住得更好，到了这边却变成了驱逐"低端人口"，"不许贫民有窟"，而一帮不知就里的西方人看到不许贫民有窟的景观，就猛夸这里没有贫民，真是共同富裕的天堂……

摆脱义务是争取权利的前提

东欧民主化后废除了"劳动义务制"，"一些女性选择不再工作，因为她们现在可以不工作了"，据莱布尼茨社会科学研究所调查，1989 年以后，13 个东欧国家的女性劳动参与率平均下降了 20—25%，而同一时期，西欧国家的妇女劳动参与率却在上升。一些西方女权理论家据此认为民主化前极权体制下女性地位更高。[27]他们似乎完全不理解在"劳动义务制"下和在劳动权利制下，女性地位与劳动参与率的关系大概率是相反的。正如本书指出：美国南北战争前南方黑人（黑奴）女性参加劳动的比例与男性完全平等，比白人女性高得多。这意味着黑奴女性拥有比白人自由女性更高的"女权"吗？奴隶制废除后黑人女性劳动参与率明显下降，这意味着她们应该怀念奴隶制下的"男女平等"？

有些西方激进女权论者乐于反美，对于美国人的"问题误置"，他们有着完全正确的敏感。例如对于美国以塔利班迫害妇女为理由发动阿富汗战争（按：其实美国开战的最初理由是"反恐"），他们抨击说："如果西方女权主义者真的了解这些女性的需求，她们还会以性别平等和女性解放的名义为美国在阿富汗的战争辩护吗？她们以为阿富汗女性最想摆脱的是父权制，其实该国女性现在真正想要摆脱的是战争。"[28]说得真好！

但有趣的是：一到美国之外，他们自己的问题误置就会变本加厉到违背基本事实和逻辑的程度。例如对中国的暴力计生，除了欢呼中国女性"可以"堕胎这种常见的乐观外，还有一种更奇葩的赞扬："随着出生率下降，女儿受到家庭更多的照顾，家庭也更注重为她们的教育投资。中国是一个明显的例子。1979 年中国开始实行计划生育政策后，适婚女性变得越来越少"，因此女性地

---

26 贺萧：《危险的愉悦：20 世纪上海的娼妓问题与现代性》，韩敏中、盛宁译，江苏人民出版社 2003 年，316-337 页
27 安吉拉．萨伊尼：《父权：男性统治的伊始与终结》，方宇译，浙江人民出版社 2025 年版，256-257 页。
28 安吉拉．萨伊尼：《父权：男性统治的伊始与终结》，方宇译，浙江人民出版社 2025 年版，276 页。

位也越来越高！[29]这真是令人无语。

其实稍有常识就应该知道，单纯生育率下降哪怕是因为一般性强制，也不会改变性比例。甚至"独女户可再生"这种看似有性偏向的政策，只要对"再生"不施加暴力干预，也不会影响性比例。所以"适婚女性（相对于男性而言）变得越来越少"只能意味着：长期强制一胎化已经导致了更严重的次生灾难，即溺女婴和选择性堕女胎的泛滥已造成性比例畸形。

难道这也是妇女地位的提高？且不说正是在那些年，适婚女性稀缺在许多地方导致疯狂的拐卖妇女，中国官方作协副主席就明言：不拐卖怎么解决光棍村问题？更不用说，即便是不带性偏向也不导致性比例异常的单纯生育率下降，如果是由强制造成，它本身就意味着暴力堕胎严重泛滥这种骇人听闻的女性灾难了。而这样的三重灾难并发，就因为西方女权主义还要面对堕胎权问题，在一些人眼里就被"误置"成了中国女性的福音！

摆脱"问题殖民"

本书初版十一个月以来，在引起讨论的同时，书中提到同类罪恶仍在继续发生，甚至有变本加厉之势。就在几天前，"山西女硕士被拐 13 年拐者无罪案"又引发热议：[30]

拥有工学硕士学位的女性卜某 2011 年因精神病"走失"，被人"捡"到，几经"介绍"后被和顺县一偏僻山村中"瘸腿，单眼失明"的光棍张某"收留"（按：这几个词都是官府解释此案的用语），没领结婚证而在 13 年中生了一子一女两个孩子，据说还卖掉一个。期间张某不仅自己糟蹋，还放任同村其他二男人强奸该女硕士 7 次，有时就当着张的面，也从不报警。结果该女极其厌男且不认人，13 年后她家人把她解救回家，老父想

与女儿抱头痛哭，却被饱受摧残精神病加剧的女儿一把推开，并大骂"老色鬼"！

就这样，和顺县司法当局经过一年多的审理，到今年（2026）1 月 22 日做出结论："张某军与卜某某发生性关系并育有子女，主观上是为了和卜某某组建家庭共同生活"，因此不予起诉。媒体把这份《不起诉决定书》的基本逻辑归结为："主观上为了组建家庭的强奸，不是犯罪"。

这是不是比 4 年前铁链女事件中的董某被判"家庭虐待"更加匪夷所思？！如果今天在"后现代女权视角"中，中国女性面临的问题还都仅仅是什么职场性骚扰、无偿做家务之类，像这样的罪恶还会伊十胡底啊！

其实，"问题误置"并不仅仅发生在不同国家之间。女权乃至人权问题也不是社会生活的全部。毫无疑问，这些年来中国在全球化中承接了世界很大一部分产业链，经济发展成就巨大。尽管有种种不公平，但人们，包括弱势的穷人和女性在内，物质生活都有了明显改善。但是正如杨贵妃锦衣玉食世人难及，却不意味着她拥有人权（包括所谓"生存权"）和女权一样，今天中国的人权和女权问题也不会仅仅因经济发展所消除。但处于经济发展潮头的部分都市白领女性生活环境已经与发达国家女性相当，她们对"后现代女权"产生共鸣是很自然的，也未必就是问题误置。但是我们不要忘记中国不久前的过去并不如此，现在的社会主体也未必如此。把"后现代女权"问题当成今天中国女权问题的全部，乃至中国问题的全部，甚至用后现代女权视角去解释中国的过去，那就是严重的问题误置了。所以我认为中国应该有"米兔"，但更应该有"天兔"，不仅我们要为此奋斗，在这个全球化时代，尤其是中国对全球化影响越来越大的时代"他们也（them too）"应该听到我们的声音。

---

29 安吉拉. 萨伊尼：《父权：男性统治的伊始与终结》，方宇译，浙江人民出版社 2025 年版，285 页。

30 李宇琛：《山西和顺县检察院：主观上为了组建家庭的强奸，不是犯罪》，2026 年 1 月 25 日，
　　https://mp.weixin.qq.com/s/1WgigTKGtEQeZehmbIl6cQ

这就是我要写这本书，并且初版后如今还要大幅度增订再版的动机。

我不相信"文化决定论，并不认为向往自由只是一种"西方文化"而中国文化就向往坐牢，当然也绝不认为只有娜拉才追求女权，而祥林嫂或铁链女就愿意恪守"礼教"。但是，为什么一些民族争取自由比较成功，另一些民族却六道轮回，似乎总是走不出"怪圈"？尤其是 A 民族存心向 B 民族学习，却总是"画虎不成反类犬"？我认为，这可能不是"文化基因"，即什么全民族的优根性或劣根性的问题（任何一个民族内都可能有优秀者和顽劣者，那就是另一回事了），而应该是路径选择的问题（当然，还有机遇窗口的问题等等）。而很多导致南辕北辙的路径选择错误，都和"问题误置"有关。

今天成为热词的"西方文化霸权""后殖民语境"云云，这些说法如果还有意义的话，那也绝不像有些人（赛义德、霍米·巴巴、柄谷行人等）讲的那样，是什么西方向我们灌输了太多的自由、民主、人权、女权等所谓的"西方价值观"，而是——由于他们自己过于厌恶他们所说的"西方价值观"，而给我们宣传了太多的"西方问题"，他们的"社会批判"在他们那里也许不乏深刻，却从不

指向、甚至还严重"遮蔽"了我们面临的真问题（其实很多也是他们自己曾经有过，但他们的先贤经过艰苦努力已经解决，而被他们的后人数典忘祖了的问题）。20 多年前，我曾经把这种弊病称之为"问题殖民"，后来觉得人家并未强制我们，是我们自己食洋不化，于是改成了"问题误置"。但是现在看来，那些误置者还真是习于掉书袋，"言必称希腊"得厉害，所以"问题殖民"也不是不能讲。我是个自由主义者，也并不排斥社会主义（只反对"社会主义包装下的秦制"），但是"主义可以拿来，问题必须土产"，在女权问题上也是如此。

本书初版后得到了许多朋友的关注，其中也包括许多难得的批评。两位女性学者周晓教授和聂莉莉教授还拨冗赐序，尤为可贵的是序中还包括了许多商榷。我向来认为，纯粹应酬性的序跋和评论，商业上或许能促销，学理上其实意义不大。我自己给别人写序就喜欢借书言事，促进讨论。所以聂教授说能不能写不同看法，我说那真是求之不得！在此特予致谢。当然，本书的问世更离不开土屋昌明、中村达雄、Steven、金宾等先生和奥云女士等朋友在翻译、再版等方面的多方帮助，就一并在此感谢了。

《娜拉出走以后》秦晖著 博登书屋 2025 年出版 亚马逊有售

一位永保理想的失败者为走向胜利所作的思考与探索

——读吴国光"走向共产党之后的中国：转型八论"

[法] 张 伦

写书评，不是件简单的事，给朋友的著作写评论就更不简单。要尽量客观，又该不吝赞誉，同时不去做些强为的以示平衡的批评；尺度把握着实不易。为老友吴国光教授三册文集做评论，或许就是难上加难——文章横跨二三十余年，涉及诸多论题，煌煌百万多字，一千三百多页！但愿意尝试，是因友谊，更因其独有的价值，以及从中获得的想与读者分享的启发与感受。至于是否公允恰当，只能由读者去评定。

或许正因熟知，便更会敏感于作者思想历程的迁变，体味到文字中的某些精微之义。其文字的清晰流畅，犀利，文采，让我常回想起八十年代人民日报那位风华正茂的首席评论员；他观察中国现实的敏锐，分析中国政治的精到，亦自然会让人联想到那刚过而立之年便参与国家机要以及政治体制改革设计才高八斗，援笔成章的年轻学者。读这文集，可以让人感受到，异国岁月的磨砺，北美校园静寂中的研习，让昔日的北大才子，京城新锐身上的睥睨天下之气，激扬文字的浪漫皆逐一褪去，代之一种不仅是人格特质，也是思想上的内敛，成熟，深邃，有了一种智者之风。"义如其人"，诚哉斯言；而"言如心声"，这里也有了一很好的例证：此文集，沉积着这位"失败者"，三十多年来为民主在中国的胜利孜孜矻矻，探赜索隐所作的思考；记载着这位寻求自由的学人在他乡桑梓情深，以拳拳之心为故国父老乡亲的自由苦心孤诣的思考。

所谓"失败者"，是文中作者的自我定义。其实，就事业，家庭常人所念，国光兄岂能被冠之"失败者"？！夫妇琴瑟和鸣，子弟学业有成，更何况对一个年过三十才出国，始得认真学习英语的人，后竟毕业于美国的哈佛，普林斯顿，在香港，加拿大知名学府任教，现任斯坦福大学特聘高级研究员，成为国际知名的学者，这哪里是失败，是了不起的足为今人称道后者钦赞的成功者•！而他之所以如此自论，实是另有标准，是因其念兹在兹，须臾未忘"从 1986 念年起即投身其中的毕生努力的目标"（p. vi）、那个也是百年来仁人志士奋斗追求的理想——中国的民主与自由未能达成。八九运动三十年之际，在接受记者的采访中他自认"在推动中国民主化上是一个失败者"（p. 96）这是一个政治与历史参与者清醒，客观到有些残酷，透着某种沉痛的认定。

人最不易的是承认自己的失败，对那些志存高远的理想主义者尤其如此。古今中外，多少豪杰墨客，指点江山，叱咤风云，口吐虹霓，或成就不朽事业，写下千古文章，或功败垂成，抱恨终生，被当世之人与后来者臧否评说，但能公开宣称自己为失败者则需很大的勇气和某种过人的豁达。尽管八九运动时他已在海外访问游学，后也因此能间或回国省亲，但因其八十年代参与改革的经历，更因其坚持的批判立场，他最终选择彻底诀告别故土，归属八九一代的流亡群体，写就自己也是这群体的历史一章。古往今来，对流亡者来讲，最困难的挑战或许就是战胜自己，敢于直面当下，重新定义一个未来。"我这三十年就是承认失败，但不放弃初衷，这大概也是另一种形式的不忘初心吧"。（同上）历史屡屡展示：正是靠着这种坚韧不拔，对初心的秉持，有志者砥砺前行，创造业绩。失之东隅，收之桑榆，这三册文集，就是这样成为作者在他乡异域的学术耕耘及思想酿造收获的硕果。

人们常说，历史是胜利者写的，作者在收入文集评邱会作回忆录的文章中却反其言而称"历史是失败者写的"。在作者看来，就历史撰写的真实性，详尽来讲，相对于官修历史，是失败者们的陈述更具价值，打破着各种谎言比比皆是的中国当代"历史"（p,1152）。笔者完全赞同此论。但还想借此做更进一步的申述，谈及另一种"失败者写就历史"，一种黑格尔"奴隶——主人"命题式的"失败者写就历史"：失败累积而成胜利，失败者经牺牲，奋斗，最终反转成为胜利者的历史。就这一点来说，历史给我们留下太多的例证，当然，前提是失败者志气上永不言败，负重致远，智谋上则谦虚反思，汲取教训。

如果我们要归纳这文集的重要内容及贡献，或许就是这位"失败者"对失败的探讨，对一个失败了的理想时代（八十年代），一场失败的运动（八九运动），一个失败的政治家（赵紫阳）的分析，以及，对与之相对的所谓"胜利者"们（如邓，李，习）的历史角色，权术运作及其依托的制度（中共体制），一个"胜利的党"（中共），一个在许多人眼中成功的发展模式（中国模式）的剖析。在作者看来，恰恰是这些失败（者）以他们的失败，为构建未来存留下宝贵的资源，在为民主自由最终战胜专制体制，为中国未来新的政治文化做着累积准备；而那些胜利者们却终将在人们良知对正义的追求下，在历史型造的博弈中败北，受到谴责，无论为逃脱这种命运做怎样的辩白努力（李鹏，陈希同日记及回忆录的出版等），也注定要成徒劳，尽管从历史研究的角度讲，我们并不排斥其某些文献价值。即便是那"成功的模式"，恰因缺少"失败者"们的道德合法性资源，拒斥开放与批

评，缺乏"失败者们"为之牺牲而坚持的正义诉求，在"成功胜利"之时也正逐渐显露出其内在的严重缺陷，不可避免地陷入困境。前有经济发展伴随的日渐增长的社会不满及权力的腐烂，今有经济的停滞引发的愤懑与绝望，都已经为我们展示了这种前景。支撑保障了"胜利者们"利益的体制，在外表的强大与繁华下，正癌变式地发生衰败。

笔者一向认为，书写，评论历史，本身就是创造历史的一部分。在文集中，作为政治学家的作者却向我们展示了那种优秀的历史学家才有的对历史真相的考据功夫与想象力，这尤其体现对八九天安门事件一些迄今依旧是中共当局极力要掩饰，讳莫如深的关键性细节的揭示上：如，1989 年 4 月 23 日在赵紫阳刚刚离开北京赴朝访问的当晚，邓小平很可能已有密令给李鹏做出关于如何处理学运的指示，予以了"动乱"的定性；25 日上午邓小平见过李鹏、杨尚昆后到 5 月 11 日会见伊朗总统哈梅内伊之间官方对其活动记录空白的"邓小平失踪之谜"等，都在国光教授历史侦探小说般精彩的分析下，展露出其令人信服的真相，使得我们对邓在八九的决策与角色，那场悲剧的形成有了更进一步的认知。

这显然不仅对理解八九，也对认识那时甚至当下整个中共的体制运作，政治信息的传递，政治决策过程，权力结构都是极有帮助的。事实上，作者所做的这一切历史分析，其最终的目的正是在此。这种工作也自然也会启发人们更多的思考。——在分析邓利用赵出访时机进行倒赵政治安排甚至为此南下做军事部署时，他提及文革时毛为对付林彪而做的南巡（p,46）。这让笔者联想起毛在 1966 年刘少奇外出进行三国访问时在杭州布局，后召开杭州会议，为最终打倒刘铺陈的旧史，由此感到，这类运作或可是中共这即类似又不同于传统王朝的现代极权体制的权力博弈中带有些规律性的做法。至高的皇权，大凡不是朝代末年，多具绝对的权威，生杀予夺，臣属哪怕是权臣也

可轻易拿下，无需大费周章。而中共这类体制，毕竟是所处现代，如没有足够的实力依托，找到些冠冕弹簧的合法性说辞，做精心细致的操作，冒然解除最重要仅次于自己，且具有足够影响力的领导人的权力，尤其是这领导人尚属打江山的一代，有自己的足够忠诚的权力队伍基础时，这是有相当的风险的，也不见得能轻易服众。因此，必须仔细谋划，测试各种反应，集结力量，不漏半点风声，以图一击而中。由此，毛，邓式的离京外巡，再返京下手的戏码便有了某种内在的逻辑。

显然，国光教授对当代中共政治，历史事件的敏锐，能见他人所未见，除了与其良好的学养有关外，用他白己的话讲，不仅是一位"说（探讨）政治的"（学者），且多少是"做（参与）政治"（行动者）（p, 222）的经历有关，也得益于他对中国八十年代的政治运作，中共的体制，中共一些领导人近距离的观察。如没有这种对中共高层彼此关系，互动及某些有形无形的行为规则的了解，他会很难敏感于些关键的细节并由此条分缕析去发现一些被人忽视的重要史实。这种不属于显现的，类似于潜在的某种支持性的认知积累，问题意识，从来都是作为一位出色的学者所必须具备的，而这又往往不是仅靠书斋课堂上的训练能轻易得来的。前述他做出邓小平在 24 号前可能已做出指示的判断，就是他从各种当事人在 1989 年 4 月 24，25 号前后的活动回忆推测出：因如，没有这种事先指示，李鹏很难有足够的威望与资格在 24 号上午约见姚依林，万里，宋平重量级人物，且让各方意见不同的政治局委员们能在当晚的政治局会议上迅速形成所谓什么"对运动高度一致"的看法的，并能指令提早准备那对八九事件影响巨深的"四二六"社论，且将其迅速出台（pp, 11—12）。显然，缺乏对中共高层政治行为及规范的了解，是很难对此有这种敏感的。中共某种非正式的隐形权力体系，决定着其名义上的政治架构运作。

有经验性认知，贴近观察的实感，再经严格

的学术训练，身处海外相对自由的言说环境又具有某种与中国的历史与现实的恰当的距离，这一切使得吴国光教授的分析自然极具特色，兼具内外人的视角，具有特殊的价值，能揭示一些外人难以警见的中共政治的制度与运作的规律及细微之处，在世界范围内当代中国政治研究中占据一极其独特学者公认的位置。而这些细微之处，在他看来对"支撑那套制度"非常重要，或也构成了与其他专制如斯大林制度的某些不同之处（p, 1110）。再以他那本被许多专家赞誉的关于"中共党代会"的著作来讲，如他自道，显然"个人的经历与写作这本书也有关系"（p, 455）。难能可贵与些人不同的是，多年来，他并不是将过去那些"上书房行走"经历当作什么自我炫耀的资本，而是将其转换成某种有利于国人，外界对中共政治认识的学术研究的有益资源。

虽然呈现在我们面前的这些国光教授的研究及论述具有重要的学术价值，但一如他在前言里所说，最终，他并不将自我设定为学术象牙塔中人（p. viii），也并不以那些一般学院系统的学术评价褒贬为意。也因此，用那种仅与学术生涯或知性愉悦的学理探寻有关的标准来看待这三册文集显然是不得要领的。且不论文集中那些带有散文随笔性质的文字与怀念文章透出作者强烈的人文价值意识，即便是那些严格遵守学术规范，以中文或最初为外文写就收入文集的出色的学术文章，也无不传递着作者某种深切的关怀，那构成这本文集与一些西方中国问题专家的研究最大的不同，甚至与诸多身在西方学府的华人学者的作品也有很大的区别。作者的文章多不是为寻求一种纯粹的学术贡献，职位迁升，而是体现着作者在审视与观察中国事务上的一种价值立场，道德意识，一种责任与使命感，以及对与中国的转型息息相关的全球化时代的人类民主自由事业的关注。读其文，字里行间让人感受到某种沉淀了的，不矫作泛滥的，有力度的内在激情。其实，这往往也是历史上那些大人文社会科学家们的作品所具有的隽永的力量与魅力的所在。借讨论韦伯的价值中立的方法论，作者重申在全球化时代，在当代中国研究中不放弃价值中立的同时保持伦埋承担的必要，强调"人文社会研究，本身就是'激情'才能支撑的活动"（p, 1196）或许这正是某种夫子自道，他自己从事学术实践的追求。

也因此，我们可以理解，为何作者多年来不断去探讨在三十多年前那场决定性地影响了中国乃至某种意义上讲整个世界后来进程的八九运动失败的原因，去分析新的社会动力机制及力量，以推动转型的未竟事业，纠正失衡的中国发展模式，开辟中华的未来。这里，我们可以观察到作者一个重要的思考支点，或许如与其八十年代参与政改时有些不同的重要思考转向，就是他持续地"关注草根"（p. 380），强调社会的角色，阐发"以民变（民众因不满采取的改变现状与制度的集体行动）推动官变"，撬动中国政治板块的转型路径。在最近十多年习近平试图重建"新极权"，进行他称之为"逆转型"，各种民间失望甚至是绝望的情绪弥漫的时代，他主张以各种形式的公民反抗抵制极权，重建中国之希望，其中的逻辑思路恰也是在此。整本文集的写作主线，都是围绕中国的政治转型，而让笔者高度认同的，恰就是其将转型的观察重心放置在公民及社会的行动上这一点，这不仅是造就转型的可能性的问题，其实也是转型及制度再造的目的所在：公民推动，锻造公民，为了公民。

由此，来彻底终结"成王败寇"这被许多人视为政治圭臬，中国政治不断上演的千古戏码，消除那种胜者权力独占，私相授受的权力游戏，

代之以一种政治上的关于胜利者与失败者的新定义，新规则，新认知。这上接近代以来中国现代政治发展，追求民主的一个主流，及被六四打断了的八十年代后文革时代的文化与政治批判，相应的创新的努力，也同时与人类全球化时代如何迎接民主与自由面临的新挑战与新探索相衔接。——需要提及的是，作者在思考中国的问题时，强调在全球化时代需要同时思索全球问题，将这种思考纳入这种背景，这是非常具有洞见的（p, 381），某种意义上讲，他的一些想法与观察之所以具有深度与广度，显然也是与其不断努力进行知识更新，具有的广阔视野相关的。

启动了中国某些变革范式的激荡的八十年代渐渐远去，那个时代跃上各种舞台活跃的一批年轻人也已陆续分化，走向老迈。假使未来的历史学家需要在今日那批过来人中选择可称得上是承续光大了那个时代的理想者，可以肯定，国光兄当忝列其中且为佼佼代表之一。在文集中一篇谈及康德的生平著作的散文时，他带些诙谐自嘲地写到因康德著作难懂，其读者相对较少而因此他会为"鲜少有人读俺书得到某种阿 Q 式的安慰"（p. 1285）这倒是文集中很少的笔者深不以为然之处：以笔者之见，这三卷大作，不仅有理论洞见，且具文献价值，今日不会读者寥寥，且未来也会阅者多多，因为，不仅未来的史家会读此书，而当代人要想理解当代中国，想象未来中国，思考中国的变革，推动民主在中国的胜利，这本文集就是我们这个时代不可忽略，能给人启示的必读之作。笔者对此确信无疑。

（说明：本文是应"中国民主季刊"编辑邀约写于 2025 年 3 月底，成文后因编辑觉得体例风格或许与该刊有些抵牾，且因该期刊发在即，便决定尊重编辑意见，匆匆另起草了一篇该书的书评奉上刊行，此篇便存留在电脑中。一年过后，近日因故捡读，敝帚自珍，觉得或另有一刊的价值，现承蒙【当代中国评论】不吝刊出，感谢！）

《走向共产党之后的中国：转型八论》（三卷本）吴国光著 博登书屋 2025 年出版 亚马逊有售

人间奇迹有续集

——郭罗基《自由化冒尖录（1976—1982）》评介

胡　平

93 岁高龄、身患癌症的郭罗基先生，于去年 1 月推出《郭罗基访谈录》（溪流出版社），上下两大卷，一百多万字，被我的老朋友高伐林誉为"人间奇迹"。

人间奇迹还有续集——10 个月后，郭罗基又推出《自由化冒尖录（1976—1982）》（博登书屋，2025 年 11 月），也是上下两大册，共 85 万字。

郭罗基告诉我，他的下一部书稿是《同时代人物录》。

如此高龄，如此高产，我相信，这在中文世界是创下了历史纪录。

我对《郭罗基访谈录》做过评介。这里我再谈谈郭罗基这本《自由化冒尖录（1976—1982）》。

翻开《自由化冒尖录（1976—1982）》，开篇是"文端公自序"。文端公是郭罗基的无锡先辈老乡、明代东林党人顾宪成的谥号。郭罗基曾被胡乔木、邓小平先后扣上资产阶级自由化冒尖人物/代表人物的帽子，若以文言名之，就是文端公的意思。所以郭罗基这个东林后学，人还健在，就以文端公自称，并且把自己的这部言行录命名为《自由化冒尖录》。书名特地注明"1976—1982"，因为自 1982 年起，郭罗基就在中共高层的压力之下举家南迁，调离北京大学到了南京大学，并被明令不得任领导、不得发文。这部《自由化冒尖录》写的就是从 1976 年到 1982 年这段期间的文章及其故事。

郭罗基在"文端公自序"里写到："本集中，有些文章之拙劣连我本人都不忍卒读，实在不愿再让别人来读。'良工不示人以补'。心想，我怎么会写出这样蹩脚的文章？但这些蹩脚的文章在当时却是惊世骇俗的，屡遭批判。我的文章的价值，就在于有人反对；不断地反对，才使它不断地增值。别人反对，本人不服，进行辩驳，所以叫'有争议'。'有争议'的文章，往往引出一个故事。现在看来没这些文章本身已经没有多大意思了，就是文章引出的故事还有点意思。后来，邓小平不许我发表文章了，'有争议'的文章的故事也没了；但我作为'有争议'的人物，故事还在继续。我就来讲一讲这些故事，对于研究思想史的后来人，或许会有一点用处。"（上册，第 4 页）

八十年代的过来人都知道，被誉为"新时期"文学的开山之作是刘心武的短篇小说《班主任》。《班主任》发表于 1977 年 11 月《人民文学》杂志，荣获 1978—1979 年度全国短篇小说奖第一名。中央人民广播电台把它改编成广播剧，进一步扩大影响。2018 年入选"改革开放四十周年最有影响力小说"。刘心武本人晚年坦承，以现在的文学标准看，《班主任》的审美价值"越来越微弱"，它更多是表达一种思想观念，而不是在文学性上有深入拓展。《班主任》的地位主要在于历史价值和社会意义，而不是纯文学成就。同样的，郭罗基在 1976—1982 年发表的有些文章，尽管在今天看来很拙劣，但是在当年却很轰动。

我要补充的是，郭罗基当年写的文章，有些在今天看来也很精彩。郭罗基的文章在当年能引起那么广泛的热烈反响，除了他的观点之外，也和他的漂亮文字有关联。

《自由化冒尖录（1976—1982）》是一部大型的回忆录兼思想史文献。这部书的写法极有创意。一般来说，当代中国思想史研究有三种：一是官方的叙事档案，一是学者的专著，一是当事人的回忆录。官方的叙事档案往往缺少开放性，学者的专著常常失之于抽象论述而缺少细节，个人回忆录则限于视角单一。郭罗基这部书结合了"案—文—人—制"这四个方面，"案"是指政治事件及过程，"文"是指有关各方的公开的或半公开的文字与言说，"人"是指具体的活生生的个人以及相互关系，"制"是指制度、机制以及结构性约束。这四种材料不是孤立呈现，而是交叉比对，校正偏差，彼此印证，相互解释，不但具有极高的思想

价值和史料价值，更重要的是，它使得一般读者、尤其是那些未曾亲历过那段历史的年轻读者可以感受到当年的思想氛围和语境。

郭罗基这部《自由化冒尖录（1976—1982）》不但对研究当代中国思想史的后来人是必备之书，就是一般读者也不妨读一读。学物理学工程的人没必要去读物理学史工程学史，但是学哲学学文学的人很有必要去读哲学史文学史；同样的，要了解当代中国的思想，很有必要去读当代中国的思想史。读郭罗基这部《自由化冒尖录》，不但可以让你了解当代中国的思想，可以让你了解当代中国思想的来龙去脉，而且还可以让你了解应该如何了解当代中国的思想。

《自由化冒尖录（1976—1982）》郭罗基著，博登书屋 2025 年出版，亚马逊有售

当"失去中国"成为一个时代命题

——荣剑新著《美国为何"失去"了中国》读后感

邵　青

不久前，荣剑先生将其新著《美国为何"失去"了中国》寄赠于我。细读之后可以确认，这并非一本通常意义上的中美关系时评，而是一部试图在历史转折点上反思美国对中国整体认知框架的思想性著作。作者所讨论的，与其说是美国"如何失去中国"，不如说是自由主义现代性叙事在现实中遭遇的结构性困境。

正是在这一意义上，本书具有超出具体政策讨论的价值。以下书评，旨在尊重作者问题意识的前提下，将其论述置于更宽阔的文明视野中加以理解，并尝试沿着现代性多路径、合法性重构以及技术时代文明机制分叉的角度，对其核心命题作进一步的思考与延展。

一、"失去"的真正含义：不是失败，而是认知崩塌

荣剑先生的《美国为何"失去"了中国》，乍看之下像是一本讨论中美关系的政论著作，但通读之后会发现，它真正关心的并非某一阶段的外交得失，而是一个更深层、也更不安的问题：美国关于中国的整体理解，为何在 21 世纪彻底失效了？

书名中的"失去"，并不指向地缘政治意义上的输赢，而是一种历史性的断裂。美国逐渐意识到，中国并不会沿着它所预设的现代化路径前行。那条曾被反复验证、并在冷战后被视为"历史终点"的自由主义现代性叙事，在中国这一案例上失去了解释力。

二、被误读的中国：线性现代性假设的失败

本书最重要的贡献，在于系统揭示了美国对中国的一个根本性误判：将中国理解为一个"尚未完成的西方国家"。

长期以来，美国主流精英普遍相信，经济增长、市场扩张和社会分化将自然催生自由民主制度。荣剑先生则指出，这一假设忽略了中国现代化的真实动力。中国并非从社会出发重建国家，而是以国家能力为核心，推进工业化、城市化与全球融入。

因此，美国并不是在竞争中"输给"了中国，而是从一开始就用错了分析框架。这不是政策层面的失误，而是文明认知层面的错位。

三、从利益冲突到合法性冲突

与许多将中美对立简化为贸易、技术或军事博弈的论述不同，荣剑先生将冲突的重心放在合法性问题上。

在他看来，美国真正无法接受的，并不是中国的崛起本身，而是一种不以自由主义为终点的现代化道路获得了现实成功；而中国同样无法接受，被持续视为"需要被改造、被规训的对象"。

当双方不再共享关于"何为正当现代国家"的基本想象时，中美关系的紧张便不再是可调和的利益分歧，而是一种结构性对峙。

四、进一步的问题：这是价值冲突，还是文明机制分野

如果说荣剑先生已经清晰指出了价值共识的破裂，那么仍有一个问题值得继续追问：这场断裂，是否仅仅停留在价值层面？

从文明机制的角度看，中美之间的差异并不只是理念不同，而是社会运行的底层逻辑已经不可通约。

美国的现代性是建立在"限制权力、防止失控"的制度目标之上的；而中国的现代性，则强调优先解决"秩序、协调与复杂治理"的问题。在工业时代，这两种路径尚可并行；但在技术密集、系统高度耦合的智能时代，治理能力本身成为核心变量，文明差异开始以"操作系统"的形式显现出来。

也正是在这一意义上，美国才真正"失去"了中国。它面对的已不再是一个可被纳入既有秩序的外族，而是一个运行在不同文明机制之上的现代国家。

五、作为时代文本的意义

因此，《美国为何"失去"了中国》的价值，不在于它是否给出了中美关系的解决方案，而在于它准确捕捉到了一个时代性转折：自由主义世界秩序关于自身普遍性的信念，正在现实中遭遇挑战。

这本书标志着一种清醒时刻。即当现代性不再只有一条道路，当成功不再自动转化为价值认同，世界秩序将不得不从"价值同构"转向"机制共存"。

从这个意义上说，这不仅是一本关于美国与中国的书，更是一本关于后单一路径时代的预示文本。

六、结语

"失去中国"并非一个国家的挫败，而是一种历史想象的终结。荣剑先生的这本书，正是在这一终结时刻留下的一份重要记录。

作者｜邵青　旅美学者、企业家，苇草智酷创始合伙人；《美国为何"失去"了中国》荣剑著　博登书屋 2025 年出版，亚马逊有售。

博登书屋简介

  博登书屋是一家由美国独立自由主义知识分子在纽约成立的综合性的出版社。出版中英文《当代中国评论》季刊；独立思想库研究报告；【当代华语世界思想者丛书】【当代华语世界人文历史丛书】【当代华语世界时政评论丛书】【当代华语世界口述历史丛书】，以及【当代华语世界思想者文库】【自由主义论丛】【西方世界著名学者中国研究丛书】。博登书屋还经营图书中、英文互译，出版【博登翻译丛书】。

  博登出版社秉持言论自由的立场，在美国纽约总部出版全球华人知识分子的文章和图书；让海内外自由知识分子的思想成果，进入全球汉语和英语思想市场，以推动海内外思想交流，传播平等、自由、宪政民主的普世价值。

  博登书屋出版纸质和电子书刊，使用亚马逊图书发行平台销售纸质书，使用谷歌图书（google play）电子书发行平台销售电子书。销售范围达全球数十个国家和地区。

博登书屋已出版的中文书目

- 《自由主义的重生与政治德性》　陈纯
- 《戊戌六章》　许章润
- 《宪政中国——迷途与前路》　张千帆
- 《最后的极权》　邓聿文
- 《上帝、信仰与政治秩序》　罗慰年
- 《川普时代：美国不再伟大》　子皮
- 《红潮小史》　程映虹
- 《植根大地：中国自由知识分子的自我省思》　张博树
- 《士林剪影》　文：丁东／图：邢小群
- 《新盛世危言》　荣剑
- 《明察政道——中美狂人乱政造难纪事》　夏明
- 《制度简史》　崔新生
- 《高新庄人》（上集、续集）　高世正
- 《神秘的慰籍——茉莉自选集》　茉莉
- 《美中社会异象透视》　洪朝辉
- 《今日美国政治：2020 美国大选纪实》　Eric Poter
- 《纵论中外》　王庆明
- 《王江松文集》（卷一至四卷）　王江松
- 《韭菜与镰刀——社会日趋两极化时代的思考》　莫莱斯
- 《光明与自由——杰弗逊论政治与政府》　翻译：赵无明
- 《艺术的话语政治》　朱其
- 《三农危机——中国改革经济学》　岩华
- 《伏尔泰：代表一个时代的名字》　肖雪慧

- 《通往四一二之路——重审第一次国共合作的起源与分裂》（1921—1927）　张博树
- 《被精神病：中国精神病乱象调查报告》　　高健
- 《大地呻吟·中国基层政权运作现状的观察与思考》　　野夫
- 《中国头号政治恐龙——大地主刘文彩真相》　　笑蜀
- 《百年较量：美国能否击败共产主义？》　　锺闻
- 《王康纪念文集》　　郑义、一平、北明
- 《读麦：讲演、访谈、书信、讲演——复活麦克卢汉的大脑（四卷集）》　　朱晓
- 《美式民主是否正走向衰败》　　临风
- 《我的选票我做主》　　廉政保
- 《人类下一站：尊严时代》　　万英杰
- 《美国真相》　　邓聿文
- 《真相真理迎新揭——增广热点对话录》　　徐泽荣
- 《庚子十劄》　　许章润
- 《<活着>：参與者手記——<活着>誕生始末》　　王斌
- 《为革命招魂——评汪晖的中国革命史观》　　荣剑
- 《私民与公民》　　萧楚
- 《武漢封城日記：一个社区工作者的新冠疫情实录》　　风中葫芦
- 《自由主义论丛》（一、二、三卷）　　荣伟　张千帆　罗慰年　编
- 《黎安友论中国》　　黎安友　著／任智　译
- 《慧眼识政——<时政大视野>栏目作品选》　　余葛瑞　等
- 《改变中国：六四以来中国政治思潮》　　张博树
- 《现代宪法的政治思想基础》　　张雪忠
- 《荒诞人生》　　刘有权
- 《王希哲文集》（一、二、三卷）　　王希哲
- 《当代中国评论》（2021 冬季刊、2022 年春季刊）
- 《抗美援朝决策探秘》　　徐泽荣
- 《胡星斗言论选集》　　胡星斗
- 《魔暴美学》　　黑峰
- 《岁月有痕：国务卿索要的政治犯》　　吴建明
- 《钓鱼奇遇记》　　渔魂王
- 《李景均：一位有风骨的华人遗传学家》　　楫德
- 《荆棘王冠——维权律师回忆录》　　刘路
- 《大沽河往事》　　刘路
- 《赤裸人生》（上、下）　　庄晓斌
- 《南街社会：一个"中国特色社会主义"村庄的全景透视》　　刘倩
- 《审判寄生虫》（陈力文集·话剧卷）　　陈力
- 《平庸之歌》（陈力文集·诗歌卷）　　陈力
- 《铜锣湾海啸》（中、法文版）　　庄晓斌
- 《雷马克与布罗茨基》　　许章润

- 《制宪权导论》　张雪忠
- 《胡杰版画集》（版画中国当代史）　胡杰
- 《童年梦》（任彦芳自传卷一）　任彦芳
- 《我的中学时代》（任彦芳自传卷二）　任彦芳
- 《朱涛诗歌读本》　朱涛
- 《奔波在夏日钓鱼的路上》（渔魂王文集二）　渔魂王
- 《上帝只有一种死法——政治神学文论集》　秦林山
- 《如何理解当今动荡的世界——大变动、大重组、大博弈》　张伦
- 《关于共产主义——马克思恩格斯说了什么》　蒋荣昌　赵良杰　周清云
- 《核威胁下的人类自由与世界和平》（中、英文版）　蒋荣昌　赵良杰　周清云
- 《薛明剑、孙冶方兄弟——中国经济学界奇异的双子星》　王晓林
- 《中华秩序：中原、世界帝国与中国力量之本质》　王飞凌
- 《孙文：民主革命无可置疑的巨人》　徐泽荣
- 《中华国土再造》　徐泽荣
- 《井冈山道路失灵：东南亚共运之衰亡》　徐泽荣
- 《淡出暴力革命论：中国放收泰共内战》　徐泽荣
- 《历史嬗变关头中国向何处去》　张艾枚　邓聿文
- 《流浪的青春——献给上山下乡插队五十周年》　叶志安
- 《世纪的歧路——左翼共同体批判》第一部　荣剑
- 《重生之门》　光目
- 《艺术审美与文化批判》　荣伟
- 《记忆雨打风吹过——一个成都家族的民国史》（上、下）　雷宣
- 《社会制度变迁的结构与动力》　谭利华
- 《现代性的反抗：东南亚的抗争运动 1898—2011》　吴强
- 《国家主义的阴影——学者、民粹与少数派》　陈纯
- 《大国战略与中美关系》　刘亚洲
- 《The One-Hundred-Year Contest》英文版　锺闻
- 《God is not Dead》英文版　秦林山
- 《国共抗战收复失地比较：跟国粉认知相反的共方抗战业绩》　徐泽荣
- 《日本"近代"转型的悖论：从德川到昭和的思想政治演变》　荣剑
- 《中国宪政民主左翼论纲》　王大卫
- 《大秦应侯》　程振中
- 《强权论——理解人类社会的唯一公敌》（上、下）　王海南
- 《宪政三论——自由、法治、民主》　张千帆
- 《燔祭》　许章润
- 《麦苗青菜花黄》　东夫
- 《深渊》　王艾
- 《宪政中国的当代叙事》四卷集　张千帆
- 《社会主义市场经济：从马克思主义中国化到新自由主义中国化？1989—2008》　张崟

- 《中共潰亡前奏——俄烏戰爭背景下的時政筆記》　明光華
- 《未来民主中国的制度与政策设计》　王庆民
- 《帝国的朕制逻辑——非理性经济制度理论在中国的缘起》　崔新生
- 《极权演论——极权的引线：有关〈帝国的朕制逻辑〉笔记》　崔新生
- 《拯救民主——扬长避短的新方案》　邓峰
- 《The Great Land Groaned》　Author: *Yefu*　Translated by: *Stacy Mosher*
- 《凤凰训》　钱辰昌
- 《炼狱归魂——大饥荒年代"星火"案幸存者的回忆（1957－1981）》　向承鉴
- 《政治维纳斯——从一无所有到中国民主》　夏明
- 《只有一种文明值得追求》　张赋宇
- 《汪精衛：你不知道的真相》　俞劍鴻
- 《论专制的危害——讨专制檄文集》　策划：中国行动
- 《如何终结专制——全民非暴力不合作行动方案文集》　策划：中国行动
- 《邓小平在 1989》　戴晴
- 《The Constitutional Landscape in Contemporary China》　Qianfan Zhang
- 《行政契约论》　施建辉
- 《控诉暴政：一个羸弱女子与极权暴政的抗争》　王洽旭
- 《纪念傅高义之粤学文论辑》　徐泽荣
- 《近现代中国历史重识》　锺闻
- Through The Storm: The Chinese People's Liberation Army in the Cultural Revolution (I, II) By *Yu Ruxin*　Translated by *Stacy Mosher and Guo Jian*
- The Road of Awakening: The Memoirs of an Underground Member of the Chinese Communist Party in Hong Kong　By *Florence Mo Han Aw*　Translated by *Patrick May*
- 95 Questions- Deciphering the Code of a Millennium Myth and Revealing the Constitution of the Bible Author: *Wang Bingzhang*　Translated by *Thomas G. Guo*　Edited by *Susan DeMill*
- 《觉醒的道路——前中共香港地下党员回忆录》　梁慕娴
- 《中国纪录——评估中华人民共和国》　王飞凌 著　蔡丹婷 译
- 《郭飞雄文集》　主编 胡平 杨子立 吴绍平等
- 《从东方到西方——我的人生之路》　严昌虹
- 《美国为何"失去"了中国——从富兰克林·罗斯福到费正清》　荣 剑
- 《红色巨谍俞强声出走的前夜及误了一甲子的航班》　贺信彤
- A Theoretical Inquiry into the Rational Structure of Human Society　By *Xu Wenli*
- 《狱中狱与狱外狱》　徐文立/贺信彤　合著
- 《"人类正常社会秩序"理论汇编——兼谈中国的出路和世界的未来》　徐文立 编纂
- 《走向共产党之后的中国转型八论》（上、中、下）　吴国光
- 《爱是如此忧伤》（上、下）　胡发云
- 《幻想·挫折·反思·探索——许良英未完成的自传》　许良英
- 《美国民主宪政的危机与希望——从 2024 年大选透视两党区别和美国政治制度弊端》　刘迎曦
- Condemn Tyranny: *A Weak Woman's Struggle Against Totalitarian Tyranny*　By *Wang Hanxu*
- Struggles, Reflections, and Pursuits: *Unfinished Autobiography of Xu Liangying*　By *Xu Liangying*

- Mao Zedong: *The Man Who Conspired with the Japanese Army*　By *Homare Endo* Translated by *Patrick Cooper*
- 《孔子》　锺闻
- 《北大，青春岁月》　任彦芳自传 第三卷
- 《文革简史》　纵纬
- 《第三次启蒙——决定中国未来的十大观念之争》　张千帆
- 《宪政学说》四卷集　张千帆
- 《中国极权主义下的政治改革和民主发展》　李凡
- 《基督教与法律：导读》　（John Witte, Jr.）小约翰·维特
- 《一夫一妻制优于一夫多妻制——西方的辩护理由》　（John Witte, Jr.）小约翰·维特
- 《权利的变革——早期加尔文宗中的法律、宗教和人权》　（John Witte, Jr.）小约翰·维特
- 《父之罪：再思关于非婚生的法律与神学》　（John Witte, Jr.）小约翰·维特
- 《法律与新教——路德改革的法律教导》　（John Witte, Jr.）小约翰·维特
- 《从圣礼到契约——西方传统中的婚姻、宗教与法律》　（John Witte, Jr.）小约翰·维特
- 《桌边谈话录》　（John Witte, Jr.）小约翰·维特
- Chinese Patriotic Red Guards - *Angry Young Men*　By *Inhee Kim*
- 《打开林彪之死的"黑匣子"》　纵纬
- 《昨天与今天》（渔魂王文集三）　渔魂王
- 《一个吃鸦片的英国人的自白》　[英] *Thomas De Quincey*
- 《娜拉出走以后——中国女权的世纪反思》　秦晖
- 《激荡 2024：美利坚战美利坚》　风鸣
- 《疯狂 2023：美利坚分众国》　风鸣
- 《长影，我的电影梦（1960-1966）》　任彦芳
- 《共产哀歌：红旗下的岁月》　鲍承模
- 《天安门》　小于一
- 《解构马寅初神话——马寅初研究》　梁中堂
- 《左冲右突——陈慕华、胡耀邦、赵紫阳与计划生育》　梁中堂
- 《回首西州路——兼评中国人口学霸权主义》　梁中堂
- 《美国贸易战》　梁中堂
- The Shadow of Sea Wolf　*Minmin Wu*
- 《海狼》　吴民民
- 《送葬(Dies Irae)》　许章润
- 《东方专制主义与东方社会》　石井知章
- 《直面黑暗——吴国光时评集》　吴国光
- 《杉树坡——一个家族的百年故事》　郭于华
- 《莫斯科回来的女人》　哈金 著 *Autumn Tang* 译
- 《陈一谘回忆录（续）》　陈一谘
- 《2025，中国凭实力说"不"》　远藤誉 *Dr. Homare Endo*
- 《绿洲文明导论：一部为人类未来开路的思想地图》　叶宁 华舟

- 《自由中国谱系（The Liberal Chinese Pedigree）》　陈奎德

- 《美好中国》　许志永

- 《存在的边界》　黄顺军

- 《身份进步主义及其局限》　陈纯

- 《依稀故人来——花甲之后诗文选》　杨明渡

- 《从私民到公民——中国政治现代化进程展望》　萧楚

- 《朕制帝国：一个与"中国"有关的非理性经济制度理论思想实验模型》　崔新生

- 《失落的记忆——1626 年北京大爆炸》　郭政凯

- Disenchantment（Vol. I, II, III）　*By Zhang Kangkang*

- INSTANCOLOGY: *Outline of the Study of Ontology and the Absolute* (Vol. I, II) By Wade Y. Dong

- 《走线：15 位中国人的赴美生死路》　林世钰

- 《积累财富 解读人生》　易 改

- 《帝国转型中的"魏玛问题"——关于魏玛共和的政治与思想之争》　荣 剑

- 《血色风雨家国情——文强父子劫后追忆》（上、下卷）　文强 文贯中

- 《严酷的光荣》　李卫平

- 《巨人的背影》　历程 著

- 《马克思为什么是错的》　周舵

- 《渐进民主论》　周舵

- 《中华民族的伟大振兴》　周舵

- 《周舵自述》　周舵

- 《周舵读书报告》　周舵

- 《走陕西》　依娃

- 《中共党史札记》　张鸣

- 《自由化冒尖录（1976 年—1982 年）》（上、下卷）　郭罗基

- 《中国医生高耀洁 王淑平——她为苍生吹过哨》　依娃

- 《歧路·素丝》（上、下卷）　稗官居野

- RED ELEGY: *A Memoir of Existence in Communist China*　*Chengmo Bao*

- 《从五四到六四——20 世纪中国专制主义批判》（一、二、三卷）　张博树

- 《毛主义遗产：1949—1976 实录》　金钟

购买电子图书，请登录谷歌图书网站（GOOGLE PLAY），输入中文书名；
购买纸质图书，请登录谷歌搜寻，输入中文书名，或者直接向出版社发邮件订购
www.boudenhouse.com; boudenhouse@gmail.com

www.ingramcontent.com/pod-product-compliance
Lightning Source LLC
Chambersburg PA
CBHW081926120726
47997CB00010B/3057